AKAL
clásicos del pensamiento 5

Director:
Félix Duque

Maqueta: RAG
Diseño de cubierta: Sergio Ramírez

Reservados todos los derechos. De acuerdo a lo dispuesto en el art. 270 del Código Penal, podrán ser castigados con penas de multa y privación de libertad quienes reproduzcan o plagien, en todo o en parte, una obra literaria, artística o científica, fijada en cualquier tipo de soporte sin la preceptiva autorización.

© Alberto Ciria, 1999
© Ediciones Akal, S. A., 1999
Sector Foresta, 1
28760 Tres Cantos
Madrid - España
Tel.: 91 806 19 96
Fax: 91 804 40 28
ISBN: 84-460-0953-6
Depósito legal: M. 40.651-1999
Impreso en MaterPrint, S. L.
Colmenar Viejo (Madrid)

AKAL
clásicos del pensamiento

Doctrina de la Ciencia
1811
Johann Gottlieb Fichte

Introducción:
Reinhard Lauth

Traducción y apéndice:
Alberto Ciria

ÍNDICE

Introducción, por *Reinhard Lauth* 7

1. El plan doctrinal que se advierte en sus lecciones 9

2. Exposición en particular de las lecciones de Fichte desde 1809. . 14
   Introducción a la filosofía 14
   La explicación de los hechos de conciencia 23
   El pensamiento según la lógica frmal y la trascendental 28
   La Doctrina de la Ciencia 32
   Las cuatro disciplinas de la Doctrina de la Ciencia 38
   Filosofía aplicada 41
   Relación de las clases que dio Fichte en la Universidad de Berlín desde diciembre de 1809 44
   Relación de los textos de Fichte citados 45

Nota del traductor 47

Doctrina de la Ciencia de 1811 51

Apéndice: La problematicidad, rasgo fundamental del saber como imagen en la Doctrina de la Ciencia de 1811 225

A) La problematicidad como carácter fundamental del saber en la filosofía de Fichte 227

B) La problematicidad como carácter fundamental del saber en la Doctrina de la Ciencia de 1811 231

a) *La problematicidad como carácter de toda ciencia* **231**
b) *El* debe *como expresión de la problematicidad específica de la Doctrina de la Ciencia frente a toda otra ciencia* **238**
c) *Deducción de la quintuplicidad desde la problematicidad* **240**
d) *Conclusión*. **241**

Bibliografía y perspectivas **242**

Índice de conceptos **245**

Índice de personas **251**

INTRODUCCIÓN

La posición de la Doctrina de la Ciencia en la filosofía tardía de Fichte

(El edificio doctrinal de Fichte en sus lecciones tardías en Berlín)

por
Reinhard Lauth

1
El plan doctrinal que se advierte en sus lecciones

En mayo y junio de 1808, Fichte estaba ocupado todavía con la marcha de la publicación de sus *Discursos a la nación alemana* y con un examen global de sus posiciones en la Doctrina de la Ciencia cuando una grave dolencia prácticamente le incapacitó durante cerca de nueve meses para sus trabajos filosóficos. Tras una prolongada erupción cutánea y síntomas de una enfermedad hepática acompañados de unos dolores apenas soportables, padeció por dos veces de inflamaciones oculares con oscurecimiento de la visión en el ojo izquierdo, seguidas de una paralización casi completa del brazo izquierdo y la pierna derecha, afección esta última que le impedía caminar. Durante un tiempo el filósofo no pudo escribir, y también durante algún tiempo hubo de permanecer intelectualmente, o en todo caso filosóficamente, inactivo. Con el comienzo del año 1809 su estado comenzó a mejorar lentamente. En junio visitó el balneario de Warmbrunn en Silesia, y en julio y agosto el balneario de Teplitz en Bohemia, donde sendas curas de baños y de aguas medicinales le ayudaron de modo considerable.

Las lecciones que aún en mayo de 1808 Fichte había anunciado en los periódicos berlineses (Introducción a la filosofía y Doctrina del derecho) hubieron naturalmente de suspenderse. Entre tanto se había fundado la Universidad de Berlín, y Fichte, a quien correspondía una parte esencial en la programación de la Universidad, debía comenzar sus lecciones, al igual que otros dos profesores (Wolf y Schmalz), a fines del otoño de 1809, ya antes de la inauguración oficial en el Palacio Principal. Aunque no enteramente libre de sus afecciones corporales, el 11 de diciembre comenzó con la lección introductoria: «Instrucciones para el filosofar».

Pero Fichte no podría ser Fichte sin estructurar el conjunto de su oferta doctrinal en una unidad orgánica de acuerdo con un plan global. Así había expuesto su doctrina en Jena, e igualmente en 1805 en Erlangen. A partir de ahora, diciembre de 1809, hasta su muerte temprana en 1814, dio clases durante nueve semestres en total. Sólo hace falta echar un vistazo a las clases que dio para apreciar la existencia de una conexión global entre sus lecciones.

En Jena, según he explicado en otro lugar, no es difícil reconocer el plan ideal de las lecciones. Partiendo del «Destino del hombre» (a saber: el conocimiento y la acción moral), Fichte dio en primer lugar sus lecciones sobre «El destino del sabio», que debían abrir y exponer el camino hacia el conocimiento científico y el arte racional que resulta de éste. Con estas lecciones se corresponde en el semestre de verano de 1811 la dedicada al «Destino del sabio», también titulada esta vez «Doctrina moral para sabios».

El hombre determinado a la ciencia, si es que debe conocer de modo fundamental, tiene que concebir igualmente la misma esencia del saber (de objetos), esto es, tiene que proseguir hasta la Doctrina de la Ciencia. Hasta ésta conduce una «Introducción a la filosofía», también titulada en consideración a su aspecto práctico «Instrucciones para el filosofar», que Fichte volvió a repetir cada semestre (con la excepción del semestre de verano de 1813), aunque con títulos diversos, como «Del estudio de la filosofía» o «Introducción a la Doctrina de la Ciencia».

La «Introducción» proporciona sólo el concepto del saber del saber, pero no su surgimiento y desarrollo. Para tal saber del saber, y por cuanto podía advertir Fichte, los oyentes, a tenor del grado general de su formación, no estaban inmediatamente maduros. Por eso les procuró el tránsito mediante el tratamiento de lo que él llamaba los «Hechos de conciencia», es decir, mediante reflexiones acerca de cómo estos hechos podían deducirse desde fundamentos. Lecciones con esta denominación dio Fichte en el semestre de invierno de 1810/1811, en el semestre de verano de 1811, y en los semestres de invierno de 1811/1812 y de 1812/1813.

Desde el semestre de verano de 1812, y por motivos que luego habrá que exponer, se suma a éste un segundo ciclo de lecciones preparatorias de la exposición de la Doctrina de la Ciencia: «Sobre la relación de la lógica con la filosofía, o lógica trascendental», que Fichte dio en sus dos partes en el semestre de verano de 1812 y en el semestre de invierno de 1813. Su motivo y objeto parcial era la oposición en cuanto a la concepción del pensamiento entre la lógica formal y la trascendental, y la demostración de la insostenibilidad de la concepción lógico-formal, realizada a propósito del análisis del concebir empírico.

Por consiguiente, el centro de las lecciones de Fichte lo ocupan las conferencias de la misma «Doctrina de la Ciencia». Desde el semestre de verano de 1810 Fichte las dio en cinco ocasiones, esto es, una vez cada año. En el semestre de invierno de 1812-1813 la exposición tuvo que interrumpirse a causa del estallido de la guerra. En el semestre de invierno de 1813-1814 Fichte pudo cumplir sólo con las primeras cinco lecciones: como es sabido, falleció el 29 de enero de 1814.

Una parte doctrinal esencial de la Doctrina de la Ciencia es la de la quintuplicidad de los puntos centrales sistemáticos, de la cual resultan cuatro disciplinas particulares –descontando la Doctrina de la Ciencia misma–: las doctrinas de la naturaleza, de la sociedad, de la moral y de la religión. Desde el estadio correspondiente de cada doctrina se comprende y valora el principio determinante de los otros estadios. Pero en la fase tardía que aquí nos interesa, Fichte llegó sólo hasta la exposición de la doctrina del derecho y de la moralidad. También tenía la intención de explicar una doctrina de la naturaleza, como luego se expondrá. A una doctrina de la religión, y por causa de su muerte, ya no llegó.

La deducción de la Doctrina de la Ciencia como una doctrina específica frente a las disciplinas mencionadas se verifica, en el período de tiempo que nos ocupa, en la exposición de la Doctrina de la Ciencia misma.

El semestre de verano de 1813, y en vista de la cruenta guerra, Fichte lo dedicó por entero a la «Filosofía aplicada». Lo que los editores publicaron posteriormente (en 1820 y en las *Obras completas*) bajo el título de «Doctrina del Estado», título que ellos mismos escogieron, el propio Fichte lo había anunciado y expuesto como «Conferencias de diverso contenido tomadas de la filosofía aplicada». En efecto, estas conferencias contienen una introducción a la Doctrina de la Ciencia junto con su caracterización, pero también una interpretación filosófica de la historia de la humanidad y de su progreso hacia la instalación y la ejecución del arte racional.

Según la concepción global de Fichte, de dichas disciplinas resultan doctrinas de índole técnico-práctica para la configuración de la naturaleza, de la sociedad, de la realidad moral y de la religión, esto es, una técnica (en sentido estricto) y una eugénica (incluida una medicina), una política, una ascética y una doctrina pastoral. Fichte no llegó a dar lecciones específicas sobre éstas, pero en la exposición de las disciplinas se ocupó de los aspectos pertinentes a ellas. (Obsérvese por ejemplo las «Instrucciones para el filosofar» en la introducción a la filosofía, o la específica «Doctrina moral» en «La determinación del sabio».)

A tenor de todo lo expuesto, puede decirse que en la última etapa de su actividad docente Fichte se atuvo al plan global que ya había establecido para Jena y al que luego recurrió de nuevo en Erlangen. A partir de 1794, Fichte había dado cada semestre las lecciones sobre «Lógica y metafísica» que prescribía la programación docente general de la Academia de Jena (al igual que hicieran antes que él Schmid y Reinhold, y después de él Hegel). En ellas comentaba los «Aforismos filosóficos» de Platner, y en concreto la primera parte de la edición de 1793: su parte teórica. El libro primero de estos «Aforismos» se ocupa de la lógica, que Fichte exponía y criticaba de modo correspondiente y por extenso cada semestre. (La parte segunda de los «Aforismos» se ocupa de la metafísica.) También en Berlín, al comienzo de su actividad docente privada, Fichte comentó la lógica de Platner como preparación para su «Exposición de la Doctrina de la Ciencia». Por último, igualmente durante 1805 Fichte dio en Erlangen sus lecciones sobre las *Institutiones omnis philosophiae*, en las que, tras la correspondiente propedéutica, trataba la «Lógica» y la «Metafísica». Con arreglo al proceder habitual en aquella época, la «Teoría del conocimiento» era tratada como una parte de la «Lógica», y así hizo también Fichte. Sólo en la última etapa berlinesa, y por motivos que aún hay que exponer, Fichte dio unas lecciones específicas sobre lógica.

En mi libro *Sobre la idea de la filosofía trascendental*[1] me ocupé por extenso de «La idea global de la filosofía en Fichte». Además, en la *J. G. Fichte-Gesamtausgabe*, vol. II[2], pp. XXIX-XXXVI, dilucidé y destaqué los motivos de la división interna de la Doctrina de la Ciencia misma en «doctrina pura de la verdad» y «fenomenología», así como el deslindamiento de una *philosophia prima* respecto del resto de la Doctrina de la Ciencia. Después de 1805 Fichte no se ocupó de la doctrina pura de la verdad o doctrina del absoluto, así como tampoco del ascenso hasta ella ni del descenso desde ella hasta la «Fenomenología». Basándose en Descartes, él llamaba *philosophia prima*[3] al desarrollo de las «primeras diferencias fundamentales de la manifestación», es decir, de aquellas «que en su unidad constituyen el concepto de la manifestación interna en cuanto tal, sin ninguna determinación posterior suya», y dicho desarrollo el filósofo lo llevó a cabo en la segunda exposición de la Doctrina de la Ciencia de 1804.

De acuerdo con todo lo dicho, el tránsito ascendente que realizan las lecciones filosóficas de Fichte desde la determinación del hombre hasta la Doctrina de la Ciencia, y el tránsito descendente desde ésta hasta el arte racional, se articula como sigue:

---

[1] *Zur Idee der Transzendentalphilosophie*, Múnich y Salzburgo, 1965, pp. 73-123. En concreto de este capítulo hay en castellano la traducción «Idea total de la filosofía en Fichte», por Bernabé NAVARRO, en *La filosofía de Fichte y su significación para nuestro tiempo*, México D. F., 1968, pp. 5-50.

[2] Stuttgart, 1985.

[3] *Ibid.*, p. 406.

A: Vida.
B': Destino del hombre.
C': Destino del sabio.
D': Introducción en la filosofía.
    a: Conducción hasta el punto de vista trascendental.
    b: Reglas técnico-prácticas del uso de la razón.
    c: Elaboración de los hechos de conciencia.
E': Concepto de la Doctrina de la Ciencia.
F: Doctrina de la Ciencia.
    a: Fundamentación y ascenso reductivo.
    b: Doctrina de la verdad (y *philosophia prima*).
    c: Fenomenología y doctrina de la manifestación.
    d: Disciplinas materiales (doctrina de la naturaleza, del derecho, de las morales y de la religión).
    e: Doctrina pura de la historia.
E": Deducción de la Doctrina de la Ciencia *in specie* (¡tratada en Fc!)
D": Filosofía aplicada (teórica).
    a: Relación del conocimiento de las ciencias particulares (¡lógica formal!) con los teoremas de la Doctrina de la Ciencia.
    b: Interpretación de la historia del mundo.
    c: Ciencias técnico-prácticas (técnica, eugénica, política, ascética, pastoral).
C": Filosofía aplicada (teórico-práctica) (Pedagogía:
    a. Doctrina de la educación;
    b. Doctrina de la formación).
B": Filosofía aplicada (práctica): Arte racional.
A: Vida.

2
Exposición en particular de las lecciones de Fichte desde 1809

Introducción a la filosofía

El fin de la vida humana es la consecución del conocimiento racional y del querer y actuar racionales como parte de la realización del fin moral último y de la glorificación de Dios. Éste es el presupuesto de Fichte, articulado tanto en la primera fase como en la etapa tardía de su docencia filosófica, aunque no la haga ahora en una exposición específica (véase en cambio «La determinación del hombre», de 1800).

Para la consecución del conocimiento racional hay que ir, más allá de las concepciones de las ciencias particulares, hasta la intelección filosófica, y llegar no sólo a la captación de los fundamentos de ciertos fenómenos objetivos, sino a la suprema intelección del modo como estos fenómenos están dados en el saber, así como de los fundamentos a partir de los cuales están dados en él.

Va de suyo que para Fichte, quien comprendió más amplia y profundamente que todos los filósofos precedentes el lado dóxico-práctico de la realidad, el saber no tiene que ser penetrado y valorado de un modo unilateralmente teórico, sino también en su función práctica. Así que, con palabras del último Fichte es mejor llamar a la tarea de la Doctrina de la Ciencia una penetración del «configurar». Corresponde esencialmente al configurar el engendrar visiones creadoras de aquello que ha de ser en forma de sentimientos (de valor), de ideales y de modelos de realización, y que, partiendo de estas visiones *(visa)*, se constituya en fundador de hechos y se encamine hasta el arte racional.

Si se ha captado con claridad esta tarea fundamental, entonces se plantea ante todo la cuestión acerca de cómo el hombre debe configurarse en saber del saber en el sentido pleno de la palabra. Éste es justamente el asunto de «El destino del sabio», y por lo demás también cuando este hombre quiere consagrarse a una ciencia particular, pues sólo bajo el supuesto del cumplimiento de este postulado capta correctamente sus conocimientos científicos. Tras la consecución de la Doctrina de la Ciencia, y en el descenso desde ella, puede desarrollarse deductivamente esta determinación, junto con el modo de su realización, a partir de la intelección logológica, así como, por lo demás, a partir de la determinación del sabio así deducida pueden derivarse la pedagogía general y el arte racional.

Fichte emplea conscientemente la palabra «destino», *Bestimmung*, en un significado triple: se trata de una definición, de una determinación –*Determination*– y de un destino. Que a la última función se le asigna una significación suficiente se desprende del hecho de que Fichte anunció esta lección, por vez primera en 1811, también como «doctrina moral para sabios».

Por fuerza llama la atención que el filósofo haya explicado esta «moral para sabios» no ya en el primer semestre de esta nueva empresa universitaria, sino únicamente en el siguiente semestre de verano de 1811. Esto podría explicarse por la circunstancia de que, tras sus graves dolencias, no pudiera preparar a tiempo todas las clases precisas, y que sin embargo fuera para él prioritaria la exposición de la Doctrina de la Ciencia misma, para lo cual necesitaba una «introducción» y, para su posterior preparación, un tratamiento de los «hechos de conciencia». También por motivos ministeriales, y en su calidad de primer rector de la recién fundada Universidad, tenía que ocuparse de cuestiones que corresponden al dominio del destino del sabio. Un discurso acerca de la significación del doctorado que pronunció el 16 de febrero de 1811, así como el discurso rectoral «Sobre la única perturbación posible de la libertad académica»[4], del 19 de octubre del mismo año, tratan cuestiones pertinentes para tal propósito.

En las lecciones «Sobre el destino del sabio» es llamativa la prioridad que en ellas se concede a las «visiones» dóxico-prácticas frente a los habituales logros del entendimiento. A aquel que es formado, o bien que se forma a sí mismo para el saber, ninguna formación puede elevarle a la facultad y a la capacidad de tales visiones. Una parte de los estudiantes no las alcanzará jamás. Sin embargo, en la formación para ser sabio se

---

[4] Berlín, 1812.

trata en lo esencial de estas «visiones», porque ellas coronan la formación, son el auténtico fin de ésta y a partir de ellas deviene realidad el arte racional. Quien alcanza a ver tales aspectos, «merced a un saber que en él ha venido a ser viviente, se constituye en la verdadera fuerza vital en el mundo y en el impulsor de la prosecución de la creación. Éste es ahora [...] su auténtico destino.»[5] Su conocimiento gana por tanto, con su ejercitación: «su significación [...] externa en el orden universal» y «en conexión con la totalidad».[6]

Quien ha alcanzado el saber completo viene a ser práctico en dos niveles: como educador (en especial como educador para la ciencia) y como configurador de la vida común en virtud del arte racional. La formación científica es una parte de esta praxis, y en tal medida corresponde asimismo al arte racional en su sentido más amplio. «La elevación a las intelecciones generales es la obra del maestro, y las intelecciones que *él* ha proporcionado vendrán a ser fuente de nuevas intelecciones, y en su momento todo esto devendrá acción inmediata e intervendrá en la vida. Es prueba de una ceguera total [...] el que a aquel que configura el modo general de pensar y, a través de éste, la voluntad, se le deniegue la actividad sobre la vida, y sólo quiera reconocerse como obra aquello que pone en el mundo de los cuerpos un producto aprehensible con las manos.»[7] La tarea que, en vista de la discrepancia entre la visión vulgar de las cosas y la visión sabia, «se le plantea a la comunidad de sabios, es la de reunirse [...] a sí mismo con el pueblo en una educación para la transformación en la intelección lúcida.»[8]

En un nivel inferior, para el cumplimiento de esta tarea tiene que ser el «sabio» simultáneamente maestro *y* educador, tal como al comienzo él mismo no fue solamente adoctrinado, sino, a una con ello, también fue educado. En cambio, en el nivel superior la educación, y en un nivel aún más superior también la formación, tienen que transmitirse al receptor mismo, pues él debe quedar libre para una tarea creadora. La diferencia esencial de la Universidad respecto de la escuela superior es «que en la Universidad, todo cuanto en la otra escuela le fue encomendado al maestro en tanto que también educador, [ahora] *le es encomendado al estudiante mismo*: hacer en uno mismo» que la persona formada «se dé a sí misma la dirección oportuna para su desarrollo espiritual.»[9]

---

[5] B. D. G.-11; hoja 3a.
[6] *Ibid.*, hoja (34).
[7] *Ibid.*, hoja (28/28).
[8] *Ibid.*, hoja (22).
[9] *Ibid.*, hoja (46).

Una dificultad que en la formación sólo se puede superar de modo incompleto consiste en que el maestro tiene que cumplir una tarea no sólo metódica, sino también didáctica. La formación preliminar de aquel a quien tiene que formar sólo puede abarcarla en parte, y por consiguiente «no puede calcular [sus lecciones] respecto de la capacidad de comprensión individual de todos los particulares, pues jamás puede conocerlos a éstos ni abarcarlos». Sólo de modo aproximado puede tener en cuenta el grado habitual de formación y el papel que desempeñan los prejuicios dominantes.

Según la transcripción por Schopenhauer de sus lecciones «Sobre el estudio de la filosofía» de 1811, Fichte dijo lo siguiente: «Cuando el maestro también domina por entero la ciencia, y cuando ha escogido la forma más afortunada para su comunicación, y cuando habla para un auditorio de 20 ó 30 oyentes, entonces, si debiera proporcionarla a cada uno del modo que más conviniera a su individualidad, tendría que disponer a su vez de 20 ó 30 formas diversas de la exposición, y exponerla individualmente.»[10]

A esta dificultad didáctica se suma ahora la pedagógica: «Seguir en la exposición efectiva el proceso orgánico estricto tiene [...] sus dificultades propias», de modo que se sugiere «enlazar la lección con [problemas] más sencillos, y sólo desde éstos arrojar la luz engendrada en ellos a lo más difícil. [...] Mi tesón incesante tuvo como objeto allanar este camino orgánico para la exposición; y porque pretendo tal fin, en cada nueva exposición presento la Doctrina de la Ciencia de una forma diferente.»[11] La relación recíproca de todos los momentos del saber en el saber del saber permite comenzar casi por cualquiera de ellos que se desee. Para el mismo Fichte siguió siendo un problema hasta el final de su vida dónde situar el punto de acceso más favorable. En lo que sigue habremos aún de dilucidar esto. De 1811 a 1814, el problema metodológico condujo a Fichte a una modificación de la exposición de la Doctrina de la Ciencia, donde yacía latente la pregunta sobre si lo más apropiado era el ascenso desde abajo, desde la intuición de la naturaleza, o si más bien habría que comenzar en un esquema superior, o incluso si habría que proceder descendiendo por principio.

Todavía hay que destacar un tercer factor, altamente esencial, que determinó a Fichte a elaborar en su último período las respectivas versiones distintas de su exposición, tal como, por lo demás, le había determinado a ello en los períodos precedentes, a saber: qué tipo de lenguaje

---

[10] T. d. B. -11/12, transcripción de Schopenhauer, p. 28.
[11] W. L. -11, hoja 4a.

emplear. Por desgracia, hasta hoy no disponemos de ninguna investigación filológica sobre el empleo que hizo Fichte de la gramática, sobre la terminología que empleaba, sobre su retórica y su estilo. Quien, como el autor de esta introducción, ha tenido que elaborar registros para los textos de Fichte, sabe qué extraordinaria riqueza lingüística se manifiesta en los escritos de Fichte. Fue en muchos sentidos un creador del lenguaje de primer orden. Desde sus continuas porfías con el lenguaje se explica asimismo el cambio de terminología en sus explicaciones, así como las modificaciones sintácticas. Sin embargo, no se trataba sólo de la expresión adecuada. Más bien, Fichte se esforzó de un modo sistemático por liberarse a sí mismo y a sus oyentes, mediante una modificación del lenguaje, de la confusión del pensamiento debida a una determinada forma de hablar. Que partir de un lenguaje tan capacitado para la riqueza de formulaciones como es el idioma alemán era de gran ventaja es algo que el filósofo advirtió ya tempranamente. Pero, desde luego, esto no impedía que la ligazón *ab ovo* con el lenguaje vulgar y con el lenguaje técnico, resultado incluso de una continuada comunicación previa, deparara enormes dificultades.

De un modo puramente teórico, el oyente había de ser guiado consecuentemente desde el entendimiento común hasta el nivel de comprensión específico de las ciencias particulares, y desde aquí, en el proceso que propiamente corresponde a la filosofía, y de un modo sistemático, hasta el nivel siguiente de la ciencia del saber. En el paso final tiene que establecerse el concepto de la Doctrina de la Ciencia, que determina en sí mismo la tarea para quien quiere estudiarla. El cambio de título de estas lecciones, de «Introducción a la filosofía» a «Introducción a la Doctrina de la Ciencia» (otoño de 1813), tiene por tanto varios motivos. Con los diversos oyentes que habían estudiado con Fichte a lo largo de toda una serie de semestres, Fichte tenía que penetrar tanto más profundamente en la difícil filosofía trascendental. Los alumnos avanzados eran bien conscientes de lo único que puede ser la filosofía: ellos aguardaban una guía hasta eso que la filosofía es, a saber, Doctrina de la Ciencia. Por otro lado, en estos años Fichte había desarrollado la Doctrina de la Ciencia a partir de un punto cada vez superior: en el invierno de 1813-1814 directamente desde el estadio del mismo saber del saber concebido como tal. Por este motivo, la «introducción» no podía ser aquí sino «a la Doctrina de la Ciencia».

Pero la introducción meramente teórica no satisfacía a Fichte. Un aspecto muy esencial de la introducción concierne a la praxis. La problemática específica de este aspecto consiste en cómo llevar al estudiante a la situación de que éste *quiera recorrer* realmente los niveles del saber absoluto, y en que efectivamente los ascienda. En los apuntes preparatorios para el nuevo comienzo de sus lecciones en otoño de 1809, Fichte anotó: «Introducción: lo que pueda significar para ciertos conocimientos; lo que pueda significar para *ser*. Esto último es lo que significan las "instrucciones". La asignatura habría de llamarse por tanto: instrucciones para la filosofía. [Esto] es altamente significativo. Lo primero ocupa meramente a la memoria. Lo último *constituye al hombre entero*. Lo primero sirve sólo [, a menudo,] no más que para un examen de la asignatura.»[12]

Acerca de esta cuestión le sobrevino a Fichte «tal cantidad de nuevos pensamientos» que se le volvió evidente que había llegado más lejos que en Erlangen.

«Pensar por sí mismo [se consigue] cuando el problema arrebata nuestro propio sentimiento, nuestro amor, y la vida (cuando se quiere vivir únicamente por éste y para éste). Un aprendizaje meramente histórico deja a uno enteramente *indiferente*.»[13] Ciertamente que el impulso a la verdad tiene que estar ya presente; sólo sobre éste puede construirse el interés para el saber del saber. Este amor a la verdad se encuentra primariamente «en el oscuro sentimiento». «¿Existe tal cosa en alguna parte?», pregunta Fichte, «¿y podría [el interés científico] suscitarse mediante algún arte?». Y responde: «Creo que sí: despertando la *veneración* [...] mediante discursos entusiasmados y cosas semejantes.»[14] «La finalidad de la filosofía es engendrar un hombre nuevo, transformar por entero el ser anterior. [Esto] no es posible si las *semillas* [...] [que] hay que hacer germinar mediante arte no se encuentran ya en él. Éste es justamente el resultado siempre permanente de la educación, [...] conservar los estadios ya conquistados por la humanidad, que el hombre experimentado conozca al inexperimentado, que pueda intervenir en él y guiarlo.»[15]

La filosofía en el sentido de la Doctrina de la Ciencia no es por tanto «ni meramente doctrina ni ante todo doctrina», «sino conversión del hombre entero al cual ella adviene».

En la «Introducción a la Doctrina de la Ciencia» del otoño de 1813, yendo más adelante, Fichte explica: «No ya que [el estudiante] reciba las reglas [del pensamiento] como algo ajeno a él; el maestro ejerce un impulso [...] incluso sobre la libertad [de aquél], y [...] la vivificación de esta liber-

---

[12] D. G.; Ms. VI, 1 Var. 32; hoja 18a.
[13] D. G.; Ms. VI, 1 Var. 12, 4b.
[14] *Ibid.*, hoja 18b.
[15] *Ibid.*

tad es [...] en parte obra suya. Pues [...] en el mundo espiritual hay una ley de la vinculación de todas las libertades, según la cualquier particular puede sin embargo influir inmediatamente sobre la libertad de los demás, y en especial el más formado y el más libre sobre el menos libre; y uno no sería fácilmente maestro con buen éxito si no le correspondiera una parte de esta superioridad.»[16] Este influjo tiene que invertirse en las instrucciones para el desarrollo de ciertos pasos del pensamiento, si es que el educando debe ser fijado en el nuevo conocimiento y no recaer en antiguos hábitos mentales. «Él conoce [primeramente] sólo como si él fuera una parte del maestro, en cierto modo [como] una proyección de aquél hacia fuera. [...] Pero todos tienen que convertirse en posesores que se basten a sí mismos y que reposen en sí mismos; de ahí que haya que aprender a prescindir de aquel influjo ajeno mediante el cual adviene la intelección como a través de un medio.»[17]

La primera tarea de todas es cancelar el modo de pensar dogmático-realista dominante, «porque aquella fe en el mundo sensible [real] se aferra aún más profundamente [a quien comienza con los estudios]»[18]; es más, en caso de conflicto se muestra como todavía más fuerte que la convicción natural respecto al modo de ser no contradictorio de la realidad. «Esto sólo se puede superar *habituándose*» en adelante a una visión distinta a la tenida hasta ahora. La objeción de los psicólogos de que la habituación puede convertir en convicción igualmente algo no verdadero no es aquí pertinente, pues, por un lado, la valoración racional indica a quien está transformando su hábito que entre ambas visiones existe una diferencia cualitativa; y por otro lado, junto con la evidencia que ahora se presenta, aparece una certeza auténtica. Ciertamente que el oyente tiene por sí mismo que «seguir los conceptos suscitados y constituirlos en regla, en instrumento», con lo cual «de modo independiente prosigue y lleva [el rechazo crítico del realismo dogmático] más allá de donde el maestro, sólo incoándolo, lo ha dejado». «Que cada cual haga esto en su *ciencia* particular *(besondern Wißenschaft)*. Justamente esto difunde la filosofía por la ciencia entera *(Szienz)*.»[19]

Para el hombre natural, la posible coincidencia de su representación con el ser verdadero, coincidencia que se desea libre de toda contradicción, es «aquello que siempre le incumbe». En las lecciones se trata

---

[16] Ein. i. d. W. L.; SW IX, 34/35.
[17] *Ibid.*
[18] D. G.; Ms. VI, 1 Var. 32, hoja 18r.
[19] *Ibid.*

sólo «de expresar con fuerza y viveza el principio de unidad y de contradicción.»[20]

Fichte ve un medio contrastado para terminar con el hábito dogmático en conducir al estudiante ya desde el comienzo a contradicciones en su pensamiento, o bien en el camino hacia su pensamiento. La pregunta tiene que rezar entonces: «¿Cómo alcanza el saber el ser?: pues el ser debe ser enteramente independiente del saber.» Por otro lado, es un hecho que «en un principio todo se encuentra sólo en la conciencia»[21]. «El arte filosófico es ahora la resolución de estas contradicciones: el procedimiento fundamental de la solución es la deducción.»[22]

La lucha contra el prejuicio dogmático se mostró como tan difícil, el convencimiento falso como tan obstinado, que en último término no le bastaron a Fichte los procedimientos didácticos de los que él se había servido en las «Instrucciones». Pues el modo corriente de pensar se mostraba como apoyado por la lógica formal de una manera aparentemente científica. La destrucción de esta obstinación científica fue tema en 1812 de una lección específica: «Sobre la relación de la lógica con la filosofía», de la cual se hablará más adelante.

El modo de pensar trascendental, cuyo asunto no es la relación entre los objetos, sino su constitución por el saber, queda fijado mediante el procedimiento de la deducción. «Quiero consagrar ahora al estudiante a este arte de la deducción. Se le podría dar de una vez por todas la deducción fundamental: pero esto no sirve de nada. Primero tiene que ponerse en camino merced a su propio investigar. Aquella deducción fundamental [...] se le expondrá más adelante al ya ejercitado.»[23] La deducción se realiza de un doble modo: 1, «deducción regresiva [inducción] a partir del factum» en busca de sus fundamentos, y 2, «deducción progresiva [deducción en sentido estricto] a partir de la manifestación del absoluto»[24] como principio supremo. Del primer modo de deducción, en el que sin embargo queda presupuesto siempre un factum, Fichte hace uso en los «Hechos de conciencia»; del segundo, puramente *a priori*, en la «Doctrina de la Ciencia».

En la «Doctrina de la Ciencia» de 1811, a propósito del ejemplo de la apercepción trascendental, se expone la posibilidad y la diferencia entre ambos procederes: «Parece que aquí en la explicación hay dos caminos por

---

[20] D. G.; Ms. VI, 1 Var. 12; hoja 3v.
[21] *Ibid.*, hoja 4b.
[22] *Ibid.*, hoja 3a.
[23] D. G.; Ms. VI, 1 Var. 32, hoja 3a.
[24] W. L. -11; hoja 11b.

los que adentrarnos. O bien se parte del hecho de la multiplicidad, en la que se pone fe, y se busca una unidad para esta multiplicidad. Por este camino resultará de suyo, y casi necesariamente, la captación fáctica de la multiplicidad no meramente como multiplicidad en general, sino, además de esto, su captación asimismo respecto de su determinación, todo ello fácticamente, para poder demostrar por inducción que la unidad puesta por hipótesis es en efecto la [unidad] para *esta* multiplicidad. O bien –el camino inverso–, se parte de la unidad que *se tendría que tener entonces por vía de deducción*, justamente mediante la continuación de la serie comenzada y seguida hasta el esquema 2, y a partir de ella se deduce como necesaria una multiplicidad tal/ donde el factum como factum no entra en absoluto en discusión.»[25]

A las deducciones se llega con ayuda de «hipótesis», que antes tienen que haberse elaborado exhaustivamente. Surgen de «oscuras sensaciones», que luego tienen que formularse claramente y elevarse a teoremas, aduciendo su demostración. Al arte del filosofar corresponde «entregarse a las intuiciones que nos advienen *dentro de estas consideraciones,* pero [de tal modo que] cada [ocurrencia] se desarrolle hasta su punto de claridad y certeza, retornando hasta los fundamentos [evidentes y] últimos»[26]. Cuando uno, sin esta clarificación y demostración, hace pasar sus intuiciones por intelecciones, la consecuencia inevitable es entonces una filosofía fantástica como la de Schelling.

La «conversión» misma se verifica con la intelección (permanente) del «principio trascendental», según el cual la manifestación entera no es sino el configurar que se desarrolla por sí mismo. «De este modo, tuve que comenzar en efecto con la demostración del principio trascendental. [...] Tras estas instrucciones, sería bueno elaborar y establecer una serie de principios»[27]. En cualquier caso, «con este principio hay que comenzar audazmente el asunto»[28], aun cuando primeramente sólo se quiera llegar a exigir del oyente que lo admita a modo de hipótesis.

Pero para Fichte era cuestionable «si estos pensamientos sobre las instrucciones para la filosofía pueden explicarse ya directamente, es decir, si ya desde el comienzo del proceso de aprendizaje debe exponerse abiertamente al alumno que se persiguen estos fines con estos medios; esto es, proceder de modo inverso a como se hace en la retórica, donde una máxi-

---

[25] W. L. -11; hoja 15a.
[26] *Ibid.*
[27] D. G.; Ms. VI, 1 Var. 12, hoja 3 a.
[28] *Ibid.*, hoja 4 b.

ma fundamental exige dejar en la oscuridad el fin que se persigue con los procedimientos retóricos establecidos, para conseguir el efecto entero.» Fichte añade: «He de pensar que *sí*: el fin es la claridad completa. Ésta tiene que acompañar también a aquello que [los oyentes] hacen»[29] y la intención con que lo hacen.

Pero Fichte fue aún más allá. Para conseguir «una comprensión [trascendental] verdadera y positiva», y no meramente «una [comprensión] negativa mediante exclusión del error», la «Introducción a la filosofía» da «un *ejemplo*» a propósito de un «caso» de conocimiento trascendental. Lo que aquélla lleva a cabo en cuanto tal es «una parte [...] de la Doctrina de la Ciencia». Esto representa una «*introducción real* en la doctrina misma». «Lo que se ha expuesto como ejemplo», explica Fichte al final de su «Introducción a la Doctrina de la Ciencia», «es a un tiempo parte de la totalidad orgánica en cuya intuición consiste la Doctrina de la Ciencia.»[30] En cambio, la Doctrina de la Ciencia misma debe ser «una imagen de todo ver real, imagen completamente exhaustiva e introductora a partir de un principio de los modos de la autoobservación.»[31] También como uno de estos modos aparecerá a su vez la deducción, tratada de modo ejemplar en la «Introducción».

Finalmente hay que advertir que el concepto de la Doctrina de la Ciencia que la introducción proporciona, al tiempo que trata de engendrar su comprensión trascendental, es en tanto que concepto una parte del saber del saber, y tiene que aparecer por tanto en la «Doctrina de la Ciencia» misma, concretamente en sus deducciones.

La explicación de los hechos de conciencia

Sin embargo, desde la «Introducción a la filosofía» Fichte no pasó directamente a la «Doctrina de la Ciencia», sino que desde el invierno de 1810-1811 introdujo entre ambas una explicación de los «Hechos de conciencia». ¿Por qué?

---

[29] *Ibid.*, hoja 3a.
[30] Einl. i. d. W. L.; SW IX, p. 98.
[31] *Ibid.*, p. 102.

Hemos visto ya que: «El saber no debe agotarse en el saber de objetos, sino que este saber mismo [...] debe llegar a ser objeto para un sentido superior.»[32]

En la «percepción de la percepción», en el «saber del saber», el saber como tal (¡no como cosa!) se vuelve visible y viene a ser objeto de investigación. Con ello se abre para todos un mundo nuevo que antes había estado atrapado en el realismo dogmático. Hay que habituarse primero a este nuevo mundo. Es una totalidad orgánica, cuya unidad no se capta fácilmente. Es por tanto ventajoso ir conociendo primero paso a paso el contenido de esta totalidad. Nos trata de captar sólo partes, sino *todo* el dominio del saber. «Aún me acuerdo de los oyentes cuando me fueron confiados inmediatamente de la mano de la conciencia fáctica habitual, de la experiencia y del llamado sano entendimiento humano, en el grado de formación que cabía presuponer conforme a la norma general, [todavía] sin conocimiento propiamente filosófico.»[33]

Así, las lecciones sobre los «Hechos de conciencia» son una «introducción y preparación para la ciencia misma, y en este sentido no tienen su finalidad y su culminación ni en sí ni para sí mismas: ellas obedecen a un fin externo, justamente el de preparar para la filosofía, y su ley la toman por tanto de la forma de su finalidad, es decir, son de tanto mayor provecho cuanto más adecuadamente preparan»[34]. En lo didáctico, este proceder es enteramente correcto, pero, considerado desde un punto de vista metódico, el saber queda expuesto ahí de modo incompleto, a saber, procediendo desde la observación hasta el fundamento de lo observado. Los hechos de conciencia son registrados «tal como se nos exponen en la estricta y precisa autoobservación, fuera de su vinculación genética: en su particularidad y extrapolación fáctica. Puntos particulares que luego vuelven a aparecer en la Doctrina de la Ciencia y que en ella son recogidos en la unidad de su vinculación conforme a la ley»[35]

Se parte, pues, de la observación de determinados fenómenos. «Pero las observaciones tienen [...] que establecerse en un *orden* pertinente [...], y en esto, la tarea del maestro es conducir al alumno»[36] ; aquél lo guiará, a través de etapas correctamente ordenadas, hacia los

---

[32] T. d. B. -11/12; transcripción de Cauer, p. 1.
[33] IX, 402.
[34] T. d. B. -13; SW IX, p. 405.
[35] *Ibid.*, p. 407.
[36] T. d. B. -11/12; transcripción de Cauer, p. 2.

principios superiores. «Nuestra finalidad en estas consideraciones acerca de los hechos de conciencia es obtener una visión global del proceso de desarrollo del saber.»[37] Al final debe haberse conseguido, y debe hacerse evidente, «que el saber se haya descrito en una cierta plenitud y con la atención pertinente, tanto el [saber] inferior objetivo como el [saber] superior observante»[38]. La misma Doctrina de la Ciencia debe ir precedida de una «visión histórica de conjunto del saber fáctico dado [como tal]».

«Ahora bien, yo he hablado de hechos de conciencia: ¿de dónde viene este plural?» La respuesta es: «El saber es un autocomprenderse de la manifestación. Pero un saber tal se dispersa en una pluralidad, de algún modo en una línea progresiva del autocomprenderse, línea que está compuesta de diversos puntos discretos y de interrupciones de esta comprensibilidad: a estos puntos particulares y recíprocamente extraños, una teoría tal los considera en particular, y de este modo deviene observación [y comprensión pensante] de una pluralidad de hechos.»[39]

«[Se trata] sin duda de un compendio sistemático de los hechos de conciencia, posible como resultado de una autoobservación legalmente ordenada y completa del saber, [compendio] que merced a su forma quiere constituirse en una obra artística predominante que respeto.» «Esto podría contener una visión global sistemática de los hechos, pero ustedes no lo han de considerar como una consecuencia a partir del principio, sino [...] que lo establecerán como factum.»[40] Esto es válido aun cuando los fenómenos no sean meramente observados, sino que se ascienda hasta la intelección de sus fundamentos. El presupuesto sigue siendo siempre la observación primariamente empírica. «Algo semejante no es en absoluto ciencia, ni se hace pasar por tal, si es que no es del todo incomprensible. Justamente lo que aquí se da tiene que ser expuesto exhaustivamente por una auténtica ciencia de la conciencia, a saber, la Doctrina de la Ciencia, en la forma de una deducción desde su principio [supremo].»[41]

El maestro, que sabe «dónde reina aún la mayor oscuridad» entre los oyentes, «consagrará el mayor tiempo y el más minucioso cuidado»[42] justamente a las partes sumidas en esta oscuridad.

---

[37] *Ibid.*, p. 22.
[38] T. d. B. -13; SW IX, p. 404.
[39] *Ibid.*
[40] *Ibid.*, p. 405.
[41] *Ibid.*
[42] *Ibid.*, p. 407.

El tratamiento de los hechos de conciencia parte de la observación precisa, de la visión clara y distinta de los datos de conciencia. Pero, naturalmente, no se detiene ahí: los hechos deben explicarse y ordenarse dentro de un contexto más amplio. En esa medida, por lo demás, el título de las lecciones no es por entero exacto.

Para ir más allá de la mera observación se requieren dos pasos: 1, experimentos, y 2, hipótesis que hay que verificar. Ciertos datos sujetos a ley no pueden captarse «por la mera observación», «hay que elevarse por encima de ella mediante un acto libre; hay que realizar un *experimento* para alcanzar una nueva visión.»[43] Se entiende que tales experimentos no se realizan con objetos de la conciencia ordinaria, sino con los modos de saber observados. Con la modificación en el saber del objeto, introducida por medio del experimento, el saber acerca del objeto se muestra de un modo distinto al de antes.

Pero lo observado con o sin el experimento tiene que explicarse aún desde su fundamento. «En esto, ni la mera observación ni el experimentar pueden bastar para la contestación de la pregunta; pues se pregunta: *¿de dónde?* Hay que pensar por tanto algo con libertad, una *hipótesis*.»[44]

En este pasaje, el concepto de hipótesis no ha de ser entendido en el sentido de la teoría de la inducción; ¡hay que tomarlo más bien en el sentido dominante en la época de Fichte! Una hipótesis es una concepción que es capaz de servir como demostración *apriórica* para la legalidad de un dato. Pueden tomarse como ejemplo los planteamientos y los pasos reflexivos que «demuestran» el teorema de Pitágoras, es decir, que lo reducen a una ley de la esencia. El mismo Fichte aduce como ejemplo conocimientos sobre las leyes del triángulo. «La libre construcción del triángulo es limitada por la esencia [...] del triángulo mismo.» Una hipótesis tiene la finalidad de demostrar esto, por ejemplo, «que la suma de los ángulos tiene que ser igual a dos rectos.»[45]

La Doctrina de la Ciencia no tiene nada que ver con la inducción empírica; el asunto de ésta es siempre sólo la parte de la facticidad que no obedece a una ley *a priori*. La inducción tiene también su puesto y su valor determinados en el conjunto del saber, y de modo indirecto es también importante para la Doctrina de la Ciencia, por ejemplo en la solución de la pregunta acerca de por qué el dato fáctico, no deducible *a priori*, está constituido así; pero aquélla jamás corresponde al dominio de lo *a priori*.

Históricamente, aún cabe hacer ver que, en las lecciones sobre los «Hechos de conciencia» del invierno de 1812-1813, Fichte se permitió

---

[43] T. d. B. -11/12; transcripción de Cauer, p. 5.
[44] Ibid., p. 8.
[45] T. d. B. -13; SW IX, p. 29.

una divergencia respecto del orden esbozado hasta entonces. Esto fue debido, por un lado, al hecho de que en sus oyentes, que en su mayor parte eran ya asiduos, podía presuponer ya ciertas intelecciones puramente filosóficas. Por otro lado, y como se mostrará enseguida, junto a este tipo de introducción ha aparecido un segundo: la comparación entre la lógica formal y la trascendental. Este segundo tipo de introducción había precedido ya a las lecciones sobre los hechos de conciencia en el semestre de invierno de 1812-1813. «Esta vez», advirtió Fichte al comienzo de sus clases, «estas lecciones son una segunda introducción, que ya ha sido precedida por las lecciones sobre la relación de la lógica con la filosofía.» «Pues sería ahora una entera equivocación que yo les tratara a ustedes como si no supieran lo que conforme al presupuesto ya saben [...], y si combatiera una ceguera en la que ustedes ya no se encuentran.»[46]

Las lecciones sobre los «Hechos de conciencia» del invierno de 1810-1811 se caracterizan porque tratan el ámbito *entero* de los momentos del saber, que desde entonces habrían de ser deducidos por la Doctrina de la Ciencia a partir de un único principio supremo. Tal vez se debiera a este motivo el que Fichte las elaborara para su publicación. En ellas se encuentra efectivamente «un compendio sistemático de los hechos de conciencia, posible como resultado de una autoobservación del saber completa y legalmente ordenada», y al mismo tiempo «una visión histórica de conjunto del saber fáctico dado»[47], tal como Fichte había exigido para el caso ideal.

Las lecciones proceden de abajo hacia arriba, ascendiendo desde los hechos inferiores hasta los superiores, para comprenderlos desde sus fundamentos. «Una [exposición] tal, puesto que debe ser una historia del desarrollo, comienza por el punto inferior: por aquel en el cual la vida estará dada sin desarrollo previo alguno. Pero este punto, este *terminus a quo* de la historia, es la percepción externa.» (*Nota bene*: «historia» hay que entenderlo aquí en el sentido de génesis epistemológica, no como «historia [empírica] de un hombre desde su nacimiento».)

«Esta vida comienza con una cierta sujeción de la libertad. Su desarrollo y curso vital consiste en liberarse de esta sujeción, con lo que [viene a caer] otra vez en una nueva sujeción, si bien menor, de la cual ha de liberarse nuevamente, etc. Dicho brevemente, el curso de su vida es una elevación progresiva de su vida hacia una libertad superior. Este desarrollo progresivo de la vida [queda] sujeto a leyes fijas y determinadas. Una exposición de

---

[46] *Ibid.*, p. 406.
[47] T. d. B. -13; SW IX, p. 403/4.

los hechos de conciencia sería por tanto en cierto modo una historia natural del desarrollo de la vida.»[48]

De las lecciones sobre los «Hechos de conciencia» del semestre de invierno de 1811-1812 tenemos únicamente dos transcripciones (la de Cauer y la de Schopenhauer). Una comparación con el texto de las lecciones sobre los «Hechos...» de 1810-1811 muestra que Fichte no explicó todo del mismo modo que el año anterior. Ante todo, los hechos de la conciencia superior no se trataron exhaustivamente. Pero, por otro lado, las explicaciones sobre la reproducción y el impulso fueron tratados de modo más extenso y pormenorizado que en el año anterior. En las lecciones sobre los «Hechos...» del semestre de invierno de 1812/13, por los motivos que se han referido, se tratan sólo los hechos prácticos y sus fundamentos. Este ascenso tiene aún a su vez motivos que, en lo que sigue a continuación, aparecerán a propósito de la comparación entre las distintas versiones de la «Doctrina de la Ciencia».

El pensamiento según la lógica formal y la trascendental

Ahora bien, entre la explicación de los hechos de conciencia y la auténtica Doctrina de la Ciencia, a partir del semestre de verano de 1812, aparecen unas nuevas lecciones preparatorias, las lecciones «Sobre la relación de la lógica respecto de la filosofía, o lógica trascendental». Fichte dio estas lecciones en dos ocasiones; en concreto, una segunda vez en el semestre de invierno de 1812-1813. El tema de ambos ciclos de lecciones no es el mismo, lo cual se debe a que Fichte consideró que los oyentes del segundo ciclo estaban ya en posesión de los conocimientos del primero. Puesto que el semestre de verano de 1813 está dedicado exclusivamente a la filosofía aplicada, no se puede decir si Fichte habría dado nuevas lecciones de lógica: murió en enero de 1814.

Recordemos nuevamente que ya en Jena Fichte había dado unas lecciones análogas, por cuanto que la primera parte de sus lecciones regulares tituladas «Lógica y metafísica» se ocupaba de cuestiones de lógica formal junto con cuestiones de teoría del conocimiento. En 1795 Platner

---

[48] T. d. B. -10/11; edición de 1817, p. 213/14.

publicó también un «Manual de lógica y metafísica»[49], que con toda probabilidad Fichte llegó a conocer. Los lógicos con quienes entabla combate en 1812 y 1813 son Krug, Fries, y su discípulo De Wette. Que Fichte se ocupó de la lógica de Krug queda fuera de toda duda, pues en 1808 la discutió en unas anotaciones que nos han llegado.

El *Sistema de la lógica* de Fries apareció publicado en Heidelberg en 1811; no consta en cambio ninguna referencia de Fichte a ella. Sin embargo, el joven profesor de teología Wilhelm Martin Leberecht De Wette defendió la lógica de Fries en la Universidad de Berlín, y concretamente, según él mismo escribió a Fries en 1813, frente a la concepción de Fichte y de Schleiermacher[50]. Según relata Von Ranke, De Wette comentó ante él que las doctrinas de Fichte no le habían causado la más mínima impresión[51]. Como información de fondo puede servir todavía el hecho de que Jacobi se esforzó por proporcionar a Fries una cátedra en Berlín.

Pero ahora podría ser del mayor interés el hecho de que, en la primavera de 1812, Fichte trabó conocimiento también con la Ciencia de la Lógica de Hegel, en concreto por cuanto concierne a «la lógica objetiva», que se encuentra en el primer volumen. Este libro había aparecido en Nürenberg en 1812, para la feria de Pascua. Al final de la primera de las lecciones sobre lógica, por tanto hacia julio de ese mismo año, Fichte se refiere a un filósofo escritor cuya voz se ha alzado recientemente para derogar el idealismo trascendental y reintroducir el dogmatismo. Éste ha entendido que «en el *ser* no puede residir el fundamento de una modificación, de un devenir». Pero para dar cuenta ahora de la modificación de la realidad, que es patente como la luz del día, recurre a «divertidas artimañas»[52]. Con otras palabras: Fichte rechaza el semitrascendentalismo de Hegel, según el cual a la modificación en el sujeto debe corresponderle siempre una modificación (inteligible) en la substancia.

Pero al margen de esta toma de conocimiento y de postura respecto de la *Ciencia de la lógica* hegeliana, la lógica de Platner, Krug y Fries era y siguió siendo el adversario con quien se confrontó Fichte en sus lecciones comparativas. A comienzos de 1813 explica el mismo filósofo: «En las anteriores lecciones sobre la Doctrina de la Ciencia, estas clases (sobre los hechos de conciencia) fueron mi primera y única introducción. [...] Pero ahora, estas lecciones vienen a ser una segunda introducción,

---

[49] Leipzig, 1795.
[50] Carta a Fries del 5 de noviembre de 1813: «Expongo los principios filosóficos de usted, y espero encontrar aún más acogida [...]. Pero, desde luego, ante un Fichte [...] esto es harto difícil».
[51] F. H. RANKE, *Recuerdos de juventud,* Stuttgart, 1877, p. 128.
[52] Tr. L. -I, hoja 81b.

que ha sido precedida de las lecciones sobre la relación de la lógica respecto de la filosofía.»⁵³

En un cierto sentido, estas explicaciones sobre lógica son «más científicas» que la exposición de los hechos de conciencia: a saber, en tanto que en ellas se trata una parte de la Doctrina de la Ciencia misma, los logros del entendimiento. Pero en otro sentido se mostraron como necesarias incluso *antes* que el tratamiento de los hechos de conciencia, a saber, «tan sólo para liberar el órgano con el cual [tienen que contar] incluso los hechos [de conciencia]»⁵⁴. La destrucción del dogma fundamental de la lógica formal se realizó desde el propósito de disponer «para la intelección filosófica una preparación tan idónea como aquí parece ser posible»⁵⁵.

Las explicaciones correspondientes a las lecciones de Fichte «Del estudio de la filosofía», dadas en el semestre de verano de 1812, aportan más información sobre los motivos que le movieron a impartir sus clases de lógica: «Éstas fueron [...] mis observaciones. El habitual modo de pensar empírico, que obtura el órgano para la filosofía, está incluso científicamente refutado, pero se hace valer en la lógica ordinaria: ésta misma tiene que hacerse pasar necesariamente por filosofía ahí donde no se llega a la filosofía: extiende su espíritu por todas las explicaciones y por todo el filosofar, que no puede confiarse a quien confunde el catecismo con la religión natural: ustedes [sc. los oyentes] no reciben la filosofía de un modo indiferente, ustedes la reciben ya con un ojo artificiosamente bloqueado». Este prejuicio corroborado de la lógica formal se opone a la intelección trascendental, para la cual todo «ser» se reduce al proceso de su configuración. El mundo sensible es para ellos un mundo de las «cosas en sí». «[Pero ahora, la lógica] advierte además el *pensamiento* [...]. Éste se muestra ahora sin duda alguna como imagen.» En este punto debería aparecer ahora la intelección trascendental. «Para que no suceda el infortunio, enseguida se tiene ya [a mano] la lógica: Sí, eso hago *yo*; *yo* pienso. El yo [es para ellos] igualmente una cosa en sí. Ahora bien, éste se conforma ciertamente con acoger en sí todo cuanto no cabe negar como imagen.» «Ahí donde esto está fuertemente arraigado, ya puede esforzarse la Doctrina de la Ciencia en reducir al modo de ser de la imagen todo cuanto aparece en el saber, pues siempre tienen de fondo el Yo en sí [como generador] de las imágenes, y de este modo no se reduce al ser de la imagen.» El oyente deformado por la lógica formal se aferra inapelablemente al convencimiento de que quien expone la Doctrina de la Ciencia lo

---

[53] T. d. B. -13; SW IX, p. 406.
[54] Vom St. d. Ph. -1812; Ms. IV, 8, hoja 4a.
[55] Tr. L. -I; hoja 55b.

considera también así, y espera que esto se pondrá de manifiesto en el consiguiente transcurso de las lecciones. En el mejor de los casos se entiende la Doctrina de la Ciencia, al modo realista, como un dualismo, y se supone que ella «deduce desde un espíritu [...] en sí, que tiene el nombre de Yo, el mundo material.»[56]

«Puesto que las cosas están así, y como esto se me ha vuelto bastante patente, he considerado necesario liberar primero el órgano al cual me dirijo mediante un ataque polémico contra este error lógico fundamental, y descorrer los velos que hay tendidos sobre los ojos.» La finalidad de esto es alejar el prejuicio de la lógica formal mediante el planteamiento de la visión trascendental de la lógica, «mostrando qué sucede propiamente con el pensamiento.»[57]

«El empleo», explica Fichte en la primera de las lecciones de lógica, «que aquí hacemos [de la exposición de la función trascendental del pensamiento]: mostrar mediante la oposición con [la concepción lógico-formal] qué es la filosofía [...,] durará tanto como persista la propensión lógica, y mientras no se haya fijado, al menos entre el público científico, el conocimiento del órgano para la filosofía y se hayan adquirido los conocimientos que tienen que presuponerse absolutamente. Ésta es una tendencia polémica, que persiste tanto tiempo como el adversario conserva el modo lógico de pensar.»[58]

Así pues, en estas nuevas lecciones introductorias no se trata en lo principal de la lógica formal misma; sino que el conocimiento que ahí se ofrece sobre el supuesto dogmático de esta lógica sirve «sólo como medio» para la introducción en la visión específica de la Doctrina de la Ciencia, «para la cual prometo la mayor claridad y el poder de forzar a comprender»[59]. Lo que aquí expone Fichte «no es lógica, sino preparación e introducción a la Doctrina de la Ciencia.»[60]

Al final de la primera lección de lógica dijo Fichte: «Queriendo hacer comprensible la lógica en la filosofía misma, así como mostrar la vinculación del concepto original –que no es hecho por el Yo, sino que él mismo hace al Yo– con el [concepto] reconstruido que en apariencia es hecho por el Yo, me encaminé propiamente hacia una investigación que no está desarrollada en absoluto. Sin la Doctrina de la Ciencia, esta tarea no se plantea [en absoluto]: ni siquiera esta preocupación es inmediata para la Doctrina de la Ciencia misma, [pues] ella [simplemente] ignora la lógica [formal]. Yo

---

[56] Vom St. d. Ph. -12; Ms. IV, 8, hoja 4b.
[57] *Ibid.*
[58] Tr. L. -I; hoja 55, 5.
[59] *Ibid.*, hoja 1a.
[60] *Ibid.*, hoja 32b.

tengo que inventar pues [esta preocupación] ante ustedes. [...] Mas no me arrepiento de la investigación, pues yo prometo hacer dignas de las más excelentes preferencias la claridad de la Doctrina de la Ciencia. [...] El [...] fin de la preparación se ha alcanzado en buena medida. Pero el segundo propósito de una visión y captación global de la lógica vulgar, ciertamente no»[61]. Por eso anunció que explicaría estas lecciones todavía una segunda vez.

Efectivamente, ya la primera lección de lógica lleva a cabo una profundización considerable en la visión empírica, penetrando el modo empírico de concebir, lo que Fichte llama el «concepto empírico». En la segunda lección de lógica, Fichte insiste de nuevo en que «aquí [se trata] solamente» del planteamiento del «principio de la *empiría*»[62]. Partiendo de un esfuerzo por la comprensión del concebir, Fichte prosigue hasta una comprensión ulterior de la intuición y hasta la deducción del espacio, en el momento estelar de la segunda lección. Por otro lado, a fines de diciembre de 1812 sigue el tránsito a lo que Fichte llama la autocomprensión del entendimiento.

«La imagen original como tal [...] no tiene [...] en absoluto ninguna otra existencia sino en el concepto de sí misma.» «Todas las confusiones en la Doctrina de la Ciencia, así como también toda malcomprensión de ella en cuanto a sus premisas supremas, resultan de que, o bien jamás se ha inteligido rectamente este principio, o bien se nos escapa, por la tendencia siempre permanente hacia el dogmatismo y [en la tendencia a] tranquilizarse a sí mismo mediante la posición de un en sí.»[63]

La Doctrina de la Ciencia

Tras haber aclarado el propósito de todas las lecciones preparatorias, vayamos ahora a la Doctrina de la Ciencia misma. Desde la fundación de la Universidad de Berlín, Fichte leyó la «Doctrina de la Ciencia» todos los años, es decir, desde 1810 hasta 1814. Los dos últimos ciclos de lecciones quedaron incompletos a causa de motivos externos: el de 1813 por el estallido de la guerra, y el de 1814 por la muerte del filósofo. De los cinco ciclos de lecciones se han conservado los manuscritos de Fichte, además de algunas transcripciones.

---

[61] *Ibid.*, hoja 81a.
[62] Tr. L. -II; hoja 30a.
[63] *Ibid.*, hoja 21a.

Ahora bien, podría suponerse, y de hecho se ha supuesto de modo predominante, que en estas lecciones sobre la Doctrina de la Ciencia Fichte expuso siempre lo mismo. En efecto, tampoco puede advertirse que Fichte se limitara sólo a los «Fundamentos» o a «Lo específico de la Doctrina de la Ciencia», como en los tiempos de Jena. Hay que advertir asimismo que en estas lecciones sobre la «Doctrina de la Ciencia» el configurar se sigue siempre sólo en su desarrollo general, no en sus disciplinas correspondientes (que sin embargo pertenecen a la Doctrina de la Ciencia y se configuran en ella: las doctrinas de la naturaleza, del derecho, de la moralidad y de la religión).

Pero, ante todo, hay que observar en este sentido que la parte suprema de la Doctrina de la Ciencia, que en 1804 Fichte bautizó como la «Doctrina de la verdad», es decir, la doctrina del absoluto, en su etapa tardía ya no viene expuesta. En sí, esta doctrina de la verdad consiste sólo en una intelección única, pero que, en el mejor de los casos, verbalmente sólo puede formularse de modo incompleto[64]. Pero el camino reductivo que conduce a ella, y el camino que, desde ella, prosigue hasta la fenomenología, pertenecen también en sentido amplio a la doctrina del absoluto (según las versiones de 1801/2 y 1804/5), y todo esto Fichte lo llamó, siguiendo a Descartes, *philosophia prima*[65]. Según esta clasificación fundamental de 1804, todas las exposiciones de la Doctrina de la Ciencia desde 1810 hasta 1814 son sólo «fenomenología».

Pero también después de estas precisiones queda por comprobar que en estas lecciones no se expuso sin más siempre lo mismo.

En lo formal, y en un sentido fundamental, tienen todas el mismo carácter: la Doctrina de la Ciencia no tolera ninguna «demostración a partir de un factum»[66]. «[Más bien] se parte de la unidad [...] y a partir de ella se deduce como necesaria una multiplicidad [determinada], donde el factum como [mero] factum no entra en absoluto a discusión»[67]. La Doctrina de la Ciencia deduce la forma necesaria del saber mediante una «deducción progresiva a partir de la manifestación del absoluto»[68]. (Fichte establece aquí la misma distinción fundamental en la deducción que la de Descartes en la respuesta a las primeras objeciones contra sus *Meditationes de prima philosophia*.)

En 1811, Fichte admitió ante sus oyentes que «esta deducción [a partir del punto de unidad supremo] no pudo exponerse de modo apropiado en

---

[64] W. L. -04; AA I 8, p. 228.
[65] *Ibid.*, p. 406.
[66] W. L. -11; hoja 35 a.
[67] *Ibid.*, hoja 15 a.
[68] W. L. -11; hoja 35a.

varias de mis exposiciones anteriores»[69]. También en la exposición de 1811 subraya Fichte que el principio de la deducción global «no [puede] hacerlo comprensible inmediatamente»[70]. Según el filósofo, esta carencia sólo se subsana en la última exposición *completa* de la Doctrina de la Ciencia, la de 1812.

Efectivamente, en todas las exposiciones de la «Doctrina de la Ciencia» a partir de 1812 faltan ciertas deducciones. Incluso causa extrañeza que Fichte pudiera anticipar —como de hecho hizo— que en la exposición de la Doctrina de la Ciencia podría lograrse en *un único* semestre una deducción sin lagunas. Por ejemplo, determinadas deducciones se encuentran en alguna exposición de la «Doctrina de la Ciencia», pero a menudo no en las restantes.

Todas las exposiciones de la «Doctrina de la Ciencia» a partir de 1810 tienen en común el que en ellas se asciende de abajo hacia arriba, siendo penetrado el automanifestarse de la manifestación progresivamente desde el esquema inferior hasta el superior. Esto no es evidente de suyo. La pregunta acerca de si la Doctrina de la Ciencia no podría desarrollarse también en un descenso desde el esquema supremo había ocupado a Fichte desde el descubrimiento mismo de la Doctrina de la Ciencia; así, ya en las *Eignen Meditationen über ElementarPhilosophie*.

Si ahora, desde el punto de vista de esta pregunta, se comparan las cinco versiones de la «Doctrina de la Ciencia» hasta 1814, se pone de manifiesto que éstas se diferencian en que, o bien arrancan de esquemas progresivamente superiores, o bien, en todo caso, constituyen estos mismos esquemas en la explicación fundamental.

La «Doctrina de la Ciencia» de 1810, como es comprensible por estar Fichte aún convaleciente de su grave enfermedad, está redactada de un modo relativamente rapsódico. De otro modo sucede con la «Doctrina de la Ciencia» de 1811. En ella, el llamado «esquema 2», la automanifestación de la manifestación, se explica con sumo cuidado y está expuesto en sus detalles mucho más pormenorizadamente que en cualquiera de las exposiciones anteriores. La deducción trascendental es tratada desde el anverso de la hoja 7 hasta el reverso de la 26. Por contra, los esquemas superiores se tratan más brevemente.

Fichte explica ahora de modo fundamental: «la Doctrina de la Ciencia es propiamente *una única intuición y un único pensamiento*, o bien un saber único que, como acaso todo saber real, consta de intuición y pensamiento. Pues también ella, después de su culminación, es este saber uno. Pero en la

---

[69] *Ibid.*, hoja 9a.
[70] *Ibid.*, hoja 25a.

construcción, esta unidad se compone sólo a partir de sus partes componentes. Pero en la medida en que ella es aquí una *multiplicidad,* y por ser también una [unidad], es una *multiplicidad orgánica y articulada.* Ella es una génesis conforme a leyes [...] en este modo de la deducción [...]. Todo pensamiento e intuición tiene su puesto determinado en la totalidad, sólo en la cual es verdadero y evidente *de este modo,* y en ningún otro sitio fuera de ella hasta que el círculo se cierre y lo último demuestre el primer presupuesto tácito».

Dado el estado de la formación previa de sus alumnos, consideró aconsejable «enlazar la lección con otra más fácil, y sólo desde ésta proyectar a lo más difícil la luz generada allí. [...] Esta conexión orgánica –y justo aquí se fundamenta la preferencia en el método– tiene como facilidad la virtud de que cada miembro se intelige a partir de cada uno de los demás». Por lo demás, y justamente debido a esta última circunstancia, *la explicación* de la Doctrina de la Ciencia puede seguir *diversos caminos.* «El camino natural [es] ciertamente [el que parte de] A – B, C.[;] pero desde C [debe inteligirse nuevamente] *A* y *B* y así hasta el final, lo condicionado a partir de la condición, pero también la condición a partir de lo condicionado. La claridad completa está sólo en el todo: justamente cuando se vuelve *un* saber. Este saber a partir de las partes puede construirse ahora como se quiera.» «Mi tesón incesante tuvo como objeto allanar este camino orgánico para la exposición. Y porque pretendo tal fin, en cada nueva exposición presento la Doctrina de la Ciencia de una forma diferente»[71].

Si echamos ahora un vistazo a los respectivos procesos deductivos que Fichte emprendió en las «Doctrinas de la Ciencia» desde 1811 hasta 1814, se aprecia que la tendencia que se fue volviendo progresivamente determinante fue la de exponer los esquemas inferiores como condicionados por la posibilidad de los superiores.

En la «Doctrina de la Ciencia» de 1812, los esquemas superiores de la automanifestación de la manifestación se tratan conjuntamente en el segundo capítulo de la primera sección. Sin embargo, en la primera parte de la tercera sección, Fichte escribe sorprendentemente: «Podría describir la libre reflexión según [la manera en que expuse el modo necesario de la autorreflexión]: y se expondría un ascender de la conciencia, de modo similar a como también hicimos esto mismo en los hechos de conciencia (ciertamente que con una [deducción] diferente). De esta manera, yo establecería en primer lugar las leyes subordinadas, y mediante éstas me elevaría a las superiores. Pero es [...] más profundo, más preciso, más adoctrinante, y abrevia también bastante, si enlazo ya con esto la intelección de la ley suprema [...]. Las [leyes]

---

[71] *Ibid.,* hoja 4a y b.

inferiores residen ahí, y se inteligen con una claridad enteramente diferente dentro de su unidad orgánica. ¡Esto es lo que quiero hacer, pues!»[72]

Desde esta perspectiva, la «visión» determinada suprema, la del querer moral, se constituye en centro de las deducciones que siguen luego. De este modo, la parte superior de la Doctrina de la Ciencia queda explicada en 1812 de un modo mucho más profundo y detallado.

La idea de comenzar en lo posible con la intelección de la ley suprema y deducir desde ahí las leyes inferiores condicionadas por ella será determinante de ahora en adelante.

El elemento cuya irrupción se documenta a finales del otoño de 1812 en la lección sexta de la «Lógica trascendental», la intelección de que *todo* saber se da sólo en la comprensión de sí mismo[73], en la «Doctrina de la Ciencia» de 1813 se toma ya como punto de partida. «La imagen [...] es ella misma sólo en esta forma. El ser de la imagen no es acaso para sí, de modo que la comprensión apareciera sólo más tarde, se enlazara con ella y la formara; pues la comprensión misma es el ser de la imagen, no un mero accidente de su ser»[74]. «Debemos construir el entendimiento en su síntesis con el contenido: ¿qué seremos entonces en esta construcción? Comprensión del propio comprender. Seremos, pues, la expresión y la culminación de aquello de lo cual [decimos] que constituye conjuntamente un elemento de la síntesis establecida, y en concreto el último: a saber, la expresión y la culminación de la *comprensibilidad* que se presupone como tal elemento de la comprensión sintética. Ahora bien, con esta comprensibilidad absoluta comenzamos ya aquí mismo»[75]. Fichte insistiría luego repetidas veces en haber encontrado con este punto de partida una solución particularmente afortunada para la deducción completa.

El 17 de febrero de 1813 escribió Fichte a Fouqué: «Me he enfrascado más profundamente que nunca en la Doctrina de la Ciencia, la cual expongo de manera ininterrumpida para unos oyentes tanto más hondamente arrebatados. Un destino peculiar se cierne sobre esta ciencia. En el año [179]6 vi ante mí la luz en la cual la verdad tendría que volverse evidente para todos, y ya sólo creí que tenía que aprovechar ocasión semejante. Las consecuencias de la desafortunada disputa [en Jena] me empujaron al ostracismo. Ahora, después de años de peregrinación y enfermedad, creo estar en el mismo punto; pero parece que de nuevo me veré interrumpido»[76].

---

[72] W. L. -12; hoja 31a.
[73] Tr. L. II; desde el anverso de la página 17 hasta el reverso de la 20.
[74] W. L. -13; SW X, p. 20.
[75] *Ibid.*, p. 11.
[76] *J. G. Fichte Briefwechsel*, editado por Schulz, vol. II, p. 596-597.

Dos días más tarde, el 19 de febrero, Fichte interrumpirá su, por esta vez, «muy afortunada elaboración de la Doctrina de la Ciencia»[77].

En la «Doctrina de la Ciencia» de 1814, Fichte arranca ya del esquema superior, el de la autocomprensión de la Doctrina de la Ciencia. «Aquella autoconciencia inmediata en el engendramiento de la Doctrina de la Ciencia es justamente el comprender mismo que es de modo absoluto [...]»[78]. «Si por tanto [...] debiera ser válido que también la Doctrina de la Ciencia es un saber y corresponde a su dominio, [y] si lo comprendido merced a la Doctrina de la Ciencia es saber: ¿cómo sería, pues, el asunto, caso de que ambas [proposiciones] fueran verdaderas? Así: la Doctrina de la Ciencia, siendo ella /entendimiento del otro saber/, tendría a su vez que comprenderse, ponerse y objetivarse a sí misma. Ella, es decir, la intelección [...], no es una intelección que justamente *sea*, se consuma en sí misma y proyecte su producto, sino la intelección que, siendo, simultáneamente se *comprende*. Ella es entendimiento absolutamente inmanente, que reflexiona sobre sí mismo, que no contempla algo distinto, sino [que se contempla] simultáneamente *a sí mismo*»[79].

En las exposiciones preliminares de la «Doctrina de la Ciencia» a partir de 1811, la autodeducción de la Doctrina de la Ciencia había constituido un esquema propio dentro de ésta. Lo que en la «Introducción a la Doctrina de la Ciencia» se había explicado de modo científico, a saber, el concepto necesario de la Doctrina de la Ciencia, aparece como parte de la Doctrina de la Ciencia misma, que engendra en sí misma esta comprensión genética. Pero desde ahora, en la versión de 1814, este estadio quinto y supremo es analizado en sí mismo ya al comienzo, y todos los demás estadios e intelecciones de la Doctrina de la Ciencia se deducen a partir de él.

Con esto, el camino de ascenso no sólo ha alcanzado su punto supremo, sino que, además, el desarrollo se lleva a cabo metódicamente ya a partir de este punto supremo: la realización de la Doctrina de la Ciencia se efectúa en un descenso sistemático. En su respuesta a las «Primeras objeciones» contra sus *Meditationes de prima philosophia*, Descartes distingue este proceder sistemático como el único estrictamente científico, y, en oposición al proceder «geométrico», lo designa como «analítico». Fichte alcanzó este punto hacia mediados de enero de 1814. En este momento, esto es, tras haber apuntado por escrito el contenido de la quinta lección, la muerte del filósofo arrebató ya para siempre la pluma de su mano.

---

[77] SW IV, p. 610.
[78] W. L. -14; hoja 13a.
[79] *Ibid.*, hoja 5a.

Las cuatro disciplinas de la Doctrina de la Ciencia

De las cuatro disciplinas de la Doctrina de la Ciencia, en el período tardío que aquí nos ocupa, Fichte expuso sólo la doctrina del derecho y la doctrina de la moral. Al conde Stephan Zichy, quien, como ministro austríaco en Berlín, por orden de Metternich había preguntado a Fichte por el contenido y el plan según el cual adoctrinaba, Fichte le respondió en mayo de 1812: «Mis clases principales son las clases sobre la Doctrina de la Ciencia, es decir, la filosofía auténticamente científica, eso mismo que anteriormente se había llamado metafísica. [...] Aplico la Doctrina de la Ciencia para engendrar determinadas ciencias filosóficas. Así, este semestre explico la doctrina del derecho, y luego la doctrina de la moral. De igual modo, más adelante expondré una filosofía de la naturaleza»[80].

Las explicaciones en la parte lógica de las lecciones sobre «*Institutiones omnis philosophiae*» nos procuran la mejor información sobre la concepción fichteana de la ciencia natural y de la filosofía de la naturaleza: «La investigación de las leyes de esta naturaleza es ciencia natural en la empiría, partiendo de la observación, permaneciendo en la observación y yendo exclusivamente de su mano. Que con ésta se avance ahora felizmente, depende en primer término de que toda ciencia natural *a priori* [sc. filosofía de la naturaleza]= física especulativa, se exponga de modo puro y separado de aquélla. Confunde todo el sentido para la esencia de la demostración empírica el «demostrar» mediante ésta, por medio de un experimento, lo que es verdad *a priori*; y ello es perjudicial para ambas ciencias. Y luego, mediante la «demostración *a priori*» de cierto principio hasta entonces admitido como empírico, la especulación queda sobreestimada, se confunden sus límites y se termina en la ocurrencia de rechazar por entero la empiría. [Así hace] la filosofía *natural* de Schelling.» Sólo tras el establecimiento de una filosofía natural completa podría acabarse por entero con estos abusos por parte de uno y otro lado. La ciencia natural empírica es interminable, la inducción que la constituye es una tarea sin fin. Pero la filosofía de la naturaleza puede en cambio culminarse, y «lo que no aparece en ella es lo puramente empírico. Esto, como una determinación precisa e inmodificable de los límites, es ahora lo primero que tiene que lograr la filosofía de la doctrina de la naturaleza».

---

[80] R. L. -12; Ms. IV, 10, hoja 4a.

Aquí, Fichte indica todavía el objeto de la filosofía natural: «Como ciencia pura, tiene el espacio llenado por sí mismo, con su fuerza de intensión y de extensión, y con el movimiento que resulta de su variabilidad». Fichte confiesa «no estar hasta ahora» en posesión de los conocimientos suficientes, ni poder esperar tampoco alcanzar su posesión[81].

En su libro *La doctrina trascendental de la naturaleza de Fichte según los principios de la Doctrina de la Ciencia* [82], el autor de esta introducción ha expuesto sistemáticamente esta filosofía natural a partir de los comentarios dispersos de Fichte. En su etapa tardía, Fichte retorna a ella, sobre todo en sus lecciones de lógica. Hay dos peligros: consignar que lo conocido de modo meramente empírico, en último término tendría que poderse deducir *a priori*, con lo cual se está asentando un modo restrictivo que a *nosotros*, seres racionales finitos, ciertamente no nos es posible. El otro peligro consiste en tratar de introducir fundamentos propios de la doctrina de Dios o de la doctrina moral, y querer deducir *a priori* a partir de ellos por qué la naturaleza está constituida fácticamente en el modo determinado en el que nosotros la encontramos en la empiría.

Fichte rechaza ambas tentaciones: «Esta consideración así expuesta de lo empírico [...] será válida para toda nuestra filosofía, y no es ningún empobrecimiento para ella el esperar un progreso [del conocimiento de la naturaleza] y una relación de la moralidad con la empiría. Caso de que, quizá en lecciones anteriores, yo me haya expresado así, [...] lo revoco seriamente con lo dicho». «Mediante el concepto está puesto el mundo, en todos los sentidos, y este mundo tiene que expresar el concepto, pues de otro modo no existiría: pero lo que está determinado por el concepto no es lo empírico, sino que para lo empírico queda sólo aquello que no está determinado absolutamente por el concepto [apriórico]. Se trata de inteligir que hay que distinguir estas dos partes del ser fáctico [...]. Lo empírico es comprensible [en general] según su existencia, pero en modo alguno según su determinación [particular]. Esta incomprensibilidad, que para el entendimiento es por consiguiente algo absoluto, es lo que desde siempre ha incitado [...] a tomar tal determinación por un ser absoluto, y lo que ha engendrado todo dogmatismo»[83]. Pero esta dimensión que *a priori* resulta absolutamente incomprensible, esta «legalidad» meramente empírica, es sólo la expresión de que la constitución física específica es «la nada absoluta», es decir, que en último término no es de ninguna significación para el conocimiento.

---

[81] AA II 9, pp. 140-142.
[82] Hamburgo, 1984.
[83] Tr. L. -II; 76a.

Son posibles infinitos mundos sensibles distintos; sólo obtienen significación volviéndose para nosotros *prácticamente relevantes*. «Los filósofos comprendieron [...] la posibilidad de infinitos mundos sensibles, así como comprendieron que de entre todos éstos sólo uno podía llegar a ser real.» «Lo bueno en el mundo [es] su adecuación a conceptos. Pero ésta no es en modo alguno objeto de elección, [...] sino que tiene que darse [...]; de otro modo no es posible mundo alguno.» El único valor de nuestro mundo es «que en él hay que exponer el concepto de razón»[84].

Lo que al comienzo de la «Doctrina moral» dice Fichte de ella: «que justamente ahí la doctrina moral asume un rango elevado en la serie de las ciencias particulares, que por encima de sí reconoce tan sólo la doctrina de la religión, y que bajo sí tiene la doctrina del derecho y la doctrina de la naturaleza», después del conocimiento de la Doctrina de la Ciencia tiene como consecuencia que «las visiones ganadas en ella pueden ser de hecho las más profundas [...], en tanto que su punto de reflexión justifica precisamente a los otros»[85]. Lo mismo vale para toda disciplina superior por cuanto respecta a su relación con las inferiores y los resultados de las reflexiones de éstas. De este modo, las disciplinas superiores son las «las más adoctrinantes, [por ejemplo] la doctrina moral más que la doctrina de la naturaleza»[86].

Las disciplinas «son partes desarrolladas de la Doctrina de la Ciencia»[87]. La «moral es una ciencia filosófica específica [...]. Ella tiene por tanto [en su vértice supremo] un factum: es así y así, sin más demostración: la demostración, la deducción a partir de una totalidad, incumbe a la Doctrina de la Ciencia». Su principio fundamental, la «fórmula en cuyo análisis debe consistir toda una ciencia»[88], es en la Doctrina de la Ciencia misma un teorema.

Toda disciplina ha de ser desarrollada desde el punto específico del que parte; desde este punto de vista hay que considerar también todo lo demás (los objetos de las restantes disciplinas). «Así, en la Doctrina de la Ciencia y en la doctrina de la religión se encuentra que el concepto supremo de la doctrina moral es a su vez "imagen de Dios". Pero la doctrina moral, en el punto de la reflexión en el que se encuentra, ni puede ni debe saber nada acerca de ello, eso no es [relevante]: la doctrina moral únicamente expresa este [punto], y un tratamiento distinto de la ciencia sería una confusión»[89].

---

[84] *Ibid.*, hoja 77r.
[85] S. L. -12; Ms. IV, 10, hoja 2a.
[86] Vom St. d. Ph.; Ms. IV, 8, hoja 3b.
[87] *Ibid.*, hoja 3a.
[88] S. L. -12; Ms. IV 10, hoja 4a.
[89] *Ibid.*, anverso de la hoja 1 y anverso de la hoja 2.

Algo equivalente vale para la doctrina del derecho. Fichte es conocido por haber separado estrictamente el derecho de la moralidad. La «Doctrina del derecho» de 1812 comienza recordando que: «1) La doctrina del derecho es una ciencia pura verdadera. 2) A la base de una ciencia tal yace la idea, que se hace a sí misma absolutamente, del fundamento de un cierto fenómeno. [...] La visión científica ve cómo este [fenómeno] viene a ser a partir de su fundamento y según las leyes de éste». Su principio supremo, «bajo el presupuesto necesario» de que su deducción se lleve a cabo en la Doctrina de la Ciencia, es en la doctrina del derecho meramente «fáctico»[90].

A un desarrollo y una exposición de una «doctrina de la religión» Fichte no llegó en su último período, así como tampoco había llegado anteriormente en Jena. En esta ocasión se lo impidió la muerte.

Filosofía aplicada

Hasta el semestre de verano de 1813 no habría Fichte de dar sus lecciones sobre «Filosofía aplicada»: ya al comienzo dice que ha anunciado estas lecciones como «Exposiciones de diverso contenido extraídas de la *filosofía aplicada*»[91]; y tras algunas lecciones: «He dejado no obstante sin determinar para mis lecciones públicas esta esfera reducida, aunque yo la tengo bien determinada; porque no quería atraer la mera curiosidad ni despertar otro interés que el puramente científico»[92]. Se trataba en concreto, según habría de mostrarse, de la determinación de la «verdadera guerra».

Aclaremos en primer lugar, a partir de todo lo que Fichte había explicado antes de 1810, el significado y la tarea de la «filosofía aplicada». La filosofía, como «vida a partir de lo espiritual conocido de modo puro, es [aquí] la [...] Doctrina de la Ciencia, que ha venido a ser la vida misma y el estímulo hacia ella. En su aplicación, esta [filosofía] significa justamente: en la vida, en el obrar y en el crear se da la filosofía como la auténtica fuerza fundamental que configura el mundo; aparece en el vértice supremo de la configuración del mundo en el sentido auténtico y supremo»[93].

---

[90] R. L. -12; Ms. IV, 12, hoja 1b.
[91] A. Ph.; SW IV, p. 369.
[92] *Ibid.*, p. 390.
[93] *Ibid.*, p. 389.

Sea señalado ya aquí que Fichte llevó a cabo una acción de destino histórico ya sólo merced a sus *Discursos a la nación alemana*, y a partir de ahora con la «Filosofía aplicada». El poder histórico de sus lecciones ha sido reconocido por personalidades de orientación tan inmediatamente práctica como Von Stein o Clausewitz.

«Esta [filosofía] aplicada sólo se vive, no se expone en discursos como en una nueva figura. Por consiguiente, propiamente no habría [...] lecciones sobre filosofía aplicada.» «*Que* se den exposiciones como medio para despertar a otros a [...] la vida que surge de ella»[94], le puede ser encomendado a determinadas personas (como el mismo Fichte) con una finalidad de determinación inmediata de la historia.

Si prescindimos de esta determinación práctica inmediata, las lecciones sobre «Filosofía aplicada» pueden denominarse así también «en un sentido distinto y derivado». La aplicación es aquí exposición del conocimiento «en una imagen [...], en un mero conocimiento que no pone de modo inmediato su ser [...], sino que tan sólo lo exige». «Y desde este dominio realizaremos en efecto nuestras observaciones»[95].

Los logros exigidos desde tal aplicación teórica de la Doctrina de la Ciencia tienen que considerarse sólo en particular.

Los conocimientos en las cuatro disciplinas filosóficas tienen que medirse con los resultados de las ciencias empíricas correspondientes; así, la filosofía de la naturaleza con la ciencia natural, la doctrina del derecho y de la sociedad con el estado jurídico y político efectivo, la doctrina moral con el estado moral de la humanidad, y la doctrina de la religión con la situación religiosa. Puesto que la Doctrina de la Ciencia misma constituye el estadio que fundamenta los otros cuatro, también ella tiene que medirse con el estado de la filosofía en el mundo.

De este modo, cada disciplina da lugar a una praxeología. Fichte las designa como técnica, política, ascética y pastoral. Es además de la máxima importancia el hecho de que las disciplinas filosóficas particulares y sus ejercicios prácticos correspondientes exigen siempre una medición de sus resultados con los de las otras disciplinas respectivas. El sentido de la naturaleza, de la sociedad, del reino de la moralidad y de la religión tiene que contemplarse y comprenderse simultáneamente con el sentido de los otros dominios correspondientes, y modificarlos a éstos desde sí. De este modo, si bien los estadios superiores se muestran como los más justificados y determinantes, no en menor medida reciben de las esferas inferiores ciertas determinaciones para su comprensión.

---

[94] *Ibid.*
[95] *Ibid.*, p. 390.

Finalmente, y desde un principio de disyunción superior, frente a todas estas disciplinas se encuentra la doctrina de la historia, que por su parte, como doctrina pura y formal, tiene que aplicarse y referirse a la historia concreta. «Es, pues, necesario caracterizar *de antemano un estado del mundo*, para establecer en qué medida el presente es "apropiado" para recibir la impronta de una voluntad libre y espiritual»[96].

En cada caso, entre la filosofía completa y la vida aparece aún un miembro que es intermedio en otro sentido: la formación para la ciencia racional y el arte de la razón. «Tan pronto como un *conocimiento* está fundado por [la filosofía], tiene que asumirse, que difundirse, que aclararse; y esta misma transmisión y difusión puede llegar a ser un fin inmediato»[97]; ante todo se precisa de «una formación de todos para este fin: educación, una educación aclarada, a la que se le da su fin determinado»[98].

Si se han cumplido todos estos presupuestos, puede efectuarse entonces un influjo adecuado sobre la vida. Lo específico de una realidad así constituida por la filosofía aplicada teóricamente «consiste en una serie en la cual la posibilidad de cada miembro siguiente está condicionada por la realidad del anterior. Supongan ustedes que la realidad, la historia de los hombres en un lugar, está *dada* en un punto cualquiera de esta serie, que [la razón] se ha *realizado* [en tal y cual medida]; entonces, a partir de este punto sólo debe y puede realizarse» aquello que sea capaz de seguirse inmediatamente. «La norma de lo que debe ser realizado es *inmediatamente* práctica, y también la *intelección* [que determina esto] lo es.» Éste es el carácter de la determinación racional concreta. «La ciencia va más allá en la observación de esta serie, ve puntos más alejados, que son igualmente *prácticos*, sólo que no *inmediatos*. Al mismo tiempo [...] averigua los medios, las condiciones para lo que está más alejado»[99]. «En el presente [se tiene que] poner ya y en el punto donde se está algo a partir de lo cual pueda desarrollarse articulada y progresivamente lo que ahora es sin embargo [inmediatamente] imposible, para que *llegue a ser* posible.» «Así, [por ejemplo,] las constituciones legales que hay ahora, las constituciones necesarias, las mejores que ahora son posibles, son sólo *grados* provisionales. Pero no debe permanecerse en ellas»[100].

Como ya se expuso antes, ciertas cuestiones del arte racional Fichte las trató ya en las «Introducciones». Qué realizaciones prácticas y qué «aplica-

---

[96] *Ibid.*, p. 390-91.
[97] *Ibid.*, p. 394.
[98] *Ibid.* p. 396.
[99] *Ibid.*, p. 394.
[100] *Ibid.*, p. 396.

ciones» de la Doctrina de la Ciencia habría hecho tema de sus lecciones académicas de no haber muerto repentinamente es algo que no se puede decir. Jamás expuso una técnica (así como tampoco una «filosofía de la naturaleza»). Él quiso que su libro sobre *El estado comercial cerrado*, según dice ya el título, se supiera entender «como prueba de una política que habrá que enseñar en el futuro», y tanto en la dedicatoria de este libro al ministro Von Struensee como en la introducción se expresó por extenso acerca de *este* concepto de política. A finales de los años noventa, y enlazando con su «Doctrina moral», Fichte expuso una «ascética». Finalmente, la «Exhortación a la vida bienaventurada» es una pastoral. Sobre cuestiones particulares de la práctica religiosa, como por ejemplo sobre la configuración de la Iglesia, el filósofo se expresó en la «Doctrina moral» de 1812.

Relación de las clases que dio Fichte en la Universidad de Berlín desde diciembre de 1809

Semestre de invierno de 1809-1810:
Instrucciones para el filosofar (desde el 11 de diciembre de 1809).
Doctrina de la Ciencia (febrero/marzo de 1810).

Semestre de invierno de 1810-1811:
Sobre el estudio de la filosofía (del 22 al 26 de octubre de 1810).
Hechos de conciencia (del 29 de octubre de 1810 al 14 de enero de 1811).
Doctrina de la Ciencia (del 30 de enero al 6 de abril de 1811).

Semestre de verano de 1811:
Sobre el estudio de la filosofía (del 8 al 11 de abril de 1811).
Hechos de conciencia (del 22 de abril al 12 de julio de 1811).
Doctrina moral para sabios (desde el 11 de mayo de 1811).

Semestre de invierno de 1811-1812:
Sobre la esencia de la filosofía (del 14 al 18 de octubre de 1811).
Hechos de conciencia (del 21 de octubre al 20 de diciembre de 1811).
Doctrina de la Ciencia (del 6 de enero al 20 de marzo de 1812).

Semestre de verano de 1812:
Del estudio de la filosofía (del 15 al 18 de abril de 1812).
Lógica trascendental (I) (del 20 de abril al 14 de agosto de 1812).

Doctrina del derecho (del 20 de abril al 17 de junio de 1812).
Doctrina de las costumbres (del 29 de junio al 13 de agosto de 1812).

Semestre de invierno de 1812-1813:
Del estudio de la filosofía (del 15 hasta aproximadamente el 20 de octubre de 1812).
Lógica trascendental (II) (del 22 de octubre hasta fines de diciembre de 1812).
Hechos de conciencia (del 4 de enero al 4 de febrero de 1813).
Doctrina de la Ciencia (del 8 al 18 de febrero de 1813).

Semestre de verano de 1813:
Exposiciones sobre filosofía aplicada (del 26 de abril al 13 de agosto de 1813).
Semestre de invierno de 1813-1814:
Introducción a la Doctrina de la Ciencia (del 4 de noviembre al 24 de diciembre de 1813.)
Doctrina de la Ciencia (desde el 10 hasta aproximadamente el 14 de enero de 1814).

Relación de los textos de Fichte citados

1809: D.G.	«Versuch, ob sich für die Vorbereitung aus der Unterscheidung des dunklen Gefühls, u. der klaren Erkenntniß etwas machen laße.»
	Ms. VI, 1 Var. 32 de la *Deutschen Staatsbibliothek* (en adelante d. DStB), hojas 18 y 19.
	Ms. VI, 1 Var. 12 d. DStB, hojas 1-4.
1810: T. d. B. -10/11	«Die Thatsachen des Bewußtseins», Tubinga, 1817 (= SW II, pp. 537-691.)
1811: W.L. -11	Ms. d. DStB.
B. d. G.	Ms. II, 28d d. DStB.
	(= SW XI, pp. 145-208.)
Einl. i. d. Ph. 11	Ms. VI, 1 Var. 32 d. DStB, hoja 35.
	Ms. IV, 8 d. DStB, hojas 1-2.
1812: T. d. B. -11/12	Transcripción de Cauer, germ qrt. 1962.
	Transcripción de Schopenhauer, en *Der handschriftliche Nachlaß*, edit. por A. Hübscher, vol. 2, Múnich, 1985, pp. 29-82.
W. L. -12	Ms. A 30d d. DStB.
	(= SW X, pp. 315-492.)
Vom St. d. Ph. -12:	Ms. IV, 8 d. DStB, hojas 3-4.
Tr. L. -I	Ms. IV, 9 d. DStB.

R. L. -12	Ms. IV, 12 d. DStB. (= SW X, pp. 493-652.)
S. L. -12	Ms. IV, 10 d. DStB. (= SW XI, pp. 1-118.)
Tr. L. -II	Ms. IV, 11 d. DStB. (= SW IX, pp. 103-400.)
1813: T. d. B. -13	SW X, pp. 401-574.
W. L. -13	Ms. IV, 15 d. DStB. (=SW X, pp. 1-86.)
A. Ph.	SW IV, pp. 367-600.
Ein. i. d. WL -13	SW IX, pp. 1-102.
1814: W. L. -14	Ms. A, 32 d. DStB.

NOTA DEL TRADUCTOR

En el semestre de invierno de 1996/97, en sesiones habidas los lunes de once a una de la mañana, Reinhard Lauth pronunció en la Universidad Ludwig Maximilian de Múnich su seminario sobre «La Doctrina de la Ciencia de 1811 de Johann Gottlieb Fichte: el problema de la deducción trascendental». El seminario consistió en una lectura comentada de la obra. Entre los asistentes (ya habituales a las clases de Lauth) se distribuyó la transcripción que Hans Gliwitzky había realizado a partir del manuscrito original de Fichte, guardado en la *Deutsche Staatsbibliothek* de Berlín bajo la signatura Ms. III, 10b. Esta transcripción servirá de base a la publicación de la obra en la *Akademische Ausgabe* de la Academia Bávara de las Ciencias. La de 1811 es una de las versiones de la Doctrina de la Ciencia que no quedó recogida en la edición de las *Fichtes Werke*. Por consiguiente, lo que aquí se ofrece en traducción al castellano a partir de la transcripción de Gliwitzky es todavía un inédito.

Cuando el profesor Reinhard Lauth y yo nos enfrentamos a la tarea de la edición española del manuscrito de las clases que en 1811 Fichte dio sobre su propio sistema filosófico, partimos de una convicción común fundamental: la *Doctrina de la Ciencia de 1811*, como obra filosófica, puede serlo todo, desde un tratado de fenomenología hasta un manual de lógica, desde una fundamentación trascendental de la psicología hasta el testimonio de una época filosófica, desde una teodicea hasta una gnoseología, desde una teoría de la imagen hasta una hermenéutica de la percepción: todo, salvo un texto de iniciación y de divulgación, según ha expuesto y documentado Reinhard Lauth en su presentación y según advertirá con entera seguridad todo lector ya al contacto con las primeras páginas. Tememos que el ingente esfuerzo de abstracción y concentración exigido para seguir el hilo de los desarrollos de la deducción transcendental, vale decir las ganas y la paciencia para ir resistiendo la lectura a lo largo de las páginas, no merecerá la pena no ya del público filosófico en general, por no hablar del público literario común, sino ni siquiera de aquel filósofo y erudito que tenga un interés en el núcleo de la doctrina fichteana, toda vez que las versiones de 1794 y 1804, disponibles en castellano en traducción de Juan Cruz igualmente asesorada por Lauth, resultan no sólo más capitales, sino literariamente más terminadas. Tememos que el presente texto brindará interés exclusivamente a aquel investigador que tenga un empeño concreto y particular en el tramo final del llamado segundo período de Fichte, la época a partir de 1804, tramo final o «período tardío» que abren justamente estas lecciones y que encontrará su continuación en la *Lógica transcendental* de 1812 y en los *Hechos de conciencia* de 1813, amén de en las sucesivas ediciones de la Doctrina de la Ciencia. En consecuencia, hemos renunciado a aproximar la obra a lo que Wilhelm Furtwängler llamó «comprensibilidad general», y nuestro empeño en la traducción, en la anotación, en la introducción y en los apéndices se ha destinado a corresponder a dicho interés, presentando la obra de tal modo que el investigador guarde la confianza de tener entre manos unas páginas máximamente fieles a aquellas hojas que hace doscientos años escribió la misma mano del filósofo, aun a riesgo «y a sabiendas» de ofrecer un discurso tosco, poco pulido.

Para la traducción se ha seguido pues el criterio de respetar, en lo posible literalmente, aquellos rasgos de estilo característicamente fichteanos. El conocedor de Fichte sabe cuán amigo era el filósofo del empleo de abreviaturas, que en muchos casos se reducen a la inicial. Por mor de la inteligibilidad, las abreviaturas se han completado siempre recurriendo a los corchetes: [ ], según hizo ya Gliwitzky en su primera transcripción. Así, donde en el texto aparece por ejemplo «W. L.», hemos transcrito «D[octrina de la] C[iencia]». En otras ocasiones, mediante el mismo uso de paréntesis se han terminado frases o sintagmas que el filósofo dejó incompletos, supuestamente por dar la continuación por sobreentendida. Por fin, y debido al cambio de género de determinadas palabras, ha sido necesario introducir, siempre entre paréntesis, el antecedente de ciertos pronombres que en el texto original es inequívoco. Otro uso fichteano, la colocación de la oración subordinada ante la principal, se ha mantenido siempre que no afectara a la claridad. Sin embargo, rasgos gramaticales no específicamente fichteanos sino comunes a la literatura alemana del momento se han vertido en lo posible a sus correspondientes castellanos. Un ejemplo de ello son ciertos signos de puntuación, en concreto el guión (–) y el punto y coma (;), que en nuestro idioma equivalen, el primero siempre y el segundo a menudo, a la coma (,) o a los dos puntos (:).

Cuando las notas a pie de página corresponden en el manuscrito original a añadidos no insertos en el texto sino en los márgenes, se ha señalado entre paréntesis el lugar donde aparecen, por ejemplo: [en el margen inferior:] Las anotaciones aclaratorias no pretenden ser interpretaciones, sino glosas o meras guías de ayuda para no extraviar el hilo de la lectura, según el principio de inmiscuirse en la menor medida en un esfuerzo de comprensión que debe realizar cada lector y que es intransferible.

Entre corchetes, y precedidos de una barra inclinada [/...], se han señalado los números correspondientes a las hojas del manuscrito original. En éste, sin embargo, se observan algunos saltos de numeración. Así, las páginas 6 b, 23 b y la hoja 24 están en blanco, de modo que el texto pasa de la hoja 22 a la página 25 a. El texto de la hoja 23 fue escrito posteriormente y debe ser situado en otro lugar. Gliwitzky ha propuesto emplazarlo en la hoja 25, antes del *Conversatorium*. A la hoja 12 le sigue la hoja 15, y las hojas 13 y 14 vienen después de las hojas 19 y 20. Por tanto, a la hoja 14 le sigue la 21.

Hay aún que destacar el valor que tiene el descubrimiento por parte de Reinhard Lauth de un breve pasaje de la *Lógica transcendental* de 1812 referente a la *Ciencia de la lógica* de Hegel, que vale como testimonio de que Fichte había trabado contacto con esta obra y que viene reseñado en la introducción a esta edición. El valor que para el *filósofo* ofrece este ambiguo pasaje fichteano es tan escaso como el del hecho de que, según parece, hace doscientos años un individuo leyó un libro. Y no obstante, el valor que para el *investigador o el historiador de la filosofía* presenta el apunte es tan capital como la demostración de que el tratado de Hegel sobre la *Diferencia entre los sistemas filosóficos de Schelling y de Fichte*, que es, nada menos, la piedra sobre la cual se ha construido prácticamente toda la comprensión posterior y aún actual de uno de los momentos más intensos de la historia del pensamiento: el idealismo alemán, encontró doce años después una réplica, bien que breve, pero no por ello superficial ni desatinada, y tardía, pero justo por ello tanto más pertinente, por cuanto que ya no se enfrenta a una especulación en pleno crecimiento, como era la de Fichte allá por el cambio de siglo, sino a un pensamiento que ya había dado la expresión más consumada de sí mismo.

Queda por último indicar las razones que han movido y alentado el penoso e ingrato esfuerzo de esta traducción. Que se trate de un texto inédito es un incentivo en último término irrelevante. La razón capital y determinante la aporta la función que esta obra cumple en la última etapa o período tardío de Fichte, y que Reinhard Lauth ha expuesto asimismo en su introducción. A saber, las llamadas disciplinas particulares de la Doctrina de la Ciencia, la doctrina de la naturaleza, del derecho, de la moralidad y de la religión, han de ser entendidas como fundamentadas y deducidas a partir de la Doctrina de la Ciencia ya terminada como sistema, y a juicio del propio filósofo esta formulación sistemática global no la logró hasta sus últimos años. La Doctrina de la Ciencia de 1811, que es la llave del período tardío de Fichte, es pues el ingreso en una expresión sistemática por la que el filósofo de Rammenau había pugnado toda su vida.

Somos conscientes de que el interés que esta obra encontrará entre el público español será muy reducido. Fichte, hay que reconocerlo al margen de partidismos, no cuenta aquí como uno de los grandes genios creadores que ha alumbrado la humanidad, y sólo en España son numerosos los espíritus que, en los más diversos ámbitos, han pasado por alto su talla. Esto explica y justifica que en nuestro país, tan poco dado al sistema pero tan experimentado en la belleza literaria, Fichte se haya estudiado de modo predominante como término de comparación, sobre todo respecto de Kant, de Schelling y de los románticos. Y cuando ha sido objeto de investigación directa por parte del sector de especialistas, éste se ha centrado mayormente en el primer período del filósofo, que culmina en la Doctrina de la Ciencia de 1794, donde se insiste en el Yo como acción. De todo este estado de cosas dan excelente testimonio las actas de sendos congresos celebrados en Madrid sobre *El inicio del idealismo alemán* y sobre *Fichte 200 años después*.

Pero, ahora, la aparición de esta «Doctrina de la Ciencia de 1811» asigna a los especialistas en Fichte en ámbito castellano la nueva misión de reexponer la intelección fundamental en que consiste la Doctrina de la Ciencia, a saber, la captación de la automanifestación de la manifestación, junto con la explicitación de sus determinaciones en forma de una deducción (justamente transcendental), para mostrar que ambos, la intelección y la deducción que parte de ella, constituyen un sistema. He aquí una tarea harto penosa. Más seductores llaman «los frescos racimos de la vida», pero ojalá que algún día este trabajo pueda considerarse como una primera piedra.

El pasado día 30 de octubre falleció a la edad de sesenta y cinco años Hans Gliwitzky, colaborador de Lauth en la edición de la Academia de las obras completas de Fichte, y de quien me honra haber sido último alumno. Es de entera justicia reconocer mi deuda de gratitud hacia él, tanto por su interés y su buena disposición hacia esta traducción como por sus cuerdos y cabales consejos prácticos, basados en una añeja experiencia en el trato académico con Fichte y personal con Lauth. Su colaboración escrita para esta edición, a la que muy gustosamente había accedido, fue truncada por las dolencias que habrían de poner fin a su vida, pero sus sugerencias y sus conocimientos han quedado integrados tanto en las anotaciones como en el apéndice, y si un trabajo de traducción pudiera ofrendarse en una dedicatoria, él sería su merecido destinatario.

Alberto Ciria. En Múnich, a 5 de noviembre de 1998.

Doctrina de la Ciencia de 1811

[/1a]
Miércoles, 30 de enero
Doctrina de la Ciencia [1811]

D[octrina de la] C[iencia]¹, dice el nombre. Hasta aquí [se explicó en las exposiciones] anteriores. Aquí sólo [buscamos] en breve un concepto conductor fijo, que permanezca. [No doy] ninguna fórmula, sino que, con arreglo a mi presente descripción, ustedes deben configurarlo y fijarlo en sí mismos.

[Consideremos] el único modo de pensar según el cual y mediante el cual es posible una D[octrina de la] C[iencia], mediante oposición. Ustedes piensan *las cosas como lo primero,* y hacen luego que el saber dependa de ellas y se configure mediante ellas. Para ustedes el saber no es nada independiente e *inmediatamente cognoscible* y determinable por sí. Si me preguntas lo que hay en el saber, dice el dogmático, entonces te remito al ser: lo que hay en aquél, lo hay en éste. Ellos no pueden tener *D[octrina de la] C[iencia]* alguna (eso sería una doctrina de nada), sino [que tienen] doctrinas de cosas, ontología, cosmología, etc.

Nos² asignamos de entrada la problemática tarea de pensar el saber como algo independiente, *determinado,* no como [hacen] aquéllos por algo exterior a él, sino absolutamente por sí mismo (por lo demás, dejando en principio sin plantear la pregunta acerca de si puede haber también cosas fuera del saber). De este modo obtenemos, en lugar de imágenes de las cosas, *determinaciones del saber,* conceptos especiales con arreglo a nuestro presupuesto.

Ahora, con este presupuesto, queremos establecer una *doctrina* acerca de este saber, una teoría, un conocimiento racional: una intelección de

---

¹ De que es el manuscrito del invierno de 1810-1811 no hay duda alguna: está demostrado por la polémica contra Schelling, 3,2. N. del T.

² Esto, en general, a partir del hallazgo de K[ant].

cómo y *para qué* se determina el saber. *Intelección* racional: es decir, *según leyes*. [El] presupuesto [es] que en esta determinación nada procede sin leyes ni por azar, con lo que se anularía toda intelección, sino según leyes fijas.

[Los] presupuestos [que residen] en la mera tarea son: 1) existencia independiente del saber; 2) *configuraciones múltiples* de él en esta existencia independiente suya; 3) determinaciones de esta configuración por sí misma; 4) según leyes necesarias.

Esto de modo absoluto, según pido que lo intelijan. Quien no cumpla estos presupuestos, no puede asignarse en modo alguno la tarea de una D[octrina de la] C[iencia].

Si ahora se resuelve la tarea, entonces las determinaciones del saber tienen que deducirse a partir de él mismo, según leyes que hay que mostrar[3]. *Tal deducción completa de las determinaciones múltiples del saber a partir de sus leyes conocidas sería la D[octrina de la] C[iencia]./* [Exigimos una] construcción *a priori*; *a priori* sin observación: la necesidad a partir de la ley.

[Exigimos] una deducción *completa*. El nuevo [y] quinto presupuesto [dice]: *que las determinaciones del saber constituyen una suma finita, agotable por la ciencia, siendo la legislación del saber igualmente una totalidad clausurada y agotable.* Consecuencia [de esto es]: que la D[octrina de la] C[iencia], caso de que exista, es una ciencia completa y terminada.

1) Advertencia: La D[octrina de la] C[iencia] desarrolla sus deducciones a partir del *ser del saber en general* hasta su determinación particular. [Desarrolla sus deducciones] meramente a partir del ser *así determinado*: que él exista fácticamente es algo que da igual para la conclusión. Ésta es su expresión en una proposición: *si* hay saber, entonces es necesariamente así y así. Ella concluye a partir del contenido del concepto: pero que este saber exista realmente y de hecho es algo que, en tanto que D[octrina de la] C[iencia] no le incumbe en absoluto. Su premisa es problemática. Si ahora se planteara la pregunta: [¿]existe pues el saber, y hay, pues, por tanto uno tal así y así, como la D[octrina de la] C[iencia] ha afirmado[?], ¿dónde y cómo habría que contestar a *esta* pregunta? ¡Evidentemente no en la D[octrina de la] C[iencia]! ¡Fíjense! [A esta pregunta se contesta] únicamente mediante intuición inmediata. Respecto del factum, la D[octrina de la] C[iencia] permanece en la problematicidad, y remite fuera de sí, a la percepción inmediata./ Se podría decir: la D[octrina de la] C[iencia] es ella misma un factum; lo cual es correcto; pero la esencia de la pura ciencia como pensamiento consiste en que ella no reflexiona en absoluto sobre este factum (no sale fuera de él). [(]Aunque ella es fáctica, en tanto que lo es, no puede saber esto, y no debe saberlo.) [/1b]

---

[3] [En el margen:] deducción a partir del saber.

(Esto, que ella no es capaz de efectuar la realidad fáctica de su objeto, no es propiedad exclusiva de la D[octrina de la] C[iencia], ni [de ella] como tal, sino [de ella] como ciencia, y esto mismo [vale] para toda ciencia. [Tomemos como ejemplo] la teoría del *movimiento*: si [se da] esto y esto, entonces se da el m[ovimiento]. ¿Se da, pues, esto y esto? ¡Fíjense! Toda realidad [se encuentra] en la intuición. La ciencia es *pensamiento*, es decir, un salirse de la intuición, un pensamiento que se ocupa del mero contenido, pero en modo alguno de la forma fáctica; esto se presupone por tanto como demostrable por otra vía, pero en sí mismo [permanece] problemático. Ésta es, por tanto, una proposición conocida en general –al menos debería ser conocida–, sólo que, como entre el público científico circulan conceptos tan completamente erróneos acerca de la evidencia científica, y algunos opinan que la realidad intuible debe o puede demostrarse y se quedan perplejos cuando escuchan que la D[octrina de la] C[iencia] parte de un presupuesto que en ella permanece sólo problemático, concluyen pues que ella es insegura, [que es] un mero asunto de hipótesis, teníamos que recordarlo. *Presupuesto*: la realidad [podría] engendrarse mediante el pensamiento y la deducción. Ella está sólo en el factum: y el fundamento absoluto de todo saber es un factum. El pensamiento viene después, y sólo vincula en una unidad.)

2) Presupuesto: si el saber es, es así y así. Aquí se da el presupuesto de que el saber es cognoscible *inmediatamente* y de que, a partir de él, puede deducirse algo. Podría ser que esto no fuera así; que, por consiguiente, su concepto mismo tuviera que captarse en la serie de lo deducible, y que por tanto su expresión general tuviera que concebirse así: si hay un cierto A, entonces hay necesariamente saber, y en concreto un saber determinado así y así. No quiero aventurar aquí qué pueda ser A, ni arriesgarme a la duda de cómo pues nosotros, los sapientes, podemos poner precisamente algo distinto que un saber. Pues podría ser que A fuera justamente también el saber, sólo que no pensado e intuido claramente como saber, y que merced al tránsito del pensamiento desde A hasta el saber, debiera engendrarse justamente esta clara intelección. Sólo quiero decir que la D[octrina de la] C[iencia], completa y aclarada por entero para sí misma en cuanto a sus principios, emprende su tarea *en efecto* de este modo, y que nosotros lo haremos así.

¡Es válido el A puesto, y todo lo deducido vale sólo problemáticamente! Ahora bien, ¿es, pues, esto que, según esta argumentación, debería ser efectivamente, y por tanto también el A *que se pone previamente a esto, y lo restante?* ¡Fíjense! La D[octrina de la] C[iencia], que en sí misma no es sino un mero pensamiento puramente problemático, sólo obtiene verdad fáctica mediante la intuición efectiva –por tanto después de su culminación– fuera de ella misma; y no puede ser de otro modo.

Esto es lo primero significativo que hay que recordar sobre el conjunto.

II. Así como acerca de la [doctrina] de la evidencia científica, también sobre el proceso demostrativo reinan entre el público científico extraños conceptos. De una *proposición* fundamental, puesta en el vértice supremo, se exige: a partir de ésta [debe] deducirse ahora según las leyes de la lógica... Proposición: sujeto, predicado, cópula. ¿No es bueno inteligir cómo nosotros debiéramos poder llegar, previamente a todo saber en absoluto, y en el vértice supremo [de todo saber], a una proposición sólida semejante? Sin por ello aventurarnos, procedamos a la descripción.

Debemos partir de algún *concepto* fundamental = A, que esté determinado por sí mismo como concepto, que respecto de su ser efectivo permanezca enteramente problemático y que respecto de su contenido [sea] bien posible (y ya no se necesita nada más). Acerca de esto no hay nada que reflexionar, pues la realidad de este concepto debe vislumbrarse por una vía enteramente distinta.

Ahora bien, en adelante hay que proceder de este modo: si A fuera, entonces, para la D[octrina de la] C[iencia] sería necesariamente saber, [constituido] así y así. Y sobre esto hay que reflexionar.

1) *Sería necesariamente, se deduciría* [, así argumentamos]. Un modo de pensar que parte del presupuesto del saber como la única existencia autónoma, y que todo lo que existe lo conoce sólo como determinación del saber, no se ocultará ni pretenderá negar que aquí *está pensando* qué sea una *determinación del saber*, que vincula según leyes del pensamiento, las cuales son leyes del saber; que por tanto para ella: si A..., al primer vistazo no puede significar sino: si yo pienso A como real, entonces estoy forzado a pensar también el saber, y un saber tal, como real. Obligación para el pensamiento. Consecuencia para el pensamiento. Necesidad para el pensamiento../ [/2a]

2) Ahora, pues, ¿pretende, pues, la D[octrina de la] C[iencia] ser sólo esto y conformarse con expresar meramente una necesidad de su pensamiento; o aspira a salirse de hecho de su pensamiento, trascenderlo y atribuir a lo necesariamente pensado todavía una validez más allá del pensamiento filosófico? No se alcanza a ver en absoluto para qué habría de servir lo primero; pero es claro que bajo la condición de esta modestia ella no sería *en absoluto D[octrina de la] C[iencia]*, no la deducción del saber efectivo y realmente presente, sino qué sé yo qué tipo de juego especulativo. Así pues, ella quiere, como hemos visto, [trascender] *efectivamente*. Ella presupone que aquello que en el pensamiento habrá deducido como intuición necesaria se confirmará fácticamente en la intuición efectiva; y, aunque esto parece al menos estar garantizado por la intuición misma, ella quiere deducir además que esto ha surgido en verdad y de hecho a partir de las mismas premisas A, etc., tal como ella lo puede pensar únicamente como surgido: atribuir de este modo a su pensamiento, al sistema de la intuición, validez en algo que yace fuera de todo pensamiento. Esto es claro:

(*Sólo así es ella D[octrina de la] C[iencia].*) De la corrección y rectitud de este proceso depende entonces nada menos que la posibilidad formal de la D[octrina de la] C[iencia] misma.

Parece entonces que la D[octrina de la] C[iencia], antes de que pueda dar un paso adelante, tiene que demostrar primero la rectitud de este proceder suyo, cuyos propios principios han hecho sospechoso ese proceder y lo han impugnado.

* * *

Dejemos por ahora esta pregunta, y sustituyámosla provisionalmente *por la otra*. ¿Cómo podría desarrollarse tal demostración de que este pensar es objetivo?

El pensamiento es una determinación peculiar del saber. Puesto que ahora, en la D[octrina de la] C[iencia], deben deducirse todas las determinaciones del saber, entonces se tiene que deducir en ella el pensar mismo, y en concreto también aquel pensar que la D[octrina de la] C[iencia] ejerce para llegar a sí misma, y tan cierto como que hay completitud, tiene que aparecer por sí mismo en el círculo de las consecuencias. De esto hay que dar cuenta. Puesto que ahora, en el círculo de esta deducción, el saber aparece en sus determinaciones originales y necesarias, entonces, caso de que sea correcta la exigencia de validez objetiva por parte del pensamiento, y de que ésta sea una de las determinaciones necesarias y originales de aquél, aquél tiene que aparecer con esta exigencia, y ésta, estar fundamentada en la deducción misma. Y así la D[octrina de la] C[iencia] [,] caso de que ella sea sólo posible en general[,] por mor de su propia completitud tendrá que probar en su propio contexto[4] la rectitud del proceder por medio del cual ha surgido sin haber considerado aquello. Puesto que la prueba viene después, no es necesario anticiparla. Tampoco se puede anticiparla: sólo es posible en este lugar, al *final* de la D[octrina de la] C[iencia]. Para demostrar la forma de la D[octrina de la] C[iencia], se requiere justamente de toda la D[octrina de la] C[iencia] previamente a la D[octrina de la] C[iencia], lo que daría una segunda. Y para desarrollar esta segunda, hay que aplicar de nuevo la forma, se tendría [pues que aportar la demostración] en una tercera, y así hasta el infinito[5]. Pues esto es así, mejor se la deja

---

[4] [en el margen:] este punto tiene que hallarse ahí de todos modos[.]

[5] *unendlich* era un término muy característico de la literatura filosófica de la época. En castellano, y en concreto en las traducciones de Fichte, se suele traducir como «infinito». Hemos respetado esta traducción común, pero hay que advertir sobre la posible confusión de «infinito» con «eterno», *ewig*. *Unendlich* es lo infinito, pero no como lo eterno, lo que no tiene comienzo ni fin, sino como aquello que, habiendo comenzado, ve cómo su final se va postergando constantemente. En este sentido sería más preciso traducirlo como «indefinido». Por eso, en la lección del 8 de marzo, Fichte dirá que «Dios no es infinito», en el sentido de que Dios es de un solo golpe, de que existe de una vez, y no según una serie progresiva.

en una. La D[octrina de la] C[iencia] retorna a sí misma. Su conclusión es la demostración de su [recto] comienzo.

1) Hay que advertir que precisamente aquel pensamiento que la D[octrina de la] C[iencia] aplicó *formaliter* como teniendo aquella misma validez objetiva que le fue atribuida (la de determinar la forma de la conciencia original)[,] se ve reforzado: por tanto, se demuestra entera y justamente lo que debía demostrarse.

2) *Que la demostración se realice mediante aquel pensamiento que en ella se demuestra como válido* no impide que sea correcta. Pues (al menos con el proceder leal, pues el desleal se conculca a sí [/2b] mismo y con seguridad no llega a su meta, pues sólo el camino recto conduce a ella) [aquel pensamiento] no se consideró con vistas a aquel resultado, ni la demostración se encarriló artificiosamente a él, sino que el pensamiento se ha desarrollado según sus propias leyes internas: para demostrar que es un todo orgánico que reposa sobre sí mismo. (Éste es el círculo: y no un círculo fallido, sino justo el que determina la verdad y la completitud. El saber retorna a sí mismo, abarcándose y confirmándose. *Es un círculo*. Aquéllos no tienen ningún círculo, sino sólo un hilo; comenzando por un principio que se les ocurre, y yendo hasta donde alcance. Esta cosa sin comienzo ni fin no llega a juntarse [en un todo]: tan dichosos son de prescindir del círculo. Donde es como debe ser, les parece asombroso)[6].

[Considérese] esto como máximamente significativo, ahorrándose con ello muchas digresiones. 1) ¿Cómo se muestra el pensamiento, y en especial aquel a través del cual se realiza la D[octrina de la] C[iencia], en esta misma? Respuesta: como un componente necesario del todo, [como] una parte integrante. *Nosotros* creímos al comienzo habernos planteado voluntariamente la tarea de investigar con libertad creadora; al final se muestra que la conciencia, la necesaria, sólo se desarrolla por completo en nosotros según sus leyes necesarias. La libertad que aquí aparece se explicará también en su vinculación con el conjunto. 2) ¿Como *qué tipo* [de conciencia]? Como la auto*exposición* de la conciencia por sí misma; y en concreto en la conceptuabilidad: su *concebirse a sí misma*... El saber se concibe absolutamente a sí mismo, y pertenece a su esencia que se conciba. Esto es lo que ellos niegan y exponen sólo por su factum. Ahora bien, este su concebirse a sí mismo es la D[octrina de la] C[iencia] como parte integrante de la totalidad del saber. (Si nosotros somos la D[octrina de la] C[iencia], no somos entonces un saber *libre*, inventado, artificial, sino que somos el *saber necesario* mismo, que, concibiéndose, se expone y expresa: somos *naturaleza*, no una creación de la libertad.[)] 3) Así pues, la pregunta

---

[6] [*en el margen sin anotación:*] El pensamiento mismo tiene que reflexionar sobre ello. El pensamiento no meramente reposa sobre sí, invisible: sino que también se muestra así.

sobre la *validez real* del pensamiento fuera de él mismo, para el saber *real* efectivamente dado se ha contestado aquí en lo fundamental. Precisamente este saber real mismo es lo que se piensa a sí, y lo que se piensa a sí mismo necesaria y originalmente como *saber real*. Se piensa así, y es capaz de pensarse tal como se piensa en la D[octrina de la] C[iencia], porque en la intuición es así: y en la intuición es así porque en la D[octrina de la] C[iencia] tiene que pensarse así. Ambos son sólo en uno, lo uno está determinado por ambos: ambos están entonces determinados mutuamente. En el saber hay una oposición capital: *es* y no se concibe (en la intuición, en la vitalidad real e inmediata y en la realidad de la vida). Se *concibe* (en la D[octrina de la] C[iencia]), y por tanto no *es*/ al menos no para sí; su ser fáctico lo pone problemáticamente. Pero ambos están determinados mutuamente. El concepto [está determinado] justo por el ser[,] pues [aquél] es éste en la misma figura: el ser por el concepto, pues es aquél mismo en otra figura.

La duda de si el pensamiento podría tener validez real se fundaba meramente en la oculta sospecha de si no lo habríamos ejercido acaso con libertad *sin ley ni fijación*, es decir, con la arbitrariedad del *inventar* y el idear. Pues en este caso el pensamiento no tiene validez real alguna, sino que se trata de vagas intuiciones. Ahora se ha superado esta duda: no es un [pensamiento] arbitrario, sino necesario y conforme a ley dentro del círculo del saber. No un sujeto libre, sino el saber uno y necesario es el que piensa este pensamiento. Más adelante, por cuanto concierne a la duda, [haré] aún algunas advertencias.

Viernes, 1 de febrero

Ésta es ahora una proposición muy significativa: y si ustedes me han comprendido bien sobre este punto, entonces, ya sólo con ello están [libres] de una gran cantidad de errores y malentendidos en los que se encuentra el público filosófico acerca de la D[octrina de la] C[iencia]. 1) El saber se configura a sí mismo por sí mismo en un sistema completo organizado y articulado. 2) Una parte de este sistema es su concepto de sí mismo, en la organización original que se acaba de citar, y [/3a] esta [parte] es justamente la D[octrina de la] C[iencia]. 3) Por tanto, la D[octrina de la] C[iencia] no es el concepto de un individuo cualquiera, por ejemplo de Fichte, sino que es el concepto que el saber mismo tiene de sí mismo; y todo libre tender de los individuos que lo elaboran tiene que encaminarse a expresar y a exponer este concepto de un modo justamente puro y sin intromisiones individuales. Propiamente, el individuo como tal no es ni siquiera *pensante*; pensante es el saber original uno: aquél es sólo intuiyente de este pensar. Tomado exactamente desde el punto de vista individual, la D[octrina de la] C[iencia] es meramente un sistema de *intuiciones*, pero en modo alguno del pensamiento. Ella [sc. la Doctrina de la Ciencia] no es un *producto artificial* de la libertad, sino un producto natural del saber. 4) Problemática en cuanto a la realidad fáctica, [ella apunta a la realidad] sólo remitiendo más allá de sí misma, en el punto de vista de la intuición, enteramente distinto del pensamiento, a lo visto. Justamente así [es ella] problemática respecto de su propia forma interna. Comienza con su pensamiento, que según la forma es libre y que se manifiesta como libre: y prosigue. Lo que éste es y significa, ella no lo puede saber, y *permanece en la duda*. Lo intenta. Sólo al final se le muestra una luz sobre ello, y entonces se vuelve *categórica*. Pero esta certeza la encuentra en sí misma.

• *Aplicaciones*: 1) El pensar se vuelve sospechoso sólo por la suposición de que puede ser un divagar[7]; pues en este caso no tiene en efecto *ninguna* validez. 2) Esta sospecha surge siempre que se reflexiona sobre el pensamiento como un pensamiento, como un factum del pensamiento, pues entonces aparece siempre el Yo individual como el principio de este factum. 3) En el caso del pensar real efectivo, el mero instinto de razón ha dispuesto contra esta duda el remedio de que, con un pensar tal, de ordinario no se reflexiona, cosa que [sc. reflexión ésta que] no es necesaria para la costumbre objetiva, y entonces aquí tampoco aparece la duda (este no reflexionar, por la costumbre, se extiende fácilmente también al imaginar, y de aquí surgen pues todos los errores, y en especial los filosóficos.) 4) Pero aquel no-reflexionar sobre el pensamiento ahí donde se piensa, aun cuando, caso de que el pensamiento dado sea conforme a leyes, tampoco surge un error objetivo, es en cambio fallido: por un lado, porque entonces la verdad objetiva es alumbrada exclusivamente por el oscuro instinto racional, pero no por un conocimiento libre y claro; por otro lado, porque mediante este mismo proceder [permanece] oculto también un pensar vacío, y de este modo podría generarse un error. Es decir, para el pensamiento se borra toda distinción entre verdad y error. (*Crítica de la razón pura* de Kant.) 5) Es por tanto máxima del pensar claro y libre *reflexionar siempre*. Pero si se reflexiona, surge la duda. ¿Qué hacer entonces? ¿Cómo se soluciona esto? La Antigüedad no reflexionaba, sin saber lo que

---

[7] *erdenken*, en general «imaginar», «concebir». Sin embargo, para evitar su confusión con la imaginación trascendental y con el concepto, se ha traducido como «divagar».

hacía[8], y esto [está] bien. Desde entonces, la D[octrina de la] C[iencia] ha expuesto de un modo tan claro a aquellos que apenas saben un poco de ella que un sapiente es justamente sólo saber, y no una cosa, que esto ya no puede negarse. Por tanto la reflexión se suprime, y con ella la duda[9]. Pero si en algún lugar ésta [duda] no puede suprimirse del modo correcto, pero en cambio tampoco se la quiere mantener, así como tampoco la reflexión que la provocó, ¿qué hay que hacer? [Ellos tienen un] remedio heroico: aquí no debe reflexionar nadie, pues de lo contrario se perdería *la* realidad, que nosotros queremos tener absolutamente: aquí hay que cerrar el ojo; pues si se abre, se presenta la apariencia[10], que aquí [/3b] no debe ver nadie. Aquéllos habían cerrado los ojos, y eran justamente ciegos; éstos los siguen manteniendo cerrados. De este remedio se sirve *Schelling* para sostener su naturaleza absoluta. Para él, la D[octrina de la] C[iencia] es un *sistema de la reflexión*, y justamente aquí está el fallo. Con un procedimiento semejante [sc. con la reflexión] la *naturaleza* se desvanece en mero fenómeno. Como esto no debe suceder, él se guarda en este lugar de reflexionar, y ésta es propiamente la artimaña. ¡Qué desventura! La duda no se encuentra en la reflexión, sino en que la reflexión simula que es el Yo, el individuo, quien piensa. Si se supera esta duda y se muestra que quien ahí piensa es el saber necesario y uno, entonces la reflexión no ha hecho perjuicio a la realidad, sino que sólo ella la ha fijado rectamente y establecido claramente.

¡Todo esto sobre la forma científica! Ahora sobre el contenido.

Si A es, entonces se sigue esto y esto. *¿De qué modo?* Junto con su contenido, A no debe ser un mero pensamiento, sino una realidad, debe tener un *contenido*, al margen de que la realidad fáctica no pueda probarse y que no nos concierna en nada. Tanto más b[,] siendo evidente-

---

[8] Esta frase es en el original equívoca. Puede interpretarse en el sentido de que los antiguos (sc. la edad precrítica) no reflexionaban, pero no sabían que no reflexionaban. O bien puede interpretarse como que toda reflexión de los antiguos iba acompañada de la conciencia de lo que se hacía al reflexionar. Según lo que viene después, y más aún tratándose de Fichte, parece que la interpretación correcta es la primera.

[9] Mientras la conciencia se mantiene adherida de un modo natural e inmediato a las cosas, no existe la posibilidad de dudar. Pero tan pronto aparece la reflexión y la conciencia se distancia de las cosas, surge la posibilidad de la duda. Luego la duda se eliminará suprimiendo la reflexión. Rousseau propone erradicar la reflexión de raíz, esto es, justamente desde su mismo comienzo. Fichte propugna igualmente la aniquilación de la reflexión, pero no en su comienzo, sino sólo una vez que ésta ha llegado a su culminación: entonces se disuelve por sí misma *(Selbstvernichtung)* en la evidencia inmediata, no ya de las cosas sensibles, sino del ser Absoluto. Este camino de la reflexión desde su nacimiento hasta su simultánea culminación y autoaniquilación en la luz de la verdad, es la Doctrina de la Ciencia. Véase Reinhard LAUTH, «*Der Traum eines lächerlichen Menschen als Auseinandersetzung mit Rousseau und Fichte*», en *Dostojewskij und sein Jahrhundert*, Bonn, Bouvier Verlag, 1986, pp. 125-139.

[10] Juego de palabras: «*es kommt der Schein zum Vorschein*», «entonces aparece la apariencia».

mente una *determinación posterior* de A[,] tendrá un contenido (que respecto de su existencia fáctica se establecerá en verdad de modo igualmente problemático)[.] Por tanto, el contenido de b es una intuición determinada, y es sólo en la intuición; y es sólo para quien la capte en la intuición, y para nadie más.

¿Cómo se llega a esta intuición? ¡Es fácil! El presupuesto es: si se piensa A., entonces se *tiene que* pensar b.: *resulta* por sí mismo. La D[octrina de la] C[iencia], con su libertad, no tiene que hacer nada para esto: todo se hace en él por sí mismo: el pensamiento de A se configura por sí mismo sin su intervención 1) en la intuición b, 2) en el pensamiento de que el ser fáctico efectivo de este b. está puesto necesariamente por el ser fáctico de A[,] si es que éste se pone. ¡Y así hasta el infinito! Nada más fácil que la D[octrina de la] C[iencia].

Así es ciertamente: todo depende entonces de que se piense *A realmente* y de hecho. Una vez dentro de la serie de la intuición, no hay ninguna dificultad. La única dificultad es venir primero dentro de ella; y añado, pues hay un impulso contrario natural contra esta serie, *mantenerse* en ella.

Ahora, como mostré en la introducción, interviene el arte del maestro para elevarse, mediante símiles e imágenes, desde el estado en el que él está y que él conoce, hasta lo que él pretende: y por el lado del educando, el entregarse fielmente. Pero si ha resultado bien o no, el maestro no puede saberlo jamás: acaso hasta que el discípulo, mediante una aplicación acertada de la intuición, produciendo algo fuera de sí, le demuestre que ha llegado a la posesión de ella.

En particular:

1) Aquello de lo que habla la D[octrina de la] C[iencia], y lo que acaso ella caracteriza con la palabra empleada, es la *intuición* que, conforme a su presupuesto, resulta necesariamente en la cohesión del pensamiento establecida por ella, *y nada más*. La palabra que ella acaso ha empleado designa justamente esta intuición. ¿Qué es, pues, esto? Sé como debes, y ahora observa: lo que ves, eso es. Sólo [es] bajo estas condiciones; fuera de ellas, no es nada para ti. También a ustedes hay que <prevenirles>. Hay que [llamar la atención] del gran público sobre el malentendido 1) de que en todas partes se expone únicamente historia, *facta*, y de que todo tiene que probarse fácticamente[11]. Pues de este modo se niega en absoluto toda ciencia [/4a] y se limita la conciencia a la mera percepción. 2) [en segundo lugar, hay que llamar la atención sobre la] más solapada [malcomprensión] del *lenguaje* (metacrítica), [malcomprensión según la cual] las palabras tienen que emplearse sólo en el sentido ordinario. Todo lenguaje es originalmente sensible, según la acepción más inferior de la experiencia del

---

[11] [junto al párrafo:] no olvidar, sino enseñar.

sentido externo[12]. Cuando se le revela al hombre el [sentido] superior, no surge ningún nuevo lenguaje; el antiguo tiene que *emplearse simbólicamente*; es decir, mediante una imagen del sentido externo se designa por analogía una imagen que surge del interno. Este empleo simbólico no tiene otros límites que los que tiene el pensamiento. Aquéllos quieren [decir] lo mismo, sólo que de un modo solapado.

2) En efecto, la D[octrina de la] C[iencia] termina en la conocida intuición que surge, mediante el mero ser, para cada sapiente, [la de] el mundo sensible exterior: y ahí no hay ninguna dificultad para exponer el significado de sus palabras en la realidad general. Ella termina [ahí]: pero atraviesa por *miembros intermedios desconocidos, invisibles* para el sentido ordinario, que son específicos de ella, y que sólo se conocen elevándose hasta su punto de vista. Sobre esto vale estrictamente lo que se acaba de decir.

3) Pero ahora ella tiene por objeto la conciencia, la conciencia originalmente una y común a todos. Lo que ella establece, *lo tienen y poseen necesariamente todos*, sólo que de un modo inconsciente, como premisa y determinante de lo que en ellos viene realmente a conciencia. Pero la D[octrina de la] C[iencia] eleva también esto a conciencia.

Allí, una *multiplicidad* se ha *fundido* en una conciencia concreta, pero en la D[octrina de la] C[iencia] esta multiplicidad se diferencia en sus partes. [La] D[octrina de la] C[iencia] [es] *análisis de la conciencia*. Pero no en un cierto sentido formal. *a)* Dado el objeto, y puesto [como] conocido, ahí se establecen ahora diferencias, [se iluminan] hechos. *b)* Aquí no, sino que [hay que] *hacerlo surgir a partir de sus leyes.* ¡Por tanto, propiamente *síntesis*! Esto le presta a la tarea su *dificultad*. [Se trata de] distinguir lo que la conciencia natural no distingue, siendo que el hombre tiene una propensión natural a no distinguir. [Hay aquí] por consiguiente un oponerse y un liberarse: y de hecho una criatura nueva[13].

Por ejemplo *saber*, puramente según la forma. Nosotros lo hacemos y lo ejercemos siempre de modo fáctico: [es] lo más fácil de todo. Éste debe someterse ahora a un análisis y a una síntesis. No es tan simple como nos parece, sino algo muy complejo; estas partes de la composición [hay ahora que] distinguirlas, [luego se tienen] que componer, y de este modo hacer surgir ante nuestros ojos la esencia a partir de ellas. Esto es nuevo, va contra la propensión natural; por eso es difícil. Ésta es ahora propiamente la

---

[12] Véase «*Von der Sprachfähigkeit und dem Ursprung der Sprache*».

[13] En *Die Anweisung zum seligen Leben*, Hamburgo, Felix Meiner Verlag, 1954, p. 98, Fichte hace a este propósito una exégesis del diálogo de Jesús con Nicodemo, donde se habla de un nuevo nacimiento del hombre. Merced a la revelación del mundo suprasensible de la que da cuenta la Doctrina de la Ciencia, el hombre se convierte en efecto en una «nueva criatura», en el sentido de que, respecto del «órgano inferior», el «órgano superior» del cual se acaba de hablar en el punto 1) es enteramente nuevo.

dificultad de la D[octrina de la] C[iencia] sobre la que tan amargamente se quejan, sobre el dividir un pelo, sobre la confusión de lo más simple, etc. Éste [es] el motivo por el que acaso puedan haberse comprendido ciertos resultados de la D[octrina de la] C[iencia], pero el auténtico proceso y el arte de la D[octrina de la] C[iencia] no los [ha comprendido] nadie. ¡Pero todo esto no puede ayudar en nada! Ésta es la esencia del asunto, y quien no puede, tiene que dejarlo[14].

4) La D[octrina de la] C[iencia] [conoce la] génesis original del saber uno: la intuición aporta el contenido; el pensamiento lo vincula en una unidad. Por tanto, la D[octrina de la] C[iencia] es propiamente *una única intuición y un único pensamiento*, o bien un saber único que, como acaso todo saber real, consta de intuición y pensamiento. Pues también ella, tras su culminación, es este saber uno. Pero en la construcción, esta unidad se compone sólo a partir de sus partes componentes. Pero en la medida en que ella es aquí una *multiplicidad*, y porque es también una [unidad], es una *multiplicidad orgánica y articulada*. Ella es una génesis conforme a leyes. A partir de A, b,[,] y en este modo de la deducción, [una génesis] de esta serie, y absolutamente nada más, etc. Todo pensamiento e intuición tiene su puesto determinado en la totalidad, sólo en la cual es verdadero y evidente *de este modo*, y en ningún otro sitio fuera de ella; hasta que el círculo se cierra, y lo último demuestra el primer presupuesto tácito.

Seguir este proceso estrictamente orgánico en una exposición efectiva tiene ahora sus dificultades; porque algunos puntos concretos yacen tan lejos de la consideración ordinaria y contradicen tanto la propensión natural[/4b], que es una dificultad particular expresarlos *inmediatamente* de modo simbólico en el lenguaje habitual; por eso es aconsejable enlazar la lección con otra más fácil, y sólo desde ésta proyectar a lo más difícil la luz generada allí (servirse de algún modo de estas [intelecciones más sencillas] como guías de ayuda). Mi tesón incesante tuvo como objeto allanar este camino orgánico para la exposición. Y porque pretendo tal fin, en cada nueva exposición presento la D[octrina de la] C[iencia] de una forma diferente. Pero lo que siempre se puede hacer es unificar luego de modo orgánico en una visión de conjunto: esto lo hago siempre, y tampoco lo omitiré aquí. Mostrarlo claramente en la conexión en que se pueda; pero luego, al menos, mostrar la auténtica conexión en la que se debería haberlo aclarado.

Esta conexión orgánica –y justo aquí se fundamenta la preferencia en el método– tiene como facilidad la virtud de que cada miembro se intelige a partir de cada uno de los demás. El camino natural [es] ciertamente [el que

---

[14] [en el margen, junto a la mitad inferior del párrafo:] Aquí vale el arte del maestro y la capacidad de intuición del discípulo.

parte de] A - B C[;] pero desde C. [debe inteligirse nuevamente] *A.* y *B.* y así hasta el final, lo condicionado a partir de la condición, pero también la condición a partir de lo condicionado. La claridad completa está sólo en el todo: justamente cuando se vuelve *un* saber. Este saber a partir de las partes puede construirse ahora como se quiera.

Visión de conjunto: 1) La conciencia *es* fácticamente y como factum; y en este ser ella no se *conoce*, sino que justamente es, se disuelve en este ser de la conciencia, y tiene ahí su foco.

2) La misma conciencia se *conoce*: es decir, se ve surgir. (*NB: de ningún modo* como si se narrara una historia real fáctica de tal surgir: un fragmento [de conciencia] sería un malentendido completo, pues se afirma la totalidad.[)] [El] factum es que [la conciencia] *es*; si se encuentra, se encuentra siempre en el ser; sino que la forma genética, la de la construcción *a priori*[,] es justa y simplemente la forma del conocimiento, el surgir a partir de una multiplicidad de partes. El A. uno y simple = $\alpha. \times \beta. \times \gamma. \times \delta.$, etc.[15] ¿Dónde está ahora la *multiplicidad*, la separación y la composición? Aparentemente, [ella está] fundada en el conocimiento mediante la cognoscibilidad del saber. Todas esas partes no son nada fuera de su unificación; para un saber: α, por tanto, sólo concebible con β. β de nuevo concebible sólo mediante α. Oposición. Alternancia. El camino natural es ahora ciertamente de $\alpha.$ a $\beta.$; pero suponiendo [que se escogiera otro camino], entonces podría empezarse igualmente por γ, pues todo junto está en causación recíproca. No es de poca significación comprender ya de entrada este esquema de la unificación orgánica y del penetramiento recíproco. En las visiones filosóficas habituales falta de ordinario por entero.

[La conciencia] *se conoce a sí misma*; en modo alguno [la conoce algo] otro. (Esto se remarcó ya arriba conforme a su importancia.) [Éste es] el concepto original del saber de sí mismo, que simplemente es, tal como el saber (sin concepto) simplemente es. El saber se manifiesta a sí mismo y se expresa: éste es el fundamento de toda existencia; [hay] por tanto verificación mediante el factum. ¿Pues cómo podría saberse algo sobre el saber fuera del saber? Éste pone algo: y pone lo que él mismo es. [Él es] *en su fundamento* manifestación[,] sin *ser*. [Su] *ser verdad* depende de su propio crédito: él mismo no [es] aquí ser.

Esto [es] Doctrina de la C[iencia].

---

[15] Para formular la deducción sucesiva de la quintuplicidad, esto es, para mostrar los diversos niveles donde la quintuplicidad se reproduce, Fichte recurre al empleo de letras mayúsculas latinas, minúsculas latinas y griegas. Así, A, por ejemplo, encierra las cinco determinaciones a, b, c, d y e; y a, encierra las cinco determinaciones $\alpha, \beta, \gamma, \delta,$ y ϵ. Este empleo se evidencia en la lección del 26 de marzo. Las letras griegas corresponden por tanto a un segundo nivel de quintuplicidad, a una quintuplicidad dentro de otra, donde se explicitan $5 \times 5 = 25$ elementos. Es el caso de la última lección de la Doctrina de la Ciencia de 1804.

[/5a]
Lunes, 4 de febrero

[La autofundamentación de la Doctrina de la Ciencia] es la superación de la duda aparente. Todo depende de inteligir esto correctamente. Alguien no lo ha inteligido. Por eso, una vez más.

1) El saber es esencial y fundamentalmente manifestación. Imagen, esquema: el ser no acontece en él, sino que permanece pura y simplemente en Dios. 2) ¡Es además una manifestación *que se configura a sí misma libremente!* Con arreglo a ello, ¿puede decirse de algo en la manifestación que es real y verdadero, no en el sentido de que *es*, tal como solamente Dios es, lo cual está eternamente excluido, sino en un *sentido relativo*? ¿Y qué? Respuesta[:] Del *modo siguiente*: puesto que hay libertad, hay un *margen de acción*[16] *para el configurar*, tal como la libertad debe configurar, puede configurar o bien no hacerlo: lo primero es realidad, (no ser en sí, sino) verdad de la imagen; lo segundo [es] nulidad y falsedad. De otro ser o no ser, según aquel principio fundamental, no puede hablarse. Por ejemplo: el saber es *manifestación de Dios*, tal como éste es absolutamente en sí mismo. ¿Qué significa aquí la palabra *es*, y cómo reza la proposición entera? Respuesta[:] En ésta se abstrae total y absolutamente de la libertad; ésta se elimina del pensamiento. Pero en la realidad, ella nunca está absolutamente eliminada. Por tanto, ésta es una proposición *que va más allá de la realidad* absoluta y que no *expresa* ningún *ser* real, sino sólo uno *ideal*, en el mero pensamiento; entre tanto, dejemos arrumbado en su sitio este modo de proceder. [3)] En la realidad, a aquel ser debo agregarle la libertad: en esta síntesis, [la manifestación es] *potencia*. Por tanto: en la *realidad*, el ser ideal [se vuelve] *potencia*, potencia de ser imagen de Dios. 4) *Fiat applicatio*. La D[octrina de

---
[16] *Spielraum*, «campo [libre] de juego».

la] C[iencia] pone elementos[:] α, β, γ, etc. con *exigencia real*: ¿Cómo? [Como] potencia: en la conciencia ordinaria, las potencias α, β, γ, que deben ser desarrolladas, yacen invisibles y sin desarrollar. 5) ¿Tiene, pues, la D[octrina de la] C[iencia] realidad objetiva, hay en verdad y de hecho tales *potencias*? Podría decirse: ¡Inténtalo, y se verá! Pero aquí queremos captarlo de un modo inmediato, prescindiendo de esta potencia fáctica. ¿Qué es, pues, el pensamiento mismo de una potencia α, β, γ? Digo que es la realización de la potencia misma; a saber, saltando por encima de la esfera de la intuición, incluso en una potencia superior, en el mero esquema: por tanto, el mismo *factum del pensamiento* es la demostración fáctica del ser de una potencia tal: pues es su realización y su enfocamiento inmediatos. La sospecha de si no lo hizo el pensamiento, saliéndose de sí mismo y proyectándola, fue el motivo de temer un círculo. Aquí vemos que, justo a la inversa, el mismo asunto hace al pensamiento y se expresa en éste. Se expone inmediatamente: y de este modo se supera el auténtico motivo de toda duda.

* * *

¿Dónde reside, pues, la dificultad? ¿Dónde está la niebla que en un asunto tan inmediatamente claro se extiende sobre el ojo? Con un ejemplo: el saber se explica como imagen de Dios; *inmediatamente por su ser*: así pues, su ser es comprensible exclusivamente bajo este presupuesto. Por tanto, se explica como tal en el *pensamiento* de sí mismo y únicamente en éste, pues sólo en éste se explica en general y se concibe: en la intuición no se concibe, sino que *es*. Surge la pregunta: ¿es este pensamiento verdadero y objetivamente válido? [Esto] depende: ¿podría éste concebirse a sí mismo sin ser? ¡No!, pues el pensamiento es un acto de libertad; pero en la libertad el ser se vuelve potencia: potencia de expresarse así: esta potencia se muestra ahora y se manifiesta en el expresar efectivo. Ser = *potencia*; así pues, la *realización* de la potencia es la única demostración inmediata y apodíctica de la potencia, es decir, del ser.

Si esto no se le vuelve claro a alguien y no le satisface, ¿qué querrá ese tal? Quiere un ser que no sea ser de la libertad, por tanto que no sea potencia, y en consecuencia, puesto que el saber consiste en la libertad, que no sea ser del saber (un ser muerto, frío y estático). ¡Que piense algo así! ¿Aún dice haber comparado este ser con un saber, con un pensamiento, y haber confirmado la coincidencia de ambos? ¿Cómo dice que ha efectuado comparación y que ha realizado la demostración? ¡Pienso que *en el pensamiento*! ¡Por tanto, él captará el *ser en sí* justamente en el pensamiento, y en él comparará ambos pensamientos, lo cual será una operación fácil[17]! No, esto se lo debemos conceder: ¡La *reflexión*! [Su] máxima

---

[17] Dicho irónicamente.

absoluta [es] que algún pensamiento no deba valer como pensamiento, sino como cosa en sí. Ésta es la vieja y conocida broma: la D[octrina de la] C[iencia] existe justamente para prohibirla.

* * *

Añadido: 1) Clasific[ación]. 2) Considerado desde otro. 3) Y no. Sólo hay una cosa en los límites del deber: hacerlo él mismo. Palabras de aquel hombre < >. Rechazar el entrar en un acuerdo con nosotros: [¿]Ver desde dónde[?] Este escepticismo se desvanece. [/]

[/5b]
Martes, 5 de febrero

Breve repetición de los puntos principales:
Este pensamiento dogmático [del que hemos hablado representa] una dificultad capital.

[Hay aún] otra [dificultad] de distinta naturaleza. [Me refiero a la] clasificación de las filosofías; pues entre ellas [aparece] también la D[octrina de la] C[iencia]. 1) ¡Este modo de pensar no filosofa en absoluto, no resuelve el problema sumergiéndose en él, sino que se limita a esquematizar soluciones, flotando por encima de ellas! [Tal modo de pensar] no tiene interés alguno por la pregunta misma: [busca] sólo un saber histórico-literario, igualmente sin interés por esta o aquella solución. ([A esto se le llama:] abstención histórica de tomar partido.) Todo lo toma en realidad como un juego, que considera sin embargo merecedor del esfuerzo de advertirlo y clasificarlo./ ¡Vaya una trivialidad y un *extravío radicales*![18a] La pregunta misma tiene interés, y en concreto, el máximo y primero. Tan pronto se resuelva, [la filosofía será ciencia.] [Tiene entonces que] haber un interés permanente. Pero

---

[18a] En su *Doctrina de la Ciencia* de 1804, Fichte señaló un rasgo fundamental específicamente peculiar de nuestra época: el pensar y la vida se han vuelto en ella no sólo históricos, sino simbólicos, y la época ya no es capaz de alcanzar una vida y un pensar reales. Mientras que en la posición histórica «la vida *entera* se devalúa hasta convertirse en una historia ajena», la vida y el pensamiento simbólicos intentan afirmar simultáneamente dos posturas contradictorias. «Aquel a quien se acusa tiene ya la respuesta preparada: "sí, eso vale para los demás, pero no para nosotros", y tienen razón, en la medida en que, junto al modo de pensar criticado, conocen también históricamente el otro *que se le opone*, y si se les hubiera sorprendido en este último, entonces huirían a *aquel mismo* que ahora rechazan.» *Die Wissenschaftslehre. Vorgetragen im Jahre 1804*, en *Johann Gottlieb Fichte's nachgelassene Werke*, edit. por I. H. Fichte, volumen 2 (Bonn, 1834), pp. 89-90. Sobre este tema, véase R. LAUTH «Friedrich Heinrich Jacobis Allwill und Fedor Michajlovich Dostojewskijs Dämonen», en *Russian Literature*, 4, Den Haag, 1973, pp. 51-64.

[esto] no es posible sin [la búsqueda de la verdad una]. [Manténgase] el fin a la vista [y trátese] de comprender las desviaciones. Pero este [relativismo] se recomienda a la carencia de seriedad y profundidad, a la vanagloria y la jactancia. Por eso el extravío de nuestros días es tan oportuno y tan querido en todas partes. Sé de qué modo [estoy estigmatizando] con esto el prejuicio: lo sé, y no me cuido de entrar en ello[18b]. ¿Cómo podría mostrarse [lo falso que hay ahí]? Me guardaré bien de hacerlo. 2) El error puede clasificarse; [mientras que] la verdad es una; error: propia invención; *verdad*: autoexpresión. Esto sucede sólo de un modo. El [relativizar necesario] se lo negamos de entrada [sc. al relativista], [por consiguiente] no pueden alegarlo de ningún modo contra nosotros. Ciertamente que ellos pueden negarlo, pero entonces tienen que hacerlo en nuestro terreno.

Pero aquí luchamos contra la autoridad. Eso lo han dicho también hombres famosos y reconocidos. Yo mismo no contrapongo a esto autoridad alguna, sino sólo la propia intuición. Ahora, mediante esta propia intelección de ustedes, si ustedes están dispuestos, si *sapere audetis*, quiero mostrarles en breve lo que todos los hombres famosos y reconocidos en el mundo, sin excepción de uno solo, son en el campo de la filosofía, y el talento y la agudeza que nuestra época científica tiene que aplicar y emplear.

Comienzo esta deducción con la exposición del sistema de la filosofía moderna elaborado *methodo demonstrativo* en un escrito que luego nombraré[19].

§1. Explicación. «Total indiferencia entre lo subjetivo y lo objetivo.» La identidad absoluta de la imagen y lo representado, del sujeto y el predicado, en la proposición A = A. Un hombre *es* un hombre, etc. [Es] verdad que aquí se revela del modo más claro la pura esencia del conocimiento, que por sí misma pone algo: [esto] lo ha aprendido el autor a partir de la D[octrina de la] C[iencia], lo que aquí no se niega ni puede negarse, apelando el §6 a la demostración exigida por la D[octrina de la] C[iencia]. Hasta aquí [es] D[octrina de la] C[iencia]. Ahora [viene lo] peculiar [de esta filosofía moderna]. 1) La razón [es] lo *absoluto*, y fuera de ella nada [es]. ¿Acaso, pues, están ahora lo subjetivo y lo objetivo *fuera de* la razón y son independientes de ella y *diferentes* en sí [mismos]? ¿Y son ahora en la indiferencia de la razón? ¿Y ésta concibe sólo la parte [que concibe]? *a)* Efectivamente, el autor lo ha pensado así, según muestra su sistema entero[,] y sin esto no habría podido llegar en absoluto a un sistema: a saber, son diferentes en la *imaginación*. *b)* Pero esto no puede ser: por tanto, también se da la *diferencia*: y así [es] en la primera explicación.

[18b] Ich weiß, wie ich damit das Vorurtheil [stigmatisiere]: ich weiß, u. kenne es nicht.
[19] Se refiere, evidentemente, a Schelling.

Después se reconoce. [Sin embargo, la verdadera división es] quíntuple, no triple[20].

¿Qué [sucede] con el todo? Esta identidad y disyunción es un factum y no puede ponerse de ningún modo en el vértice supremo, sino que tiene que deducirse. Esto también lo había hecho la D[octrina de la] C[iencia], que está a disposición, impresa: cómo lo hacemos, ya se mostrará. Pero el sistema [de Schelling] hace como si ascendiera más alto.

[Tiene por tanto que haber] en el vértice supremo una nueva proposición que hay que deducir: y ésta se expresa enérgicamente.

§2. «*Fuera de la razón no hay nada, y en ella está todo.*»[21] [«]Si la razón se piensa así[, entonces se advierte de inmediato que fuera de ella nada puede ser]», por tanto analíticamente. Pues hay que suponer que, o bien ella es para sí misma, «y entonces ella es lo subjetivo, lo cual es de nuevo el presupuesto», o bien que no es para sí misma, [«y entonces se comporta con aquello exterior como lo objetivo respecto de lo objetivo, y ella es por tanto objetiva, sólo que esto va contra el presupuesto.»] ¿Cuál es el presupuesto? ¿Que hay algo *para la razón*? Según la definición: *ella misma es* el punto de indiferencia; ahí se agota su ser, clausurado y completo. ¿Cómo, pues, puede ser ella para alguien, o *algo para ella*? [El ser-para] se sobreañade subrepticiamente; lo mismo en la segunda proposición. Lo que venga después tengo que concedérselo, pues es un *completo sinsentido* que nuestra época no alcanza a entender.

El §2 correcto a partir de tal §1 es: en la razón y para la razón no hay absolutamente nada.[/6a]

Pues suponiendo que deba haber algo en ella o para ella, entonces ella misma tendría que ser este algo/ tendría que estar justamente, como se ha dicho, en el círculo de su ser. Ahora bien, esto podría ser sólo o bien lo subjetivo, o bien lo objetivo, pues con excepción de estos dos no hay puesto nada en nuestro §1. Pero ella jamás puede hacerse ni subjetiva ni objetiva, pues es sólo el punto de indiferencia entre ambos[,] el punto donde ambos cesan de ser o[bjeto] y s[ujeto] como tales, y con esto se termina su ser.

---

[20] Esta última proposición expresa de modo conciso la oposición entre los núcleos de las filosofías de Fichte por un lado y de Schelling y Hegel por otro: la quintuplicidad frente a la triplidad. Por eso hay que sobreentender la conjunción adversativa «sin embargo».
La quintuplicidad es la expresión lógica de la causación recíproca –*Wechselwirkung*–: una causación mutua sólo es posible si confluyen simultáneamente cinco elementos: 1) una primera posición a; 2) una segunda posición b; 3) la relación de a a b; 4) la relación de b a a; 5) la simultaneidad de ambas relaciones. No es el caso de esta Doctrina de la Ciencia de 1811, pero otras varias versiones, como las de 1804 y 1805, están articuladas, con arreglo al principio de la quintuplicidad, en un «prolegómeno» más cinco grupos de cinco lecciones cada uno.

[21] [A pie de página en el original:] ¿Cómo llega él [Schelling] a la posibilidad de pensar algo fuera de ella? O bien él es la razón[,] y entonces la razón tiene un fuera de sí; o bien no lo es, y entonces está fuera de la razón y se da en efecto esto.

§3. «La razón es absolutamente una y absolutamente igual a sí misma.» 1) ¿Cómo es posible en general esta proposición? En ella, la razón está *abarcada*, comprendida en un ámbito mayor de la *intuición*; y se compara con algo distinto. Esto es factum. O bien el autor es él mismo la razón, y ella es entonces más que lo indicado en el §1; o bien está fuera de ella, y entonces es algo fuera de ella, y entonces parece [ser algo] que él no podría explicar bien. Con ello se contradice el mero factum de la proposición. ¡Qué tremenda irreflexión!: ella provoca que lo que se hace contradiga lo que se dice. Concedido esto, [vayamos] a la demostración misma.

«Si ella no fuera una, entonces tendría que haber todavía, aparte de ella misma, otro fundamento del ser de la razón.» 1) *Fundamento*: ¿De dónde, pues, este concepto? Ella es, por consiguiente, más que el punto de indiferencia: *fundamentación*. 2) Entonces, si hubiera otro fundamento, ¿ella no sería una? ¿Pues por qué no? (En la D[octrina de la] C[iencia] veremos de hecho que éste es el caso.) Pero el ser no sería uno, y la razón no sería todo el ser. En consecuencia, él no ha comprendido, pues, su propia demostración. «Ella misma contiene sólo el fundamento de que ella es.» ¿De dónde lo sabemos? La D[octrina de la] C[iencia] mostrará que eso no es verdad, etc.[22]

* * *

«La razón contiene el fundamento de su ser[»]: ella es *simultáneamente ambos, fundamentante y fundamentado*. Concedido todo esto, atengámonos a ello:

§10. La identidad absoluta es puramente infinita. (No hablo del asunto mismo: éste es un sinsentido, igual que lo *es* el conjunto entero.) Si fuera finita[,] entonces el fundamento de la finitud se hallaría en ella misma[, ella sería causa de una determinación en sí, por tanto] sería a la vez *causante* y *causado*: eso no puede ser, ella es *identidad* = puro punto de indiferencia. Así pues, aquí él está especulando de nuevo.

En estas pocas palabras, procediendo paso por paso, se encuentran semejantes contradicciones y disparates ([la exposición tiene] 159 §§.). [El autor es] una cabeza por entero enferma, sin sentido para la verdad, sin reflexión, sin arte lógico ni dialéctico; dicho brevemente, en un sentido filosófico es, en todo respecto, un pobre pecador. ¿Quién?

---

[22] §3 [tendría que decir:] «La razón no es en absoluto ni una, ni igual a sí misma». Pues suponiendo que ella debe ser eso, entonces, puesto que fuera de ella no hay absolutamente nada, sólo podría serlo en sí misma: ahora bien, según el §2 (el nuestro[,] el correcto), es absolutamente imposible que haya algo en ella o para ella; por tanto, ni en ella ni para ella puede haber tampoco ni unidad ni igualdad. Ella no está ni fuera de la razón, ni en la razón; por tanto, [no está] en ningún sitio.

¡Schelling! ¿Qué escrito? El sistema de la identidad, que ha iniciado la nueva revolución. ¿Quizá desde entonces lo ha fundamentado mejor y de otro modo? [Compárese el] primer cuaderno del *Anuario de Medicina*, §5,/ p. 9. Esta exposición y los fundamentos generales[,] tal como aparecen expuestos en los §§ 1-50, se celebran [ahí] como demostrados.

Por culpa de éstos, ahora todos [andan] *confundidos*: *schellinguianizando* quién más quién menos[,] liberados cuanto menos de la D[octrina de la] C[iencia]. Pues el maestro es tal, ¿qué podrían ser los discípulos? Abandonen ustedes en nombre de Dios toda autoridad y toda fe. Aunque ustedes se crean capaces de muy poco, los grandes maestros tampoco saben más; incluso el más inferior y modesto de entre ustedes puede pensar de un modo más correcto. Lo puede; crean que no tienen nada y traten por sí mismos de procurarse tranquilamente intelecciones propias.

Miércoles, 6 de febrero
[/7a]

[Llegamos a la] D[octrina de la] C[iencia] misma. [Damos una] caracterización mediante delimitación y oposición, y con ello una introducción. No hay mejor [introducción] que el sistema de Spinoza: [hay] con él un punto de vista *común*; luego, una *oposición esencial*.

Proposición en la que coincidimos esencialmente: el ser es absolutamente uno, por sí, mediante sí, desde sí mismo. Lo que es[,] es como es, por sí mismo. No puede entonces surgir en él incremento alguno de realidad. Toda variabilidad y modificación está excluida de él. Sólo *es*, y no puede en absoluto devenir. Todo en él es el ser, y fuera de él no hay ningún ser. [Aquí hay] una oposición pura y absoluta con la forma de la *génesis*. (Esto será en su momento muy significativo para nosotros.) Tal como él, nosotros.

Pero estamos habituados a reflexionar en todo momento sobre aquello que hacemos. De ahí la reflexión. ¿Qué es aquella proposición? Evidentemente un pensamiento, el concepto del ser[,] en el que éste mismo se expresa. 1) No todos piensan este pensamiento: muchos se quedan en el pensamiento de un ser relativo, que una vez deviene y otra vez transcurre, y se quedan detenidos ahí. En la forma proceden correctamente, y no pueden hacerlo de otro modo: *todo ser*, en la medida en que es ser, debe fundamentarse en sí mismo, ser por sí mismo. Sólo que vinculan con él conceptos irreconciliables: surgir, transcurrir, etc. En éstos, el pensamiento mismo está aún en devenir, y no se ha pensado del todo y hasta el final. 2) Ahí donde se piensa hasta el final surge este concepto del ser, el cual se manifiesta inmediatamente con evidencia absoluta y da con ello testimonio de su verdad, así como de su validez universal, y por tanto se supone universalmente como teniendo que encontrarse sin duda en cada uno. [Aquí hay un] fundamentarse en el *factum* de la evidencia. Éste fue el caso de Spinoza, y así tuvo que seguir siendo. 3) En una filosofía completa, se puede y se debe salir más allá de este factum hacia su génesis, [y] hacerla. Respuesta[:] *el mismo ser absoluto es el que se expresa por sí mismo en este pensamiento*[23]: por consiguiente, este mismo pensar nosotros lo deduciremos en su serie como lo último (esto corresponde al retorno de la D[octrina de la] C[iencia] sobre sí misma), y así hallaremos, pues, lo dicho. Esto al final. Al principio, como Sp[inoza], [tenemos] que suponer en todos la *evidencia inmediata*./ Tanto más lo espero, puesto [que se manifiesta inmediatamente;] si faltara, tenemos aún esta última ayuda. Esto sería lo primero.

Aunque se haya dicho: éste es todo ser, y fuera de él no hay ningún otro, evidentemente no podemos quedarnos ahí: la proposición, con toda su evidencia, aparece como falsa, pues es manifiesto que fuera de aquel ser se encuentra algo; por ejemplo, como es manifiesto, [se encuentra] el concepto que acabamos de realizar y conocer como concepto. Es manifiesto que este concepto está *fuera* de él, abarcando e incluyendo aquel ser en una esfera; entonces, en su interior no es el mismo ser en su existencia viviente que se afirma en él, sino que contiene sólo su forma vacía, su imagen y esquema. Por tanto, fuera del ser hay al menos y en primer lugar el concepto del ser, que no es en absoluto el ser mismo. (Ciertamente Sp[inoza] no advirtió esto, pues en su concepto él procedió de un modo justamente fáctico, pero en modo alguno[,] tal como la D[octrina de la] C[iencia] se ha establecido como máxima constante, reflexionó a su vez sobre él. Pero esto no nos separa en tal medida de él; pues en un punto más profundo, respecto de lo esencial, coincidimos nuevamente.)

Fuera del ser se encuentra entonces en primer lugar su concepto. (Dicho sea de paso: ¿cómo?, como un factum: él *justamente es*, y es como *concepto*, sin que este concepto *de su* ser (la advertencia, percepción, en la reflexión) declare que tenga que ser como concepto: en cambio, de un modo por entero diferente, el concepto del ser declara que tiene que ser tal como es. Por consiguiente, hay ya desde el principio una diferencia entre estos dos modos de ser: uno sólo *fáctico*: garantizando su ser por su mero ser; el otro necesario, garantizando su ser por su esencia interna. El primero, según parece, podría también no ser: el segundo no puede en absoluto no ser.)[/7b]

Así encontramos nosotros, la D[octrina de la] C[iencia][,] en primer lugar e inmediatamente un ser fáctico en el *concepto* del ser absoluto. Quien,

---

[23] [al pie de página:] aquí se ha mostrado correctamente. Con frecuencia se ha refutado a Spinoza diciendo que él expuso falsamente el concepto de substancia, es decir, de ser: habría debido exponerlo justamente en tan poca medida como ellos. Pero esos tales no son de nuestra incumbencia ahora. Que por sí mismo no se haya llegado aún a lo correcto, es ley natural. Que uno opine que es falso porque se lo ha dicho otro, sin estar embargado él mismo por la evidencia, es depravación contranatural.

como Sp[inoza], no lo encuentra ahí, lo encuentra no obstante en algún lugar inferior: en general, justamente, en el *mundo presente*. Ahí lo encontró Spinoza, en la percepción más habitual, si bien más adelante, de un modo que mostraré en otra ocasión, sublimó este concepto mediante abstracción.

Proposición principal.

Por tanto, aparte del ser que se manifiesta plenamente como el ser uno fuera del cual no es posible ningún otro, se encuentra en cambio efectivamente un segundo ser. Este segundo factum contradice directamente el concepto. Esta contradicción tiene que resolverse; hay que mostrar cómo ambas cosas son verdaderas y cómo ambas pueden mantenerse conjuntamente[24].

1) Para expresarme finalmente con la claridad más precisa. La tarea de la filosofía es la solución de esta contradicción, precisamente de ésta y de ninguna otra[,] y la verdadera f[ilosofía] es aquella que la resuelve realmente. El filósofo, ya únicamente para poder comprender su tarea, tiene que llegar, pues, con el pensamiento hasta el final, tiene que tener el concepto del ser absoluto, que excluye todo otro ser fuera del absoluto. Quien no tiene este pensamiento, tampoco puede comprender la tarea. Yo no sé de nadie que lo haya tenido salvo Sp[inoza] y la D[octrina de la] C[iencia]. Pero cómo pueden engendrar sin embargo la apariencia de un filosofar, de esto [se hablará] más tarde. 2) Si uno tal se quedara tranquilamente en este concepto y se arraigara en él, entonces no resultaría nada[25]. Pero si despierta, y esto es exigible al espíritu filosófico, entonces le será [imposible admitir] un ser fuera de Dios, y ésta es ahora la contradicción y la tarea.

Justamente en este punto tiene que mantenerse entonces la f[ilosofía], si es que ella debe ser una, abarcadora/ de una pieza. ¿Cómo es capaz de mantenerse un [ser] fáctico fuera del absoluto? Los otros [filósofos trabajan] con contradicciones y oposiciones subordinadas. Ellos sólo aclaran y hacen coherente una parte. Hasta dónde puede alcanzar esta claridad, cualquiera puede calcularlo fácilmente.

Esta tarea [se la plantean] justamente Spinoz[a] y la D[octrina de la] C[iencia]. Con ella, la f[ilosofía ha] encontrado una fórmula determinada: ¡hela aquí!

Parece ahora que la solución es posible de un doble modo (pronto se mostrará *quod non*). 1) O bien al ser particular fáctico se le reconoce el ser según la forma. 2) O bien se le niega absoluta y enteramente el ser

---

[24] [A pie de página:] Cómo Dios y el mundo (el ser fáctico) [pueden ser] posibles conjuntamente. No cómo Dios, [pues] éste [es] en absoluto, sino cómo el mundo.

[25] [A pie de página:] Estos místicos han estimado que todo [está] en Dios. ¿Pero cómo? Entre el *entendimiento*, que ahí unifica, y la unidad.

según la forma tal como se ha declarado del absoluto; entonces tiene que sustituirse ciertamente por otra *forma del ser*[26]. La primera vía la ha abierto Sp[inoza], la segunda la D[octrina de la] C[iencia,] facilitada por la advertencia de Kant. Kant no fue capaz de dar la f[ilosofía] de una pieza, sino que estuvo muy alejado, y su saber era tan fragmentario como [el] de cualquier otro; pero el pensamiento de la luz, merced al cual [se volvió posible la Doctrina de la Ciencia], lo dio él. Aquí está el punto de donde ambos parten.

Si se supone lo primero[,] puesto que originalmente no hay ningún ser fuera del absoluto, al [ser] fáctico le tiene que ser comunicado el ser del absoluto[.] Tomemos dos casos: el mínimo: el ser absoluto, tal como es en sí mismo, se pone por completo aún [una vez más]: tal como es, se repite entonces por completo por una *segunda vez*. Ahora bien, en el primer concepto está puesto absolutamente como uno; tendría por tanto que aparecer un devenir en dos, lo que contradice la exclusión absoluta de todo otro. Ahora, el otro [caso] de que debiera repetirse en un ser *múltiple* y escindido: entonces, además de aquel acto uno del devenir, tendría todavía que fragmentarse en sí mismo de un modo múltiple.

De este modo no se resuelve en absoluto la contradicción, sino que se *incurre en una nueva*: en el primer concepto se pone el ser como absolutamente sin cambio ni devenir, y en eso se fundamenta la tarea. En la solución se pone *con un cambio*; por tanto, se revoca el primer concepto, y este modo de la solución es, pues, totalmente imposible.

---

[26] En esta proposición se contiene el núcleo de la filosofía entera del último Fichte. Sabemos, por intuición intelectual, que existe el ser absoluto, y que la existencia del ser absoluto es incompatible con la existencia de todo otro ser. Pero también sabemos, por intuición sensible, que de hecho existe una multiplicidad de seres finitos particulares. Y aunque la intuición sensible fuera engañosa, si esos seres múltiples y particulares no fueran más que una fantasía o una invención, sin embargo la existencia de la fantasía seguiría siendo incontestable, y además sería absurdo querer identificar una fantasía engañosa con el ser divino absoluto y único. ¿Cómo resuelve la Doctrina de la Ciencia esta contradicción? La multiplicidad de finitos particulares existe, pero no existe como ser verdadero (fuera del ser absoluto único, no cabe ningún otro ser verdadero), sino como una mera forma de aquel ser absoluto único, como una nueva y segunda forma del ser. Es decir, no hay dos seres, sino dos formas del mismo ser. La primera forma es el encerrarse en sí mismo y la inaccesibilidad del ser absoluto. La segunda forma es la expresión de este ser, esto es, la imagen del ser: *Bild*. Y sin embargo, esta imagen es real, es verdadera, existe (no como ser, sino justamente como imagen), tiene una consistencia y una «entidad» específica y peculiar. Por eso el significado de *Bild* es múltiple: significa, por un lado, imagen, reflejo, reproducción; y por otro lado, y simultáneamente, configuración, en el sentido de algo consistente, que no se desvanece. *Bild* es, pues, «imagen consistente».

Por otro lado, obsérvese que el proceder de Fichte consiste en elaborar una deducción a partir de una premisa con fundamento en la experiencia (intelectual o sensible). Por eso había dicho en las primeras lecciones que la Doctrina de la Ciencia, como toda ciencia, no tiene su fundamento en sí misma, sino que remite afuera de ella misma. También por eso en el texto aparece con tan harta recurrencia la palabra «factum».

Esto no lo pretende la D[octrina de la] C[iencia], sino el concepto: además del ser absoluto no hay originalmente ningún ser, y en él no hay absolutamente ningún cambio ni ningún devenir; por tanto, hay que establecer y mantener como verdadero que de él no puede salir ni comunicarse nuevamente un ser. [A la Doctrina de la Ciencia] sólo le queda entonces [/8a] lo segundo, que en el ser fáctico no hay en absoluto ni ser original ni comunicado y deducido, sino justamente ningún ser. De este modo se evita la contradicción. Y éste es entonces el único modo posible de la solución.

¡Pero es de esta manera!, lo cual tú no quieres negar ni ignorar, pues de otro modo no se eliminaría la contradicción. ¿Qué se hace ahora? Sustituye otra forma. *¡Manifestación!* ¿Has depurado así, según era tu auténtica finalidad, el ser, en su forma genuina, de lo fáctico, y has dejado el [ser] puramente absoluto? Con toda certeza, tal como pienso y como te exijo pensar, si es que también tú debes encontrarlo. El ser, según la forma, [es] consistente en sí mismo, enteramente puro, sólido y sostenido [por sí mismo]. Su manifestación no es esto, sino que es el ser fuera del ser. No es en absoluto, sino que sólo se manifiesta así en él: como imagen[,] esquema, etc. [Ahí hay una] *oposición absoluta.*

Para la demostración de nada sirven muchas palabras, sino el establecimiento tajante del *nervus probandi.* 1) En el primer pensamiento se pone todo ser como uno y como contenido, incapaz de un cambio y de un devenir. Un segundo [ser] no lo hay. 2) Mediante el segundo pensamiento se pone un *segundo* [ser], por tanto no contenido en aquél, lo cual contradice el primer pensamiento en su exigencia de contener todo ser. 3) Ahora bien, este segundo ser debe estar *fundamentado* por el primero; por tanto, aparte de aquel primer pensamiento y no puesta por él, tiene que haber además una determinación particular, un *devenir*, es decir, tiene que ponerse en él algo distinto y nuevo, lo cual es una contradicción ostensible.

El ser es *en sí mismo, vinculado a sí mismo* y *reducido a sí mismo*; es simple en la forma, y tal cosa como la *duplicidad* no la hay en él. Un ser fuera de sí y desprendido de sí mismo no lo hay para él. Totalmente opuesta es la *manifestación*, tal como ustedes han visto y pueden intuir todavía en el concepto desarrollado del absoluto, un *captarse* y *abarcarse* de aquél desde *fuera*, y un *estar desprendido* de aquél, lo cual es lo directamente opuesto al estar *vinculado consigo* en sí mismo del ser. La manifestación es un ser del ser fuera del ser de éste. Pero puesto que el ser no puede en absoluto estar fuera de sí mismo, ella justamente no es el ser, sino la manifestación de éste. Ciertamente que en ella aparece el ser tal como es, sin que éste, por lo demás, se manifieste; por tanto (el lenguaje tiene aquí una palabra) en la manifestación está el *contenido* del ser, pero ella no es el ser mismo según la forma: pues ambas formas son absolutamente opuestas.

Absolutamente opuestas: aquél [es] absolutamente *ser*, y dentro de este ser *no manifestación*; éste absolutamente *manifestación*, y en él ni rastro de ser (lo cual no podría ser, pues el ser no puede fragmentarse). Ambos [son] pura y absolutamente formas separadas una de otra. La contradicción está resuelta: la filosofía se mantiene con una palabra, el primer concepto permanece enteramente verdadero: el ser [es] uno, fuera de él ningún ser, en él ningún devenir. Lo segundo también [permanece verdadero]: fuera del ser hay algo, sólo que esto no es ningún *ser*, sino sólo algo absolutamente opuesto al ser[,] a saber, manifestación del ser.

Adviertan esta proposición, a mi juicio simple y clara, como el contenido propio de la f[ilosofía]. La f[ilosofía], como dije concluyendo; y créanme tan sólo en que ésta fue y sigue siendo mi más seria intención[27]. A menudo es justamente la simplicidad y la claridad la que ciega; puede no creerse esto, porque uno se enreda y está habituado a caminos confusos. De ahí que bien podría resultar que ellos no quieran ahora escuchar ni saber nada de esto, y darle a la D[octrina de la] C[iencia] cualquier otro cimiento antes que éste.

Viernes, 8 de febrero

[Esto] no [es] *nuevo*: al menos, qué filosofía antigua no ha dicho que el mundo [es] manifestación, revelación, *palabra*[;] su expresarse. Pueden encontrarlo en Moisés. Pero esto era sólo un pensamiento incidental que se aplicaba a esto o aquello, que obedecía a un fin y que luego se volvía a desechar. Pero tomar en serio este pensamiento y mostrar que absolutamente todo lo que existe fuera de Dios y no es Dios mismo es su manifestación, con lo cual se correspondía prioritariamente el que se aprehendiera un punto central desde el cual captar la manifestación infinita como un todo, como una totalidad, esta tarea quedó reservada a la D[octrina de la] C[iencia].

Sigamos: lo percibido fácticamente fuera del ser absoluto es *manifestación*. Vimos el *qué*.

Toda nuestra tarea, la iniciativa, partió de la proposición: que algo así *es*, simplemente, sin con ello vislumbrar qué sea lo que hemos hallado con la sola reflexión. Ahora bien, ¿en qué se fundamenta, pues, este *es*? Evidentemente, en que la *manifestación* [/8b] se manifiesta inmediatamente *a sí misma*, y que en esta automanifestación ella, la manifesta-

---

[27] [en el margen:] totalmente excluido del ser.

ción, queda sujeta interiormente a esta *automanifestación*, tal como el ser absoluto está en sí mismo vinculado a sí mismo. Ella es, pues, *interiormente* y *en sí misma* [(]tal como el ser absoluto es también en sí mismo)[28]; en modo alguno fuera de ella misma; y ella *es* sólo en la medida en que se manifiesta (en la forma de la manifestación, no en la del *ser* real, que en absoluto le conviene a ella). La palabra es, dicha de ella, no significa sino que ella *se manifiesta*, y si no se manifiesta, entonces no *es*. Su ser no es en lo fundamental sino *automanifestación*. Pero en esta palabra no quiere decir en modo alguno lo que significa cuando se predica del absoluto: éste *es* enteramente en sí mismo, y disolviéndose en el mero ser, *independiente de toda manifestación, en sí mismo o fuera de él*. (Ésta es ahora la proposición más importante, en la que se fundamenta toda intelección trascendental y a la que se opone la inclinación natural, cerrándose así los ojos a la verdad.) De la manifestación jamás se manifiesta nada más que la manifestación: esto lo expresa ella con el *es*; por tanto, un [ser] para la manifestación es sólo manifestación. El ser está separado y oculto en Dios. Para conocer ahora esto en el factum efectivo, habría que captar la manifestación *como* manifestación. Con ello se corresponde un cierto elevamiento mediante libertad, que justamente se obtiene sólo gracias a la D[octrina de la] C[iencia]. En nuestro punto de vista[29], entonces, la manifestación justamente *no* aparece como *tal*. Esta manifestación se expresa con el *es*; y así pues, en este punto de vista, en el desconocimiento del verdadero ser, uno cree que contempla un ser[30]. Aquí vemos que, al margen de lo que pueda decir la conciencia fáctica, esto es imposible.

---

[28] Se ha dicho que *Bild* es imagen consistente. Ahora queda claro por qué necesariamente tiene que ser consistente, y no un mero reflejo. La manifestación es el contenido entero del ser según una forma distinta. Pero pertenece al contenido del ser el reposar en sí mismo, el estar fundamentado en sí mismo. Por tanto, la manifestación también tendrá que estar fundamentada en sí misma, bien que según su forma específica: así pues, a la manifestación le corresponde una independencia peculiar.

[29] sc. en nuestro punto de vista no como Doctrina de la Ciencia, sino como sujetos empíricos y particulares.

[30] En la monografía de Reinhard Lauth sobre *Dostojewskij und sein Jahrhundert* (Bonn, Bouvier Verlag, 1986), en el capítulo sobre «*Friedrich Heinrich Jacobis Allwill und Fedor Michailovich Dostojewskijs Dämonen*» (pp. 94-110) se señala la afinidad, en cuanto a la comprensión de la génesis del nihilismo, entre la explicación sistemática de Fichte y la versión literaria de Dostoievski, según se expone sobre todo en *Los demonios*, en particular en la segunda parte, apartado II: «La noche (continuación)», capítulo tres, en la escena de la visita de Stavrogin a María Timofeievna. Lo que Fichte llama hacer abstracción de lo inmediato sin alcanzar a tomar contacto con una realidad superior, se corresponde estrictamente con lo que Dostoievski, tomando el término evangélico, llama «caída», si bien en Fichte el nihilismo no parece asumir la intensa carga demoníaca que tiene en el ruso. Al margen de esta salvedad, puede seguirse más adelante con el paralelismo Fichte-Dostoievski: mientras se mantiene el arraigo en el fundamento, el cual se expone en una manifestación (*Erscheinung*, etc...), desde luego que no se excluye la posibilidad de comparecencia de una apariencia falsa, vacía

Ella no es sin *manifestar*se. Este *manifestarse* no es el ser original de la manifestación, sino un *devenir* y *modificarse* suyo, y por tanto un *factum*. Sobre este factum se fundamenta su ser; es entonces meramente un ser fáctico. Esto aclarará el asunto: la manifestación jamás podrá, elevándose por encima de su ser percibido de modo meramente fáctico y haciendo abstracción de éste, inteligir lo que ella tendría que ser, pues su ser es sólo un ser dado por el ser fáctico del automanifestarse, pero en modo alguno deducible en su ser a partir de la esencia inteligida de la manifestación; tal como, al contrario, a partir de la esencia inteligida del ser que ella nunca devendrá, y [que] para ella jamás es fáctico, intelige bien que [éste] tiene que ser *absolutamente* lo que es[31].

La manifestación se pone como un mero factum. De hecho, ella tampoco es más. ¿*Tiene* Dios que manifestarse, y se manifiesta necesariamente? Acerca de esto no se dice nada en su concepto, que habla sólo del ser interior. ¿Se manifiesta? En efecto, pues la manifestación se halla inmediatamente a sí misma y se percibe. Entonces, ¿ella es? Sí, se percibe[32]. De aquí partió toda filosofía. Ciertamente[,] y pues esto se halló fácticamente, se sigue entonces que, *puesto que* se manifiesta, tiene que manifestarse, y tiene que manifestarse según su ser absoluto en general, pero en modo alguno según esta o aquella propiedad; pues si se admitiera lo contrario, entonces se tendría que admitir en Dios un ser y también un no ser, una transformación, una autodeterminación para el tránsito *desde el no mani-*

(*Schein*), pero sí que siempre es posible advertirla y desenmascararla como tal. En cambio, rota la sujeción al fundamento, se pierde la garantía de reconocimiento de la apariencia como tal, y ya no hay criterios para evitar su confusión con el fundamento mismo. En los términos de este pasaje de la Doctrina de la Ciencia de 1811, evitar la confusión de la manifestación con el ser, esto es, salvar el riesgo de tomar aquélla por éste, sólo es posible cuando la manifestación se conoce *qua* manifestación (en los términos de la Doctrina de la Ciencia de 1804, conocer la figura *qua* figura sólo es posible si simultáneamente se conoce lo figurado *qua* figurado). En términos de Dostoievski, anatemizar al usurpador sólo es posible si previamente no se ha sido seducido por él.

[31] Para entender este pasaje a primera vista complicado hay que tener presente la diferencia entre ser y manifestación: en primer lugar, el ser se manifiesta, la manifestación es manifestación del ser, pero la manifestación no es el ser ni el ser es la manifestación; en segundo lugar, nosotros, individuos, somos manifestación. Nosotros podemos inteligir, esto es, ver con el pensamiento, que el ser es necesario, existe necesariamente, y es necesariamente lo que es. Pero a partir de la necesidad del ser, nosotros no podemos concluir *a priori* la necesidad de la manifestación. Nosotros vemos que la manifestación existe, pero sólo una vez que existe, no antes de que exista (en términos de Fichte, la captamos fácticamente). Una vez que hemos visto que la manifestación existe, podemos comprender que existe necesariamente, y que es necesariamente lo que es a partir del ser. Pero esta necesidad de la manifestación sólo podemos captarla después de haber constatado que ella existe de hecho, nunca antes: antes de que exista, no podemos deducirla, no encierra *para nosotros ni para sí misma* ninguna necesidad. La manifestación no puede elevarse por encima de sí misma y transformarse en ser: ella es y será siempre sólo manifestación.

[32] [debajo, en el margen:] no emanación, efecto de una causa o de algo.

festarse hasta el manifestarse, lo cual contradice el concepto fundamental [33]³⁴. Por tanto, la necesidad no se sigue inmediatamente del concepto, sino de la unificación del factum con el concepto. Pues ella *es*, tiene que ser necesaria: así sigue la conclusión; [pero] en modo alguno[:] ella es incondicionalmente necesaria³⁵. Semejante intelección exigiría justamente la independencia absoluta de la manifestación respecto de su ser, el desprenderse de éste; lo cual, conforme a lo dicho anteriormente, no es posible³⁶.

Esto es muy *significativo*, y aclara por entero lo que dijimos antes acerca de la *problematicidad* fáctica de la D[octrina de la] C[iencia], y pone al descubierto en su desnudez las confusas opiniones habituales sobre la esencia de la ciencia. La D[octrina de la] C[iencia], tan sólo para ganar su entrada, parte de un concepto puro, el del ser absoluto. Si ella quisiera conformarse con la evidencia fáctica de este concepto, lo que ciertamente haría sólo si no reflexionara en absoluto, como acaso Spinoza, entonces le parecería haber hecho pie en el puro pensamiento. (Si no pretende esto, tal como la D[octrina de la] C[iencia] no lo quiere ni lo *puede* pretender, entonces se enzarza aún en preguntas enteramente distintas.) Dejando esto al margen: si ella pudiese *exponer la necesidad de la manifestación* sólo a partir de este *concepto*, entonces proseguiría su camino. Pero esto no lo puede en absoluto. Ésta se fundamenta en la *percepción*. Ahora bien, en tanto que ciencia abstrae correctamente de ella. Por tanto, la manifestación será necesaria ahora de un modo sólo *problemático*: aquí está de nuevo su terreno. Por eso no le resta otra cosa.

---

³³ [en el margen:] NB. Manifestar no es *libertad*.

³⁴ [a pie de página:] Aquellos que, con el mero pensamiento, quieren conocer [el ser] de la manifestación, no lo pueden. [Éste] presupone la intuición: ésta es manifestación primera; aquél, manifestación de la manifestación. El fundamento absoluto de toda verdad es un factum absoluto: el absoluto se manifiesta; quien quiera pensar más, tiene que adentrarse en el factum: éste le enseña ahora sólo a comprenderlo.

³⁵ Una vez que es, es necesaria. La condición de su necesidad es que ella sea *ya*. Es por tanto una necesidad no incondicional, sino condicionada. Una necesidad condicionada es una problematicidad.

³⁶ No es posible porque una manifestación que no es manifestación del ser no es manifestación de nada, es una apariencia vacía, falsa, un espejismo.

[/9a]
Lunes, 11 de febrero

Lo que todavía se encuentra fuera del ser absoluto es la manifestación de aquel ser. Tal cosa es: como factum y absolutamente sólo como factum.

Ahora bien, ¿qué es [la] *manifestación*? Parece que quien dice: eso es manifestación, ya lo sabe. Él tiene la imagen general bajo la cual ahora subsume; y sin ésta, no es posible aquella proposición. ¿De dónde [obtiene esta imagen general]? Evidentemente, de una intuición fáctica de aquella [<]fuera de Dios mismo[>]. La manifestación se le tiene que mostrar por tanto inmediatamente *como* manifestación: absolutamente en un *vistazo inmediato*; y ahí estaba lista la convicción. Ahora se limita a expresarla con palabras y en forma de una proposición. ¿Presupuesto? Para la posibilidad de la D[octrina de la] C[iencia] se presupone una autoexposición de la manifestación puramente como tal en un factum, y por tanto en una intuición. ¡Sólo *intuición*, no concepto! Pues ella es sólo fáctica.

¿Qué tipo de intuición es ésta? ¿Se puede caracterizar con más precisión? Toda intuición es automanifestarse de la manifestación. La intuición particular [es] la manifestación de una manifestación particular, de una parte de la manifestación. Aquí, la manifestación misma se manifiesta *absolutamente como tal*, como mera manifestación y nada más, en su unidad *formal*. Más allá de esto no hay intuición alguna, pues corresponde a la intuición que la manifestación se manifieste. Ésta es entonces la intuición absoluta. Ahí donde ella está, *ahí la intuición en sí misma ha llegado a su final* y ha ascendido hasta su vértice supremo.

(Sean dichas de paso un par de palabras para guiar hasta un puro <]que[>] [*daß*].) Aquí, la manifestación se manifiesta puramente como manifestación y nada más, por tanto en su unidad formal: no hay nada que diferenciar. ¿Qué sucede, pues, con el pensamiento absoluto? [Este capta el] *ser* absolutamente como *ser*, en pura *unidad formal*. ¿Y si ahora alguien *repitiera* acaso este ser, si lo pusiera dos, tres y más veces? ¿Cómo querría éste distinguir? Pienso que sólo mediante *percepción*. ¿Ha pensado pues, y ha permanecido en el pensar?

Por consiguiente, la D[octrina de la] C[iencia] comienza con el saber *que en sí mismo ha llegado absolutamente hasta su final*, por un lado como pensamiento, y por otro lado como intuición; y merced a esta culminación le desaparece la contradicción que se da fuera de ella, y [la Doctrina de la Ciencia] está terminada. Aquí comenzamos ahora fácticamente con esta culminación; nosotros lo somos justamente, y lo hacemos. La D[octrina de la] C[iencia] tiene que demostrar la *posibilidad fáctica de este* [pensar e intuir], y exponer que esto es la culminación; mediante deducción, ella tiene que deducir y demostrar como correcto lo que aquí hacemos. Éste es el retorno a sí misma y el círculo del que hemos hablado muchas veces, y que pronto se mostrará sin dificultad.[)]

Qué sea entonces la manifestación como manifestación se aclara inmediatamente, en cuanto la manifestación se intuye absolutamente como tal y justamente como tal. Su ser es enteramente intuición. [Aquí está la] cumbre: tal como [el ser de] Spinoza, así [aquí el fenómeno de] *Kant.* La D[octrina de la] C[iencia] los unifica a ambos, y rectifica así el sistema del primero, que sólo en un punto es verdadero, siendo en todos los demás falso, y lleva a cabo y culmina el del último.

El conocimiento de que fuera de Dios no hay en absoluto más que manifestación [de Dios,] y un sistema que desarrolla este conocimiento, *en tal medida* pueden llamarse (pero no tienen por qué: sobre esto [se volverá] enseguida) *idealismo*. Fuera de Dios está la idea, la visión, y absolutamente nada más. De este modo, un sistema tal se opone a aquel otro que supone un ser fuera de Dios, como por ejemplo el spinoziano. [Este último es] *realismo* [dogmático]. Pero con esto no se clasifica [la filosofía], pues un sistema como el segundo es enteramente falso. Ahora bien, este idealismo [trascendental] es al mismo tiempo realismo, en un doble sentido. Afirma un ser absoluto, enteramente fuera de la manifestación, que aparece en ella y que le comunica toda la realidad que se encuentra en ella misma. En tal medida se opone a un idealismo para el cual en la manifestación no aparece absolutamente nada, [idealismo este último que] es también imposible (pues entonces no podría llegarse a un ser de la manifestación)[, y es por tanto] un *nihilismo*. Como tal gusta ahora la época (por cuanto yo sé, sin excepción[37]) de tomar a la D[octrina de la] C[iencia], pese a todas las protestas y a las innumerablemente repetidas y bien comprensibles palabras de que en la manifestación se manifiesta el ser. Esto no lo

---

[37] El pensamiento de Bardili como pensamiento.

quieren escuchar, pues si parecieran haber escuchado esto, entonces no podrían ya mofarse, según gustan de hacer. Sé bien que también en mi auditorio siempre hay de aquellos que no escuchan de buen grado expresiones semejantes, ni gustan en absoluto de escuchar todo rechazo decidido de lo malo. A tales les pido que, en atención a lo dicho, piensen que de alguien que, teniendo oídos, en cambio no oye, se tiene que presuponer sin maldad que no quiere escuchar. [/9b] Pero las sensaciones desagradables por culpa de expresiones resueltas proceden de la simpatía –que me es muy bien conocida– de la debilidad hacia la debilidad, simpatía de la que deseo que desaparezca cada vez más de mi auditorio, y que en su lugar aparezca el amor decidido a la verdad.

Todo esto acerca de la proposición: *Lo que está fuera de Dios es su manifestación*; y sobre el *modo como* llegamos a ella. A saber, fácticamente, en tanto que la manifestación se *nos* manifiesta puramente y *como* manifestación *a nosotros*, es decir, a la *manifestación misma*. Lo primero es absolutamente general ahí donde hay manifestación; lo segundo, sólo ahí donde la intuición ha llegado en sí misma hasta su final[38].

La teoría de la intuición en la D[octrina de la] C[iencia] sigue justamente este camino, así como también la del pensamiento. Como un primer capítulo: [éste es el] lugar de la D[octrina de la] C[iencia].

De este modo se resuelve ahora la contradicción de que además del ser uno absoluto deba haber aún otro ser, y ahí [donde se trata sólo de la determinación del pensamiento fundamental], la f[ilosofía] o D[octrina de la] C[iencia] ha terminado con una palabra, sólo con tal de que esta palabra exprese la intuición de la manifestación absolutamente como tal. Pero nuestra exposición de la D[octrina de la] C[iencia] parece *en tan poca medida haber terminado*, que más bien *parece que sólo ahora debe comenzar*. Entonces, ¿qué pensamos hacer desde ahora? (La ciencia [tiene que configurar una] unidad. También ahora [hay que] captar la tarea con precisión.[)]

Se revela una nueva contradicción, enteramente semejante a la anterior. Lo [que es] fuera de Dios se intuye, y conforme a esta intuición se concibe *como manifestación*, justamente en absoluto, en su forma de unidad, sin que en ella quepa *diferenciar lo más mínimo*. Si me quedo en este pensamiento, todo va bien. Pero si me lanzo a la percepción, entonces me encuentro con una rica *multiplicidad*, que en efecto, puesto que está en la percepción, está *fuera de Dios*. ¿Qué es ahora *ésta*? O bien manifestación, o bien no. Si no, entonces hay contradicción: luego *sí*: pero aquel [ser de Dios] es *uno*, ¿cómo deviene la *unidad* una multiplicidad?[39] (Contradic-

---

[38] [junto al párrafo:] resumen.
[39] [en el margen inferior:] De modo semejante a arriba.

ción: el factum y la unidad del pensamiento, fundamentada ella misma ciertamente en un factum.) Entonces la manifestación tiene que escindirse también en sí misma, y dejarse modificar, como el Dios de Sp[inoza]. ¿Me es lícito hacer aquí lo que ahí me estuvo vedado? ¿Por qué? ¿En qué consiste aquí la excepción? Si ahora puedo, entonces tengo justamente que hacerlo, y deducir. ¿Dónde [hay] un punto de deducción? ¿Hay uno tal?/ Es importante. Ellos conciben deducciones particulares, no el punto de unión de todas ellas[40]. En muchas de mis exposiciones anteriores no pudo destacarse esto de un modo tan oportuno [como ahora]. Ahora debe [hacerse], por eso se les recomienda a ustedes, incluso con el riesgo de que deba aparecer como una sutileza. [Nos encontramos en el] lugar de la deducción de la D[octrina de la] C[iencia].

Esta separación tendremos que hacerla de todos modos más tarde. Aprendámoslo en su conjunto.

Podría decirlo con una palabra; pero quiero que, cuando yo la exprese, ustedes la comprendan con seguridad. Comienzo entonces a guiarles hacia su comprensión.

Comenzamos: el presupuesto es: ¡El ser absoluto se manifiesta! *¿En qué?* Puesto que sabemos fácticamente de la manifestación, y mediante la aplicación del concepto de ser comprendemos *absoluta y necesariamente* que no puede no manifestarse. Su manifestarse es la consecuencia inmediata e inseparable de su ser; y es sólo eso, el manifestarse, como tal consecuencia inmediata. Si se permanece mera y exclusivamente en este presupuesto así expresado, tal como les ruego ahora que permanezcan ahí: ¿puede decirse en este presupuesto que la manifestación *es*?, ¿o no puede decirse esto? No creo que ustedes puedan responderme ya en el acto, pues la misma palabra «*es*» es aquí equívoca: 1) En el primer *significado*: en tanto que el ser no se limita a *ser interiormente en sí mismo*, sino que además se manifiesta, hay ciertamente que añadir al primer ser aún un segundo, y en este sentido puede decirse en verdad: no sólo es el ser, sino también la manifestación. [2)] ¡Pero reflexionen ahora en segundo lugar! ¿Qué es, pues, lo que, en el manifestarse, es? ¡Evidentemente el ser! El ser es manifestándose en aquel [manifestarse]. Y así no surge de hecho un segundo ser, sino sólo una segunda forma de ser del ser uno. Éste es, [/10a] por un lado, como lo que es interiormente en sí mismo, y por otro lado, como *lo que se manifiesta*; pero en estas dos formas es siempre el uno *que es*. 3) La última consideración, como la correcta, anula la primera y la acoge

---

[40] Alusión a Kant. Fichte consideraba que Kant, quien había elevado a rango crítico los hallazgos trascendentales de Descartes, no había logrado en cambio unificarlos en un sistema único, sino que se había quedado estancado en tres absolutos no vinculados, expuestos respectivamente en cada una de las tres críticas. Acerca de esto, las primeras lecciones de la Doctrina de la Ciencia de 1804, en concreto AA II, 8, pp. 26 y 27.

en sí; por tanto, manteniéndonos en este presupuesto[,] no puede en verdad decirse que la manifestación *es*, dicha la palabra certera y enérgicamente; pues lo que se manifestaba como ser de ella es sólo otra forma del ser absoluto uno. En este presupuesto, la manifestación no *es*, es decir, ella no tiene una forma de ser propia y autónoma.

En este presupuesto, la manifestación es también absolutamente simple, inmodificable, y en ella cabe en tan poca medida admitir una división y modificación conforme a la cual pudiera deducirse de ella una D[octrina de la] C[iencia], como en el ser interior del absoluto mismo. Ella es simplemente según la forma, tal como el ser interior y absoluto simplemente es; ella, entonces, ha devenido en tan poca medida como ha devenido el absoluto. Lo que el absoluto es interiormente, se manifiesta en ella, inmediatamente como ella es, tal como en el ser lo es inmediatamente por el ser formal; por tanto, tampoco *dentro de ella* misma hay devenir ni incremento de la manifestación, así como tampoco en el ser hay incremento del ser. Ella está acabada y completa simplemente por su mero ser. En este sentido, entonces, la manifestación no es ningún lugar ni ningún punto de vinculación para una posible deducción de la D[octrina de la] C[iencia].

Martes, 12 de febrero

Hemos expuesto con claridad la manifestación, en este sentido según el cual no tiene absolutamente ninguna existencia propia e independiente sino que es meramente una forma distinta del ser divino, en parte para aclarar mediante oposición la otra forma suya, pero además también por mor de ella misma y para darla a conocer. Este concepto de ella, expuesto ahora claramente, no nos tiene que desaparecer jamás en el futuro, aparte de que, en tal caso, nos hundiríamos realmente y de hecho en el nihilismo; y precisamente no haber fijado este concepto es lo que ha provocado esta visión y recepción falsa de la D[octrina de la] C[iencia]. Esto que hemos descrito, esta *forma del ser divino* mismo, este ser inmediatamente en Dios, en el que el ser divino se manifiesta puramente tal como es en sí mismo, es de hecho la manifestación, y tal manifestación, para nosotros *ex facto*, está en Dios absolutamente por encima de todo devenir y de todo tiempo como la forma del devenir. Ciertamente que ella no es efectiva en nuestra forma, sino sólo en la forma del ser divino. No obstante, esta distinción no nos es ahora clara, [así que de momento] la dejamos de lado. Brevemente: *si más tarde aún debemos encontrar aquí otra forma de la manifestación*, será entonces sin embargo esta misma manifestación absoluta que se acaba de exponer, y que se forma en ella misma: pero en modo alguno una [manifestación] *segunda y distinta*, pues esto sería un hiato y en vano nos habríamos esforzado con la primera. El *ser* no deviene, ni nada deviene en él. Tampoco la *manifestación* del ser deviene, ni nada deviene en ella, sino que, respecto de la realidad en ella, ella está terminada y clausurada por su mero ser formal. Más tarde aún habremos de encontrar [otros] aspectos en los que ella, asimismo, no deviene. No hay lugar alguno para una deducción, ni en el primero, como Sp[inoza pensaba], ni en el segundo.

Un concepto tal de la manifestación lo obtenemos si nos quedamos en el mero presupuesto: el ser *se manifiesta*. ¿Pero podemos quedarnos ahora en este presupuesto, y nos quedamos de hecho en él? ¿Nos hemos quedado ahí, por ejemplo ahora, cuando creíamos habernos quedado ahí? ¡Piénsenlo! Aquella forma del ser divino está terminada con su manifestación –justamente del ser–, y ella no consiste absolutamente en nada más. No consiste, por ejemplo, en que esta manifestación del ser mismo *se manifieste*; a su vez –naturalmente, pues fuera de ella nada es–, a sí misma. En lo que se acaba de realizar, éste fue ahora nuestro caso: la hemos considerado, la hemos pensado, ella se manifestó a nosotros y a sí misma. *Protestatio facto contraria*. Lo que *pensamos* era simple[:] sencillamente la manifestación. Lo que éramos, era doble: absolutamente automanifestación de la manifestación como manifestación. Por tanto: la manifestación *se manifiesta a sí* misma. Así fue en el factum que se acaba de realizar. Por tanto puede ser, y con una expresión general, así es: [/10b] y acerca de ello nuestro concepto no dice nada; más bien, según nuestro concepto, si es que sólo éste fuera válido, aquello no tendría que ser así. La manifestación se manifiesta también a sí misma. [Esto] es aquí un factum inmediato: ¿queda así o [aportamos la] demostración? Parece que es así, y, para la claridad del punto[,] quiero despertar esta evidencia. Doble: 1) La manifestación no *es*: ella no tiene un ser específico. Esto se mostró ya arriba. Cabe responder a ello: bien[,] entonces ella no es. [Esto parece] idéntico. ¿*Debe*, pues, ser ella? [Es claro] que quien quisiera demostrar algo con esta demostración tendría que decir: sí, ella *debe* ser: con lo cual estaría presuponiendo nuevamente la facticidad, [si bien] de otra manera, y permanecería [encerrado] en el círculo. 2) El ser no *se manifiesta*, pues, de hecho. [Esto tiene] un doble sentido. Él es lo *manifestante*, pero no lo *manifestado*, no lo escindido de la manifestación y en cierta manera puesto aparte y por separado: brevemente –lo que en ambas formas de demostrar es justamente el argumento principal–, manifestación y ser no se separan uno de otro, sino que se fusionan. En la primera demostración se presupone de nuevo: el ser debe ponerse aparte como manifestado; en la segunda: justamente ambos deben separarse; [hay] por tanto un círculo, y así permanece fácticamente. Brevemente[: es un] factum. En esta forma propia y autónoma: el lugar de la deducción[41].

¿Qué contiene este factum, y qué aporta de nuevo? La forma del absoluto llega hasta el manifestar, no hasta el manifestar*se*. En lo primero, el absoluto *es* lo manifestante; en lo último, no ya éste, sino que lo manifestante es [ahora] el manifestar. La manifestación gana un *ser autónomo*. En este su ser peculiar y autónomo podemos aprehenderla ahora. 1) Según lo anterior, ella es el manifestar del absoluto mismo *en* él, [la] segunda forma de su ser, es decir, [la forma] de su manifestar. Ahora bien, ella es esto absolutamente, ella es únicamente por esto; por tanto, ella permanece esto. 2) Ahora, dentro de este ser, permaneciendo éste, y como una mera determinación posterior de este ser suyo, ella es por sí misma y en sí misma algo, pues ella no es esto por el absoluto, sino [que lo es] simplemente por sí misma, como [siendo] en tal medida ella misma absoluta según la forma. Por tanto, según el factum, la manifestación es en sí misma fuerza creadora absolutamente real de algo nuevo, puramente de la nada, una vida creadora propia. La demostración se basa en que esto *no* es por el absoluto, pues éste sólo llega hasta el manifestar de esto, pero en modo alguno hasta el manifestar de la manifestación misma.

Según el factum, he dicho. Esta fuerza creadora que hemos afirmado antes no se encuentra en modo alguno en el factum mismo ni es, digamos, intuida en él. En éste está dada la manifestación de la manifestación ya efectiva, y se da para ella de modo fáctico. Aparte de esto, no hay nada en él. Pero, yendo más allá de este factum, hemos preguntado: ¿cómo se llega ahora a este estar dado [de la manifestación de la manifestación en el factum], no explicado en absoluto por el concepto precedente, cuál es su fundamento? Y tuvimos que responder: la fuerza absoluta de la manifestación para presentarse a sí misma para sí misma; por tanto, según la ley del fundamento, hemos ido más allá del factum merced al *pensamiento*. *Esto debemos saberlo*. A este pensar nuestro le atribuimos ahora una *validez real*; a saber, suponemos que fuera de Dios existe de hecho tal fuerza creadora interior absoluta de la manifestación, con independencia de nuestro pensamiento realizado ahora, y aunque tampoco lo hubiéramos pensado nunca; de modo que no es que el pensamiento contenga acaso el fundamento de aquel [estar dado de la manifestación de la manifestación en el factum], en cuyo caso sería en efecto algo meramente pensado e ideado, sino que, más bien, aquél contiene el fundamento de la posibilidad de su pensamiento; y esta suposición queremos, pues, demostrarla y garantizarla a su tiempo.

---

[41] [en el margen sin anotación:] Se empleará en el futuro. Más adelante, aún de otro modo.

Resultado: en la manifestación, que ahí es la manifestación absoluta del ser, simplemente por el hecho de que éste es y tal como éste es en sí mismo, hay, además de esto, una vida absoluta propia, según la cual aquella [manifestación] se manifiesta a sí misma. Ella es simplemente principio en sí misma y dentro de su ser original.

[11a]
Miércoles, 13 de febrero

Es necesario conocer primero en sí mismo y con exactitud este nuevo concepto que aquí se añade de la libertad autónoma de la manifestación, pues sin duda que es él el lugar donde comienza la deducción de la D[octrina de la] C[iencia]. Para despertar la atención: todos supondrán y preverán sin duda que sólo mediante esta libertad y su realización efectiva tiene lugar la automanifestación, la intuición, el pensamiento y, de esta manera, el saber en general; que, por tanto, sólo si nos hemos asegurado bien de ella seguirá la deducción su marcha tranquila. Pero otra pregunta distinta es: así pues, ¿merced a qué es ella misma esta libertad, que según el presupuesto *es*, simplemente es, y es antes que todos sus productos como lo condicionante de éstos?, ¿acaso es ella *por sí misma?* Evidentemente no, pues la manifestación misma, en su ser simple y absoluto, no es mediante sí misma, sino mediante el manifestar del absoluto; pero esta misma libertad pertenece a su ser absoluto, en el que ella es ante todo automanifestación, como fundamento de ella. Ella misma tendría entonces que ser *mediante el absoluto.*

¿Acaso se confirma esto por otra vía? ¿Acaso podemos *deducirla* por medio de una deducción progresiva a partir del manifestar del absoluto, tal como ahora la hemos encontrado por medio de una deducción regresiva a partir del factum? Si es posible una deducción tal, entonces tenemos que realizarla; de otro modo, nuestra exposición de la D[octrina de la] C[iencia] estaría incompleta, pues nos habríamos saltado un miembro. [Queremos] intentarlo.

Partimos del concepto del absoluto, de que él es simplemente *mediante* sí mismo. Es este *mediante*[42] lo que me importa. ¡Hay dos modos

---

[42] *Durch*, «mediante», «por», «por medio de», «a través de», «a causa de», «en virtud de», etc., es uno de los términos capitales de Fichte a partir sobre todo de 1804. Como Fichte lo emplea

de plantearse la culminación de este pensamiento! *O bien* uno se constituye a sí mismo previamente y aparta fuera de sí el ser completo y dado, y luego se piensa esto dado como devenido, justamente *mediante sí mismo*. [En este caso] se lo toma en dos aspectos, como principiado y como principio, y luego se los constituye en uno, o dicho con más precisión, ellos deben ser hechos uno. Éste es el pensamiento que debilita y mata. O bien uno se introduce en el mismo *mediante*[43], y en su intuición se constituye en un mediante, donde surge la imagen de un flujo viviente inmediato, justamente de una *vida*. Éste es el pensamiento *viviente* e *intuible*. A pesar de que antes, sin perjuicio de nuestra finalidad, pudimos contentarnos con el primero, aquí tenemos que exigir expresamente el último, y pretender que el absoluto se piense como uno tal *viviente* por sí mismo.

Si lo pensamos, entonces lo pensamos como pura vida, y su realidad, que en él no está separada [de él mismo], sino [sólo lo está] en nuestro pensamiento que mata, [la pensamos] como un ser quiescente, sólo en la forma de la vida y como vida, y absolutamente de ningún otro modo; y así debemos pensarlo, si lo pensamos correctamente.

Que ahora esta vida absoluta se manifiesta, no significa en modo alguno que se manifiesta y se refleja como una muerte; pues precisamente en este caso no se manifestaría ella, sino su opuesto absoluto; sino que ha de significar que se manifiesta como vida. Por tanto, la manifestación, tan cierto como que es manifestación de la vida, tiene que ser en sí misma una vida autónoma y absoluta: un *mediante*, sólo que no, como en el absoluto mismo, del *ser original*, sino de la manifestación y de la imagen. La manifestación *tiene* que ser esto, he dicho, según el manifestarse del absoluto en ella, por tanto [tiene que serlo] en él y como forma de su propio ser de él. Esta determinación corresponde entonces a la primera figura, simplemente en tanto que manifestación, y sólo ahora ella está completa.

¡Unifiquemos! Antes [hemos advertido]: la manifestación simplemente es, tal como Dios simplemente es, y jamás ha devenido. Así como ella es, Dios se manifiesta en ella tal como él es, sin devenir; por consiguiente, en

---

substantivándolo –*das Durch*–, hemos escogido, de entre todas esas traducciones, la de «mediante». Este *Durch* unifica una pluralidad de significaciones. Se refiere, por un lado, a la relación fundamentado-fundamento: lo primero es mediante –a causa de– lo segundo. Por otro lado, corresponde a lo que en la Doctrina de la Ciencia de 1804 Fichte llamó «punto de unión y de disyunción», lo que unifica y separa dos posiciones, esto es, lo que hay que *atravesar* para transitar de una a otra, lo que hay en *medio*. Por último, y en conexión con este segundo sentido, remite a la quintuplicidad, en concreto a sus términos tercero y cuarto: el paso de A y B y el paso de B a A. Parece que la preposición castellana «mediante» engloba del mejor modo todos estos sentidos.

[43] *[en el margen:]* NB.

ella tampoco hay devenir alguno, sino que todo en ella es manifestación. Pero ella no es esto en el ser objetivo, muerto y apartado, tal como nos pareció antes en virtud de nuestro pensamiento objetivo, sino que ella lo es como *vida*: por tanto, ella es una *imagen viviente* de Dios, terminada pura y simplemente de un solo golpe; y este ser imagen es su *ser interior*, tal como el ser interior *de Dios* es ser prototipo. Ella es esto simplemente en Dios y como forma de su ser real, en tanto que él mismo es lo que se manifiesta en ella. Ahí está la vida: y así pues 1) el concepto de manifestación puramente como tal está completado en el ser simple e interior de ella. 2) Se ha ganado en general la vida, la libertad, la autonomía; pero cómo, a partir de ello, queremos explicar lo que nos importa: un *automanifestarse*, es decir, un salirse fuera de sí misma, eso no puede aún vislumbrarse[.] Hay [aquí] una oposición estricta. (Toda muerte y quietud es resultado del pensamiento.[)][/11b]

¡[Queremos] considerarlo de modo preciso! Les invito a una investigación difícil, pero que, si se comprende correctamente, pone un punto final definitivo a toda oscuridad y a malcomprensiones y errores profundos.

De nuevo nos hemos enredado en una contradicción muy enmarañada, tanto que bien podría ser el vértice supremo de las dos contradicciones primeras; pero solucionándola, bien podríamos llegar por fin a un terreno firme.

La manifestación es, tal como ella es únicamente[,] la imagen *completa* del ser; además, esta manifestación no es una imagen muerta, sino *viviente*. ¿*Mediante* qué es ella todo esto? Hemos visto que puramente mediante el manifestarse divino. Lo puesto es entonces puramente el *mediante* de este manifestarse, y nada más. La *vida de la imagen* [es] vida del manifestarse divino.

Así pues, con el concepto expuesto no habíamos agotado completamente la esencia de la manifestación[,] y de aquí [surgió la] contradicción: pues el absoluto sólo puede manifestarse en una manifestación tal que tenga una vida *propia* y *autónoma*, un *mediante en* esa misma vida, [una manifestación] que pueda ser algo simplemente *mediante sí*. Lo que [la manifestación] era en nuestra descripción anterior, lo era mediante Dios y su manifestarse. Por consiguiente, hemos de añadir aún a la descripción que ella, además de lo que es mediante Dios, tiene todavía un *mediante sí misma*[44].

¿En qué se fundamenta esta afirmación? En que el absoluto no puede manifestarse de otro modo; por tanto: este mismo *mediante sí* de la manifestación es a su vez mediante *el manifestarse* de Dios. (Deseo que ustedes lo inteligan y lo adviertan en esta formulación. Más tarde extraeremos de ésta [intelecciones] más simples.)

---

[44] [en el margen:] [¡]Meramente acentuado el sentido[!]

Tras haber generado este concepto, ¿hasta dónde llega exactamente el *mediante absoluto* del manifestarse, que es deducible y tiene que deducirse por el pensamiento puro a partir del presupuesto de que el absoluto se manifiesta, y hasta dónde llega su límite? Vemos: llega hasta un absoluto *mediante sí de la manifestación*. ¡Pensado con tanto rigor, y nada más! Si ahora la manifestación, además, *deviniera* algo, ¿sería ella este algo también mediante el manifestarse del ser? Evidentemente no, sino que ella lo sería mediante sí, según su mediante sí en general, que ella, sin embargo, lo es mediante el manifestarse. Por tanto, aquel *mediante sí* de la manifestación, que es absolutamente mediante el manifestarse de Dios, es *meramente* una *pura potencia* de la manifestación: y hasta esta pura potencia llega el manifestarse de Dios, del ser de la manifestación en Dios, de la forma del ser divino; y aquí está su límite. Lo que se encuentra más allá de la *potencia*, y lo que hay en virtud de su actualización, no es inmediatamente mediante Dios, sino mediante la manifestación misma. Inmediatamente, digo: pues mediatamente, respecto de la potencia de realizar algo en general[,] es mediante Dios.

Aquí, en la manifestación misma, se halla entonces el importante punto de escisión y separación entre Dios y la manifestación, que de ordinario no se sopesa correctamente y que de este modo aboca a oscuridades y errores: el punto de la oposición suprema y absoluta. La manifestación es una pura potencia absoluta de creación real; y lo que ella es a partir de esta potencia no lo es mediante Dios, sino absolutamente mediante sí misma. Pero esta potencia absoluta de ser algo mediante sí misma, lo es mediante Dios[45]; él mismo la aparta [de sí haciéndola] *libre y autónoma*; y esto no acaso mediante un acto

---

[45] Potencia significa la mera capacidad de hacer algo, y, por consiguiente, también la mera capacidad de no hacerlo. En la noción de potencia no se dice si se va a actualizar o no: la potencia es la misma tanto si actúa como si no. La potencia, como mera capacidad para hacer algo o no hacerlo, es determinada enteramente por Dios, y también viene determinado por Dios qué es ese algo que la potencia podría hacer o no. Pero que, de hecho, la potencia lo haga o no lo haga, eso no está dicho en la noción de potencia, luego el hacerlo o no hacerlo no está determinado por Dios. Que la potencia se resuelva a hacerlo o a no hacerlo, depende únicamente de ella misma. En este sentido, pero sólo en este sentido dice Fichte que la potencia es engendradora de sí misma y que está dotada de una fuerza creadora. De otro modo, la libertad sería insostenible, y se desembocaría en un sistema como el spinoziano.

El término que hemos traducido como «potencia» es *Vermögen*. La «*Vollziehung des Vermögens*» lo hemos traducido como la «realización de la potencia», mejor que como «actualización de la potencia», por no introducir esta terminología aristotélica y tomista. Pero hay que tener en cuenta que la «realización de la potencia» no significa la constitución de la potencia como potencia, pues en este sentido ella es enteramente mediante Dios y no puede constituirse a sí misma. «Realización de la potencia» significa que la potencia pone en acto su capacidad de obrar, del mismo modo que podría mantenerla reprimida, sin que ello afectara en absoluto a su carácter de potencia.

Para la comprensión de la obra entera, hay que tener siempre presente que la potencia es el carácter de la manifestación: la manifestación es potencia.

de arbitrio, pues actos tales como una automodificación o un devenir no pueden afirmarse del absoluto, sino según la necesidad de su esencia formal, que, siendo ella misma pura vida, no puede manifestarse ni se manifestaría en lo muerto y constreñido, sino sólo en lo que es en sí mismo viviente[46,47].

Tan lejos[,] he dicho, alcanza la deducción en el concepto a partir del presupuesto del manifestarse de Dios. Este manifestarse se evidencia como determinado por una ley necesaria, y de él hay un concepto completo. ¿Cómo, a partir de la *potencia*? ¿Se realiza ésta o no se realiza? Acerca de eso el concepto no dice nada; más bien pertenece a su esencia el no consentir respuesta alguna a ello, pues él habla de una pura potencia para realizarse o no. Caso de que se realizara, y acaso podría realizarse de un modo múltiple, ¿*cómo*, de cuál de estos múltiples modos se realiza? Acerca de ello el concepto no es capaz en modo alguno de declarar nada [/12a]. Ambos son puro factum, es decir, no tienen un fundamento último y completo: simplemente se realiza si es que se realiza; simplemente se realiza tal como se realiza. No [tiene] un fundamento último y completo, [pero] sí un *fundamento de su posibilidad*: la potencia misma; pero este fundamento, sin embargo, no alcanza hasta el factum. Aquí se trata de la esfera de la efectividad; a saber, efectivo es aquello que, sin fundamento último, simplemente es y es tal como es, que es entonces mediante la libertad. ¿Cómo debe obtenerse ahora información para aquella pregunta? Evidentemente, sólo en la medida en que el factum se manifiesta a sí mismo: por tanto fácticamente; y así pues es claro, y en adelante no causará escándalo, que nosotros, más allá de la potencia y respecto de sus productos[,] nos vemos remitidos exclusivamente a la percepción fáctica, y la D[octrina de la] C[iencia], como un pensamiento puro, dentro de este ámbito permanece problemática.

---

[46] [en el margen inferior:] Aquí está la demostración de la libertad en general. Pero también sólo así puede desarrollarse.

[47] [en el margen:] La pone necesariamente libre. [Esto] podría ser la manifestación, aún no la D[octrina de la] C[iencia].

Viernes, 15 de febrero

Todo esto acerca de la forma de este independiente mediante sí de la manifestación. ¡Ahora, a la pregunta que es también importante, y más importante aún si cabe, acerca del contenido! Una potencia: ¿una potencia para qué?

Ante todo: evidentemente, con esta potencia se expresa una *potencia de la manifestación para devenir* en lo que no es, una génesis absoluta de ella, una fuerza creadora de una esfera absolutamente nueva y no dada [hasta ahora]. Pues según lo anterior, la manifestación *es* mediante el manifestarse de Dios en ella, y este ser suyo está determinado total y absolutamente; e incluso la potencia, pensada puramente como tal, pertenece a este ser. Pero, ahora, la *realización de la potencia* alcanza más allá de este ser. Lo que puede ser por la potencia, puede ser o también no ser, pues la potencia puede realizarse o no. Si se realiza, entonces es lo que asimismo podría no ser, lo que, con independencia de su realización, no era: por consiguiente, algo del no ser *ha pasado al ser:* ha devenido algo. La potencia [es] potencia simplemente para devenir[48].

¿En qué puede devenir ahora ella [sc. la manifestación] mediante la potencia? ¿Cuál es la esfera de su creación? Evidentemente, no lo que ella *es* mediante el manifestarse de Dios, pues en esto no puede devenir en absoluto, sino que lo es absolutamente tal como Dios lo es absolutamente: en tan poca medida puede tampoco aniquilarlo [sc. lo que la manifestación es mediante Dios], pues también esto sería un devenir en no ser de aquello que es; ni siquiera puede devenir en la potencia absoluta para devenir, ni aniquilar ésta, pues también esto reside en el ser. Por tanto, [ella sólo puede] devenir algo enteramente nuevo que no se halla en absoluto dentro de aquella esfera del ser.

¡Adviértase atentamente! Con anterioridad a la realización de la potencia, todo [es] absolutamente necesario, terminado bajo un presupuesto –que en cambio es sólo fáctico–, por encima de todo devenir y toda modificación: lo que jamás entra tampoco en el círculo del cambio. [Pero] a partir [de la realización de la potencia se abre] una esfera absolutamente nueva, no puesta por lo primero, que surge del no ser. *De qué modo en particular*

---

[48] Como la potencia es la misma tanto si se actualiza como si no, una actualización efectiva suya aporta algo que antes no había dado, y es por tanto un devenir del no ser al ser. La cuestión que se plantea entonces, y de la cual se ocuparán los desarrollos posteriores, es qué tipo de ser conviene al producto de la potencia, puesto que, según el primer presupuesto, «fuera de Dios nada es». Y la respuesta dirá: como la potencia misma no es propiamente un ser, sino sólo una segunda forma del ser divino, y en concreto la forma de la manifestación, su producto vendrá a ser una tercera forma de la segunda forma, esto es, una manifestación de la manifestación.

es aquello primero, puesto que, sin embargo, fácticamente no es, tiene que mostrarse luego. Ahora vemos sólo que es, y que se *eleva* más allá de todo devenir o haber devenido.

Ahora bien, ¿qué es esta esfera de lo absolutamente nuevo, que sólo es por medio de la realización de la potencia, y que sin ésta y con independencia de ésta no es? La *manifestación* tiene una potencia para ser y devenir en algo por sí misma, para engendrarse simplemente en algo nuevo. *Ella* la tiene; pero, *según la forma* (de ésta ante todo hablo aquí) ella no puede engendrar de sí algo que ella no sea en sí misma. Pero ella es *manifestación*: por tanto, el producto de su potencia no puede ser otra cosa que únicamente manifestación o imagen. Eso sería lo primero.

Ella *es* imagen, hemos dicho[,] simplemente por el manifestarse de Dios en ella; pero *en la medida* en que ella es, no puede *devenir*: de este ser-imagen no se habla por tanto en el producto de la libertad./ Si a éste se le llama esquema 1, el producto es él mismo un esquema del esquema primero, y por tanto un esquema 2. Esto hay que comprenderlo, y no es en modo alguno una sutileza insignificante, sino que comprenderlo es de la más decisiva importancia para la intelección de la esencia del saber. Según la exposición anterior, la manifestación, simplemente por su ser en Dios, es su imagen viviente, vida de su imagen; a ésta se suma ahora una potencia de ser algo por sí misma; pero en la medida en que esta potencia descansa y no se manifiesta en resultado alguno, la manifestación es justa y meramente aquella imagen inmediata de Dios, y nada más. Supóngase ahora que esta potencia se vuelve activa: entonces la vida de la manifesta[/12b]ción se arroja justamente a la actividad, y ya no está en la imagen original, sino que, en ésta, ha muerto. Esta [vida de la manifestación] se vuelve ahora una semilla y una raíz quiescente y substancial, sin vida, que se ha arrojado a la realización de la potencia. Ahora, esta realización, o esta nueva vida que entra en lugar de la primera, configura, y en concreto reproduce su propio ser, reproduce por tanto aquel *esquema originario*[49]; y hay entonces un esquema 2. El esquema 1 ha obtenido un ser estático, quiescente y debilitado, merced a que se ha esquematizado en un esquema 2. En el esquematizar, lo propiamente esquematizado se debilita. Esto es siempre una vida. [Esto es] un principio general que tiene aquí su origen.

Como explicación: tal como el esquema 1[,] el manifestarse de Dios mediante sí mismo, se comporta respecto del ser interior divino, así se

---

[49] Ya se ha explicado el sentido de *Bild* como «imagen consistente». El verbo *Bilden* se ha traducido como «configurar». Ahora aparece, además, el verbo *Abbilden*, «retratar, imitar, copiar». Aquí se ha traducido como «reproducir», para destacar que su producto es una manifestación en segunda potencia, una manifestación de la manifestación, o una configuración de la configuración: re-producir.

comporta el esquema 2 respecto del esquema 1. En el esquema 1 no hay nada en absoluto del ser interior de Dios como tal, sino que éste permanece en él, y en tal medida, según la forma, desaparece por entero en el manifestarse. Realizando ahora la manifestación su potencia enteramente específica, este mismo esquema 1 deviene ahora un ser, y un *ser interior* de la manifestación (según lo hemos llamado). Como esquema 2, nada de este nuevo ser de la manifestación entra en esta *forma del ser*, sino que se disuelve hasta la raíz de su esencia en el mero manifestarse de éste. Por tanto –para añadir y reforzar esto ahora–, la manifestación, en el sentido en el cual habla de ella la D[octrina de la] C[iencia], y tal como esta ciencia la considerará y analizará, la manifestación efectivamente presente, *es*; tiene su fundamento suprasensible fijo y determinado por encima de todo devenir y todo cambio, como ser absolutamente mediante Dios y en Dios, y este ser subyace inalterablemente por toda la eternidad como fundamento de la expresión de su potencia. (Pero no entra jamás en la manifestación [como] siendo en ella.) La esfera de la nueva creación mediante la potencia es entonces una imagen de la manifestación original misma. Ella se reproduce y se representa en una imagen. ¿De dónde esta imagen, caso de que sea? [¿Cuál es el fundamento] de su presencia? A partir de la realización de la potencia. Su ser, caso de que sea, es un factum y absolutamente nada más. ¿[A qué es debido] que la libertad *engendre* justamente una *imagen*? A que es libertad de la manifestación: que por consiguiente, caso de que ella se realice, [surja] una imagen [de la manifestación], no es asunto de la libertad, como si pudiera ser igualmente de otro modo, sino que esto es algo enteramente necesario, y procede de la esencia de la manifestación misma. Finalmente, ¿a qué se debe que ella no realice otra imagen sino la de sí misma? A que ella no puede configurar sino lo que ella es de hecho en el configurar, de igual modo que en el esquema 1 Dios no podía configurar sino a sí mismo. El configurar es precisamente reproducción necesaria del ser de *lo configurante* en el configurar[50], y justo así se vinculan el ser y su imagen. Esto tampoco [es] entonces asunto de la libertad, sino de la necesidad. De la libertad [procede] meramente el factum: el hecho de que es, pero en modo alguno lo que es.

Todo esto acerca de la forma de esta nueva imagen, este esquema 2. Ahora, sobre el contenido. La manifestación se esquematiza a sí misma; todo esto es claro, ¿pero qué hay en este sí mismo, y por lo tanto en la imagen? Ante todo[:] ¿qué no? La *realización de la libertad* es ella misma y de modo inmediato el configurar, y se identifica con él. Por consiguiente, esta misma realización y la manifestación como lo realizante no pueden apare-

---

[50] [en el margen:] El configurar es inmediatamente reproducción del ser de lo configurante en el configurar./ Esta proposición se volverá más adelante altamente significativa.

cer en la imagen de la cual hablamos. Esto sería asimismo[,] según se evidencia de inmediato, un esquema 3. En nuestro proceder actual aparece en efecto tal imagen y esquema 3. De dónde pueda venir éste, preferimos mostrarlo en otro lugar, aquí no viene al caso. La realización puede manifestarse en tan poca medida como, en el manifestarse absoluto de Dios o esquema 1, podía [Dios mismo] manifestarse como lo manifestante. En nuestro proceder se nos manifiesta así: por qué[, de eso trataremos] en otro momento. ¿Qué sucede *ahora*? ¡La manifestación es *vida*!, hemos dicho. Tiene entonces que esquematizarse justamente como [/15a] vida, y como vida propia de la manifestación (por tanto, según la *forma* de un Yo; un auténtico Yo no aparece aquí todavía). Como vida *absoluta y última*, justamente desde sí, por sí y mediante sí. Pero la manifestación no es vida de modo absoluto, sino que es *vida de la imagen*. Por consiguiente, tendría que ser puesta de un solo golpe como configurante, como *engendrando algo*, pero no como *pura vida*, sino mostrándose como vida en un producto, y este producto, como [estando] ahí únicamente mediante su vida. [Así sucede] originalmente en ambos. [Hoy llegamos] hasta aquí, y no seguimos adelante, para concluir con algo general.

Buscábamos un lugar para la multiplicidad y la *deducción*. La potencia absoluta, o no se realiza, o sale y se realiza. En este último caso es imagen de la imagen. Esto es sencillamente *lo mismo*. ¿Por qué no también esquema 2? La escisión no [existe] inmediatamente. Pero con la realización [surge] una *dualidad*; y entonces, juntamente con esto, también la [configuración] de un esquema 3. Por consiguiente, el principio de la división debería hallarse en la posibilidad de realización de la potencia. *Potencia*... imagen *de sí* misma. En ello permanecerá. [Hay aquí una] unidad absoluta del principio. Ahora bien, esta imagen tendría que poder realizarse, [pero] no *de una vez*, [sino, y] por tanto, según leyes, y la potencia [tendría que poder] estar limitada[51]. Estas leyes [operan] una deducción. El factum permanece.

---

[51] La manifestación primera o esquema 1 es la exposición de todo el ser divino. Como el ser divino es uno, en él no hay devenir; luego, por consiguiente, la manifestación primera es única y tampoco encierra cambio: lo que ella expone, lo expone de una vez por todas, «de un solo golpe». Pero conocemos por experiencia el hecho de que existe una multiplicidad. ¿De dónde procede ésta? Como tal multiplicidad, no puede ser ni el ser divino ni tampoco la primera manifestación: ha de ser una segunda manifestación o esquema 2. Razonándolo a la inversa: se afirma la existencia de una manifestación de la manifestación, de un esquema 2. ¿En qué puede consistir ésta? Si fuera una exposición simultánea y de un solo golpe de toda la manifestación primera, y puesto que, al igual que ésta, existe según la forma de la manifestación –propiamente no *es*–, ambas manifestaciones, primera y segunda, serían indiscernibles, y nada autorizaría a hablar de la existencia fáctica de dos manifestaciones en vez de una sola. Para poder distinguir la manifestación segunda de la primera, y puesto que la primera es única y simultánea, la segunda manifestación ha de ser parcial, o bien, puede exponer de nuevo toda la manifestación primera, pero no simultáneamente y de un solo golpe, sino según un proceso indefi-

El lugar [está] entonces señalado[, una] nueva esfera. Pregunta: ¿cómo puede la potencia realizar una imagen de sí misma? [Buscamos] la contestación completa de esta pregunta: ¿Qué es [el saber], qué [es la] D[octrina de la] C[iencia]? A [es] la manifestación en el caso de que ella realice su potencia: A [y b. c. d., así], por tanto [b. c. d.]

Lunes, 18 de febrero

Que la D[octrina de la] C[iencia] no les ha invitado a un entretenimiento trivial y a una mera repetición de lo antiguo y conocido desde hace largo tiempo, sino que aquí debe adoctrinarse en efecto algo nuevo que jamás se ha pensado ni se ha expresado de tal modo antes de la D[octrina de la] C[iencia], les es a ustedes ya harto conocido; ustedes lo aguardan, y ustedes mismos estarían altamente descontentos si se vieran defraudados en esta expectativa. Que tal [asunto] nuevo tendrá sus dificultades, que precisará de la enérgica concentración de todas las potencias del espíritu y de la posesión de éstas en una medida no corriente, lo aguardan ustedes igualmente.

Hasta ahora la cosa ha discurrido hacia adelante con facilidad y todavía sin obstáculos. Hay en absoluto sólo un ser: sólo uno es el absoluto, Dios; y su ser nunca sale de él y permanece eternamente en él mismo. Y de este modo nada en absoluto habría salvo él, tal como de hecho nada *es* salvo él. Pero él *se manifiesta* puramente, y este factum se revela y se confirma absolutamente sólo como factum. Este manifestarse suyo no es ahora ningún ser distinto y particular fuera de él, sino que es siempre sólo *su* ser, [sólo que] en otra forma[:] la del manifestarse; él *es* lo que ahí se manifies-

---

nido. Por eso, el tránsito de la manifestación primera a la segunda da lugar al tiempo. Por otro lado, para que la manifestación segunda sea parcial, o cuanto menos no simultánea, tiene que haber algo que obstaculice su exposición plena, tiene que topar en su manifestarse con un obstáculo. Por eso dice Fichte que la potencia «tiene que poder [...] estar limitada». «Tiene que poder» significa aquí que no tiene por qué estar limitada, en el sentido de que la manifestación primera no está forzada a realizar una manifestación segunda. Si realiza la manifestación segunda, tiene que estar limitada, pero como puede realizarla de igual modo que puede no realizarla, no tiene por qué estar limitada, pero sí tiene que poder estarlo. Sin embargo, la manifestación segunda, plural y temporal, aunque fácticamente es libre, no acontece de modo contingente, sino sujeta a ciertas leyes determinadas. También en esto se evidencia que es un reflejo de la manifestación primera: la manifestación primera puede realizar esta segunda manifestación o no realizarla, y esto depende de su arbitrio, pero si la realiza, ha de atenerse a leyes precisas.

ta. Pero jamás hay en sentido alguno, ni en la primera ni en la segunda forma, un ser fuera de Dios.

Pero si consideramos la cosa más de cerca, encontramos que Dios, como vida pura, no puede manifestarse sino en una manifestación igualmente viviente en sí, que es aquí *un mediante sí*: el cual, en oposición con aquel ser de Dios, no puede ser en sí sino una potencia absoluta de ser algo mediante sí.

Hay dos casos: o bien esta potencia absoluta no se realiza, o bien se realiza. En el primer caso sigue todavía sin haber nunca ser alguno fuera de Dios. En el segundo caso, *lo hay*: justamente el producto *de la realización* de esta potencia, el cual no es inmediatamente mediante el manifestarse de Dios, si bien, mediatamente, sí es mediante aquél: a saber, es posible merced a aquél. [Aquí hay] una esfera nueva del ser engendrada pura y simplemente de la nada, un mundo fuera de Dios completamente nuevo; aun[/15b]que, en cuanto a su posibilidad, esté fundado en él.

¿Qué puede ser este producto, esta nueva esfera, caso de que haya una tal? No otra cosa que manifestación; y a saber, no en el sentido en el cual ésta ya es, el manifestarse absoluto de Dios, pues éste es, y no deviene; sino nuevamente manifestación e imagen de este manifestarse. Relacionándose con éste como [lo hace] éste con el ser interior de Dios[:] esquema 2, igual que aquél [es] esquema 1.

Éste [es] ahora *un ser fuera de* Dios. Por éste preguntamos, y por esta pregunta surgió justamente la D[octrina de la] C[iencia]. Está resuelta. Todo lo que hay fuera de Dios, por ejemplo nosotros mismos, y lo que existe para nosotros, es esto, manifestación de la manifestación absoluta de Dios, y absolutamente nada más. En eso quedará irreversiblemente. Es una gran ganancia el tener un concepto, y uno fijo y absolutamente determinado, y ponerlo como fundamento, según hacemos nosotros aquí; [tengo que] exhortarles a creernos y a advertirlo.

([Echemos] un vistazo a otros sistemas: según ellos, el saber (que es sin duda también de lo que hablamos, y que es aquello como lo cual contemplaremos el esquema 2, quizá mediante otras determinaciones posteriores) debe ser una *reproducción del ser*[52]. Justamente así lo decimos nosotros. Sólo que, ¿cómo se realiza, pues, esta imagen? ¿No debe aparecer una [imagen primera] tal que no sea el ser y que proyecte semejante imagen [segunda]? Estos sistemas, ¿han pensado en general esta pregunta a

---

[52] «*Abbild des Seyns*». Fichte emplea, pues, aquí los términos *Bild* y *Abbild*, «imagen» y «reproducción», para referirse respectivamente a las manifestaciones primera y segunda. Esta correspondencia, sin embargo, no es general. En su conjunto, vale que con «imagen» se designa la manifestación en general y en cualquiera de sus potencias, y con «reproducción» la manifestación segunda.

fondo? No, el ser tiene él mismo que manifestarse; ¿y qué podría ser esto? Sólo el absoluto viviente en sí mismo. El *ser* puede aparecer en la manifestación; pero en modo alguno *la manifestación*, que nada sería sino esto, puede entrar en el ser y transformarse en ser. También esta pregunta está descartada para siempre; y la respuesta les procurará una comprensión firme frente a toda duda y confusión.)

Esto hemos obtenido: Manifestación de la manifestación = esquema 2; pero, ¿[es eso] todo? ¿[Es] eso hacia donde partimos? Fácticamente aparece una pluralidad múltiple, más aún, infinita. ¿Reside esta pluralidad en nuestra deducción? No; procediendo rectamente, en ella reside la *simplicidad*. ¡Requerimos entonces de un nuevo principio, que en absoluto se encuentra en lo anterior, para esta división! En este punto nos mantenemos a partir de ahora: y sea fijado esto en adelante.

Parece que aquí en la explicación hay dos caminos en los que adentrarnos. O bien se parte del factum de la multiplicidad, en la que se pone fe, y se busca una unidad para esta multiplicidad. Por este camino resultará de suyo, y casi necesariamente, la captación fáctica de la multiplicidad no meramente como multiplicidad en general, sino, además de esto, su captación asimismo respecto de su determinación, todo ello fácticamente, para poder demostrar por inducción que la unidad puesta por hipótesis es en efecto la [unidad] para *esta* multiplicidad. O bien –el camino inverso–, se parte de la unidad que se tendría *que tener entonces por vía de deducción*, justamente mediante la continuación de la serie comenzada y seguida hasta el esquema 2, y a partir de ella se deduce como necesaria una multiplicidad tal/ donde el factum como factum no entra en absoluto en discusión[53].

---

[53] Ambas vías son, respectivamente, la inductiva y la deductiva. Son sendos intentos de vincular una multiplicidad en una unidad. La vía inductiva, característica de las ciencias particulares (al menos modernas), parte primero del hecho, conocido por la experiencia, de la existencia de una pluralidad de elementos; luego, propone una unidad que los abarque a todos: esto se llama hipótesis; por último, verifica experimentalmente si todos los elementos plurales quedan comprendidos bajo aquella unidad y si no hay acaso otros elementos que igualmente podrían ser subsumidos bajo ella: si ambas condiciones se cumplen, la hipótesis es correcta; si no, hay que buscar una nueva hipótesis. En la vía inductiva se recurre por tanto a la experiencia en dos momentos: el primero y el tercero. En la vía deductiva, que es la propiamente trascendental y la peculiar de la Doctrina de la Ciencia, se parte primero de un concepto, siendo irrelevante la correspondencia con él de una realidad extramental o, dicho de un modo más general, siendo irrelevante la existencia de dicho concepto. Y luego, mediante una deducción sistemática, se explicitan todas las determinaciones que el concepto encierra. La vía deductiva tiene por tanto dos momentos: establecimiento de un concepto y deducción de sus determinaciones, y en ninguno de estos dos momentos se apela a la experiencia. Sobre este tema, véase «*Die wissenschaftliche Naturerklärung*», en Reinhard LAUTH, *Die transzendentale Naturlehre Fichtes nach den Prinzipien der Wissenschaftslehre*, Felix Meiner Verlag, Hamburgo, 1984, pp. 71-74.

Que por ambos caminos se alcanzará el conocimiento pretendido, es bien claro. Pero, por lo demás, ¿qué carácter tienen? Evidentemente es el último el puramente científico, el que ya [hay que emprender] por mor de la forma de la c[iencia;] pero, por el mismo motivo, es igualmente el que genera y engendra la claridad superior, y de este modo el más fácil para aquel que quiera y pueda trabajar. Las mayores dificultades que encierra son *subjetivas*: el desconocimiento de los conceptos que ahí se exponen, la sutileza de las diferenciaciones que ahí se exige, la elevada atención y concentración de los que se requiere, si es que debe llegarse a la autointuición pretendida.

Por todos estos motivos, pienso mantenerlo así: seguiré en la totalidad [de la explicación], y como la regla que me es trazada de fondo, este último camino de la deducción; en la conclusión del asunto se lo mostraré de un modo enteramente puro, y les proveeré incluso de una visión general tabularia de esta deducción. Pero comenzaré, en apariencia fuera de la serie estricta [de la deducción], o al menos sin demostrar la secuencia estricta [de la deducción,] destacando y explicando especialmente las partes más importantes y desconocidas [/16a] de la síntesis que hay que aportar mediante la deducción.

Una síntesis, digo, la unidad (en el principio) de una multiplicidad (en la manifestación[)], en concreto un período sintético muy fecundo y, según parece, muy enmarañado. Reflexionen: si a alguien que no está familiarizado en absoluto con tales investigaciones se le planteara la tarea de concebir como una unidad y de reconducir a una unidad todo cuanto desde siempre ha acontecido en la conciencia y todo cuanto por toda la eternidad acontecerá en ella, y, a saber, no acaso en apariencia, dejando de lado la multiplicidad, sino efectivamente y de hecho, haciéndola valer efectivamente y explicándola rectamente, sin duda que uno tal se espantaría ante tamaña tarea: y sin embargo ésta es exactamente la nuestra. [Sea] dado *históricamente* [el camino]: la manifestación de la manifestación = el saber, permaneciendo *un* saber y *sin perder jamás* su conexión interna, se divide en dos formas fundamentales: según una de ellas se divide hasta el infinito, y según la otra en una quintuplicidad. Pero toda la infinitud se extiende sobre lo quíntuple, y lo quíntuple se extiende a su vez sobre la *infinitud*: por lo tanto, siempre y en cada momento del saber, para comprenderla [sc. su conexión], hay que tener presente la *doble ley que se determina recíprocamente*, y la unidad de la que. ésta procede en su dualidad original. El punto de unidad, captado en una intuición fija, punto a partir del cual se desarrolla por sí misma esta multiplicidad, es lo único que buscamos y lo único que tiene que tener, más aún, incluso que *ser*, todo aquel que quiera gloriarse de poseer la D[octrina de la] C[iencia]. Pero incluso este asunto aún puede despacharse hasta cierto punto con el pensamiento. Las distinciones que ahí aparecen son distinciones del esquematismo, maneras distintas, y éstas aún pueden caracterizarse bien mediante el pensamiento; y de una exposición clara de la D[octrina de la] C[iencia] cabe exigir que [capte toda esta diversidad con el pensamiento,] tal como yo lo exijo de mi exposición. Queda aún otra tarea[:] para la intuición pura. El saber mismo, en su forma pura, tal como nosotros lo somos y vivimos siempre, saber que precisamente porque es *saber* no sabe a su vez de sí mismo y que por tanto aparece en este momento como un saber enteramente simple, que no se puede explicar ni describir más allá, en esta forma absoluta[,] digo, y sin relación alguna a la diversidad de su contenido, mediante esta síntesis se descompone y se disuelve en sus partes componentes, partes componentes que en todo caso pueden caracterizarse todavía mediante el pensamiento; se descompone, digo, y a partir de la *descomposición* se *compone* de nuevo mediante una *intuición sintetizante*.

Ahora bien, en esta intuición, todo aquel que la tenga tiene que *advertir* que esto que surge de ella [es] justamente saber, precisamente aquel mismo saber que [conocemos] sólo de la vida en la intuición. El saber, en su forma absoluta, se genera a sí mismo y presencia esta generación en sí mismo. Ahora bien, para el hombre natural esta intuición es lo más antinatural, porque se dirige contra la raíz de su ser anterior y lo disuelve. Por eso es difícil [obtenerla;] pero justo en eso consiste la esencia de la D[octrina de la] C[iencia][,] su verdadera unidad, su intuición propia y característica.

Así de significativo es nuestro próximo asunto. Es por tanto necesario que nos sirvamos de todas las ventajas que la elección del proceso nos ofrece.

[/16b]
Martes, 19 de febrero

1) ¿Dónde estamos? [En la explicación de la] *potencia.* Res[umen:] manifestación de la manifestación. Tengo aún que añadir y recalcar[: ella es] *imagen.* ¿Cómo se aprende esto? ¿Acaso esta imagen se compone a partir de materiales dados? ¿Acaso nosotros podemos componerla a partir de tales materiales y según ellos? ¡Ni pensarlo! La potencia que existe simplemente en Dios y como forma del ser divino es absolutamente *configurante*: su realizarse es justamente por sí mismo una imagen. 2) Es bien claro: esta *imagen* se da sólo en *el configurar*, sostenida y portada por éste[54]; si el configurar se retirara, entonces aquélla se desvanecería ciertamente de nuevo en su nada. *Es sólo* en la medida en que la *potencia* es efectivamente y de hecho y en la medida en que lo configurante permanece en él. La forma de la proposición [es] ya conocida por la percepción interior. Aquí [se ha hablado] en general.

Tarea: [conocer el] *principio de la división* a partir de la unidad absoluta. Ya he confesado que no soy capaz de llevar esto a la comprensión de ustedes. Consideren ustedes entonces todo lo que yo diga a partir de ahora, mientras no me explique de otro modo, como elementos a partir de los cuales compongo ante sus ojos este *principio* (principio, digo, no otra cosa), para hacérselo comprensible a ustedes. [Sea] esto fijado y comprendido de esta manera. Y esto basta por ahora. Sobre lo que acaso pueda reflexionar aún éste o aquél me pronunciaré en el momento oportuno.

Emprendo de nuevo el camino de la deducción. [Sobre la] *forma*[:] se mostrará que el punto de captación en la deducción no es completo y abarcador; si lo fuera, estaríamos ahora en el método estricto.

---

[54] Ténganse presentes los términos que traducen «imagen» y «configurar»: «Dieses *Bild* ist nur *im Bilden*».

Digo: merced a lo dicho hasta aquí, hemos caído en una nueva contradicción. Reflexionen: tan pronto como se realiza la ahora ya harto descrita potencia de la manifestación, surge ya una imagen, justamente de la manifestación, tal como ésta es. Esquema 2. *En esta imagen de la imagen se disuelve ahora la potencia*, y ahí está plenamente agotada y encerrada. Fijen este estado: y ahora el opuesto: pero la manifestación debería ser en cambio *manifestación del absoluto*; bajo este presupuesto hemos dicho todo lo que [hemos expuesto;] y si esto no es claro, entonces no hemos dicho nada. ¿Qué sucede ahora a su vez y a este respecto con el esquema 2 descrito? ¿Se manifiesta el absoluto *en él* o no se manifiesta? *Les propongo esta cuestión* para que la respondan por sí mismos; pero no se apresuren; en la palabra *manifiesta* se encierra un doble sentido, similar al que ya tuvimos antes; y ustedes pueden decir tanto sí como no, ambos son correctos, sólo que en un sentido doble. *Sí*. El ser de la manifestación se manifiesta; ahora la manifestación no es otra cosa que la manifestación de Dios; ésta misma se manifiesta, pues, en la imagen. Ella, la manifestación de Dios, es el *factor determinante de la imagen estática*; y el factor de aquélla es a su vez el ser interior de Dios[;] y así el absoluto se manifiesta de nuevo en esta imagen. No hay, pues, *nada configurado*, nada yace a la base de la imagen como prototipo sino la manifestación, el esquema 1. Éste es, pues, manifestación de Dios. Por tanto, ella es mediatamente aquél. En ella se manifiesta el absoluto. Pongámonos en el otro lado del *no*, y comencemos así: *que* esto es tal como dijimos, lo *inteligimos*: contemplamos de fondo el esquema 1 como él mismo reproducido, y en él, el ser absoluto. Cómo somos capaces de esto, puede indicarlo una investigación importante, que ahora podemos dejar al margen. [¡Veamos] *nosotros* [esto!] ¿Es esto también así en nuestro esquema 2 que hemos descrito? ¡Para la visión inmediata que se les exige a ustedes, absolutamente no! Esto es una imagen enteramente simple, cerrada y reducida a sí misma, en la que no hay nada más que ella misma, la imagen. En ella ni siquiera se vuelve visible ni reproducido que es una *imagen de la manifestación*; sino que en sí misma es justamente imagen de *nada*, y ni siquiera *imagen*, pues no hay ninguna oposición [/17a] en ella: ¿cómo podría, pues, estar reproducido y ser visible para ella lo que es muy superior, que ella es imagen de Dios? Así [es] en este último sentido.

1) ¡Ante todo, captemos estrictamente y en una fórmula determinada la diferencia de significado que se acaba de hacer en las proposiciones: en el esquema 2 se manifiesta de hecho el ser absoluto; en el esquema 2 no se manifiesta el ser absoluto! (Que todas las distinciones que aquí hacemos son altamente importantes y decisivas, y que se presentan siempre hasta sus consecuencias más importantes, no necesito recordarlo.) En efecto, se manifiesta *implícitamente* y como factor *invisible* del esquema 2: pero no se

manifiesta explícita y expresamente: no se manifiesta *que* se manifiesta: no se manifiesta *como* tal. ¡Atengámonos a esta expresión, a este *como*! (La [palabra] «*como*» no sirve de nada, sino la intelección que ojalá ustedes hayan ganado ahora, cuando hicimos surgir la diferencia ante sus ojos; enlacen ustedes ahora ésta con el *como*.[)] Éste [es] el resultado acerca de la pregunta planteada: ¿se manifiesta el absoluto en el esquema 2?

Parece que ahora podríamos poner manos a la obra de un doble modo.

[1)] Nosotros, la D[octrina de la] C[iencia], en nuestro asunto que acabamos de realizar, inteligimos, según también se advirtió, que en el esquema 2 se manifiesta el absoluto; se nos manifestó *como* tal; eso es por tanto un factum. Pero nosotros somos la manifestación y la manifestación de la manifestación: por tanto, en ella se manifiesta el ser absoluto como tal, según este *factum*. ¿Cómo es posible este factum para la D[octrina de la] C[iencia], qué presupone? ¡Ascendamos desde el factum hasta el principio! [Pero entonces nos encaminamos] demasiado pronto hacia el factum; por eso [esta vía no es] científica.

2) O bien, ignoramos este factum (lo hemos traído aquí a colación sólo provisionalmente como medio auxiliar del entendimiento) y tratamos ya de buscar un principio, y así nos mantenemos en el camino de la deducción.

Principio es *el concepto de una ley*, en virtud de la cual se sigue necesariamente esto y esto; y sólo a partir de una ley tal es posible la deducción. Así, a partir del presupuesto de que el absoluto se manifiesta hemos descendido deductivamente hasta una potencia independiente y absoluta en la manifestación misma. A partir de este punto, y dentro de la esfera que éste perfila, nos hemos ocupado de la libertad: ésta no puede ponerse bajo ninguna ley de la necesidad[55] sin anularse; pero hay en cambio una ley para la libertad, un *debe* [56]. En esta esfera, lo único que podríamos pensar como principio es este debe.

---

[55] [en el margen inferior:] bajo ningún *tiene que*[.]

[56] El «debe» es la expresión de «una ley para la libertad». No es, pues, ni pura necesidad, por entrar en juego la libertad, ni pura contingencia, por tratarse de una libertad sujeta a una ley. Se trata de una síntesis de necesidad y libertad o, según una terminología recogida por Kant, una síntesis de hipoteticidad y categoricidad, esto es, una *problematicidad*. Esta problematicidad posee una dimensión teórica y una dimensión práctica. La problematicidad en su dimensión teórica es una necesidad dependiente de una hipótesis. He aquí la peculiar argumentación de Fichte: «si..., entonces tiene que...». El idioma alemán, tal como brindara a Hegel el verbo *aufheben*, así ha asistido a Fichte entregándole la característica construcción, no permitida en otra lengua, del condicional con el verbo «deber», *sollen*, en su empleo en subjuntivo: «*sollte..., dann muß...*». Pero la hipótesis, lo expresado mediante la conjunción «si», ¿es real o no? Eso no lo puede decretar el mero pensamiento, y únicamente puede confirmarse mediante una observación o una intuición efectiva, es decir, es un mero factum: Ésta [es] la problematicidad fáctica de la D[octrina de la] C[iencia], que sólo mediante el factum mismo se eleva a categoricidad». Esto es, pues, lo que cabe llamar el uso teórico del deber con valor problemático. Su uso práctico, en oposición a la necesidad incontestable del «tener que», *müssen*, es el de un llamamiento, *Bestimmung*, cuyo cumplimiento depende de mi libre aceptación.

Y así, pues, tendría que establecerse la proposición: supuesto que el absoluto debiera manifestarse *como* tal (se entiende que manifestarse en el segundo sentido del significado de la palabra[,] dentro de la manifestación de la manifestación, por tanto mediante la potencia absolutamente libre, debido a lo cual nos hemos servido meramente de un *debe*), ¿qué se seguiría de ahí? De esta manera tendríamos un punto de apoyo para una deducción posterior.

Ésta es ahora la vía científica; por eso queremos seguirla.

Dos advertencias: 1) Supuesto que *debiera*[, decimos]; por tanto, sólo problemáticamente; [éste es] sólo un pensamiento posible con el que queremos probar provisionalmente lo que resulta de él. ¿Se transformará ahora esta forma problemática en categórica? ¿Y cómo? Pienso que así: si ahora se encuentra en la percepción todo lo que tendría que estar según el presupuesto de tal debe, entonces la manifestación tiene que *deber*. Ésta [es] la problematicidad fáctica de la D[octrina de la] C[iencia], que sólo mediante el factum mismo se eleva a categoricidad, y que, por medio de ejemplos, a ustedes se les volverá cada vez más habitual y libre de sospecha.

2) No quiero dejar pasar este pasaje en su contexto recién expuesto, en el que con pocas palabras puedo hacer claro como la luz del sol el concepto altamente importante del *debe*, que en su verdadera significación es [aún] por entero desconocido, [/17b] explicación que les recomiendo que retengan fijamente, pues más tarde necesitaremos siempre de ella[57].

1) La manifestación del absoluto es en su culminación una potencia independiente y libre que puede realizarse en general o no, y bajo los diversos modos como puede hacerlo, en el que quiera. 2) En esta [potencia] absolutamente libre está reproducido ahora el ser absoluto: su imagen, en modo alguno apagada en ella, sino fundida íntimamente con la libertad. ¿Cómo es posible esto? ¿Acaso como un ser *constriñente y determinante*? ¿Dónde quedaría entonces la libertad? ¡Pero, sin embargo, sí como algo *constriñente*! ¿Pues dónde quedaría si no el ser? Por tanto, como un auto-constreñirse de la libertad misma, si es que *quiere*; como una ley para la libertad, que deja a la libertad plena e intacta; un *debe* que la deja estar, no un *tiene-que* que la suprime. El debe es la forma del ser que penetra la libertad y se unifica con ella, el miembro sintético de ambos. (Kant lo establece como un factum de la conciencia. Yo, muy lejos de ello, lo llamo ser del estadio supremo de la f[ilosofía]. Pero incluso esto era para su época una palabra demasiado fuerte, y ante ella sintieron gran estupor[.)]

Al asunto: La contradicción que se ha suscitado y que nos debe ocupar en adelante existe sólo bajo el supuesto de que el absoluto deba manifes-

---

[57] [en el margen superior:] Aquí no se habla de cómo se manifiesta este *debe como* debe. Aquí lo pensamos en su esencia interna.

tarse *como* tal. Si se prescinde de esto, *se manifiesta* entonces en el esquema 2, pero no se manifiesta en él *como* tal[58]. Supuesto entonces esto, sería una contradicción quedarse ahí. Hay que seguir adelante, ver lo que se sigue de este presupuesto e integrarlo en el sistema de nuestra consideración. *Supuesto que el absoluto deba manifestarse como tal: ¿qué se sigue?*

En la manifestación de la manifestación debería entonces manifestarse [el absoluto] como tal. Ésta es mediante la autorrealización absoluta de la *potencia*; pero en ésta [autorrealización], tal como la conocemos[,] no está, pues no está en la potencia. Justamente en esta [potencia] tendría que hallarse ahora esto que se postula posteriormente; por tanto, la potencia, tal como la conocemos, y *permaneciendo* la misma, tendría que estar posteriormente determinada: además de lo ahora expuesto[,] tendría que haber en ella algo más. Brevemente: con la explicación dada ahora de que esta potencia es una potencia de la manifestación para proyectar justamente una imagen de sí misma, no se ha agotado la potencia. Pues con ello no se explica cómo se llega a una manifestación del absoluto *como* tal. Pero, según el presupuesto, debe llegarse a ella. Por tanto, según este debe, en la potencia debe haber más de lo dicho hasta ahora[59].

¡Para fijar el conjunto y no perder nada de lo ya ganado! La potencia autónoma en general, tal como la conocemos hasta ahora, está en Dios

---

[58] [en el margen inferior:] acerca de este arte de separar no hay que explicar más. Cómo se lo pueda pensar, queda establecido ahí.

[59] [En el margen inferior:] Tenemos que ampliar nuestra consideración sobre esto. La primera conclusión a partir del debe es meramente formal y [se limita a] mostrar el lugar: en la potencia./ Aparte de esto, nada sino una *determinación* posterior. ¡Que esto no se exceda ni se amplíe!

[60] «*ist zufolge des Seyns der Erscheinung an Gott*»: este fragmento es equívoco, primero porque la preposición «*an*», y como *Gott*, al no ir acompañado de artículo, no explicita su caso, es equívoca; y segundo porque ninguno de los dos significados se compadece fácilmente con lo expuesto hasta ahora. «*An*» puede interpretarse como preposición de acusativo, y el fragmento significaría que «la potencia autónoma [...] es según el ser de la manifestación para Dios» *(Das selbständige Vermögen [...] ist zufolge des Seyns der Erscheinung-an-Gott)*. Parece que la manifestación es manifestacion para alguien, pero hasta ahora no se ha dicho para quién. Desde luego no se ha dicho que la manifestación de Dios sea manifestación para Dios, pero más bien se ha dado a entender, en virtud del calificativo «autónoma» aplicado a la potencia, que, en virtud de esta autonomía, la manifestación es manifestación para sí misma. La otra posibilidad es considerar «*an*» como una preposición de dativo: «La potencia autónoma [...] está en Dios según el ser de la manifestación» *(Das selbständige Vermögen [...] ist an Gott zufolge des Seyns der Erscheinung)*. Pero, por un lado, antes se ha dicho numerosas veces y de modo explícito que la manifestación se encuentra fuera de Dios, siendo precisamente ésta la dificultad principal a cuya solución se encamina la Doctrina de la Ciencia entera. Y, por otro lado, si fuera éste el significado, sería más correcto emplear la preposición «*im*». Una tercera vía para acertar con la solución es considerar que Fichte ha empleado con pleno conocimiento la preposición «*an*» como distinta de «*in*», y, a saber, en su empleo con dativo: «La potencia autónoma [...], según el ser de la manifestación, está junto a Dios» *(Das selbständige Vermögen [...] ist bei Gott zufolge*

según el ser de la manifestación⁶⁰, y como mera potencia no es un ser propio de la manifestación, sino que es el ser de Dios en su segunda forma, como manifestándose. (Sólo mediante la realización de la potencia y en ella obtiene la manifestación un ser verdaderamente autónomo.) ¡Esto acerca de la potencia en general! ¿Qué sucede con la determinación posterior que hemos añadido ahora? Ésta es debida al debe, el debe es su creador absoluto. Pero el debe es el constante manifestarse absoluto de Dios en [/18a] la libertad. Por tanto, también esta determinación posterior es inmediatamente el manifestarse de Dios mismo, su forma: en la potencia, según el manifestarse absoluto de Dios en aquella [forma]. Otra cosa es si, en virtud de esta determinación posterior de la potencia mediante el debe, se llega a algo. Pues esto depende en general de la realización de la potencia, realización respecto de la cual la potencia es plenamente libre. Pero nosotros hablamos de la mera *potencia determinada*; y ésta es simplemente tal como Dios es; y su manifestación, sencillamente, es.

¡De vuelta al camino de la deducción! Según el debe, hay aún más en la potencia. ¿Qué? El absoluto debe manifestarse *como* tal = mediante el debe se postula en general un *como*; y ésta es propiamente la nueva forma fundamental que de este modo se introduce. ¿Por qué ahora, en la intuición que realizamos ayer, en el esquema 2[,] tal como lo hemos deducido, el absoluto no se manifiesta *como* tal, aunque, no obstante, se hallaba ahí implícitamente y como factor invisible? Respuesta[:] Porque, como absoluto, estaba fundido en una unidad con el esquema, disolviéndose concrecido con él, sin distinción, encubierto en su ser específico por el esquema. Este *concrecimiento* tuvo que subsanarse: entonces el esquema tuvo que manifestarse ante todo *específicamente*, y con su carácter de separación,

---

des Seyns der Erscheinung). A esta tercera interpretación no hay nada que objetar, salvo que no está diciendo nada esencial. En el texto se ha dicho que la palabra «es», aplicada a la manifestación, tiene dos significados: según uno de ellos, la manifestación es; según el otro, la manifestación no es. En la primera y tercera interpretación se considera que «según el ser de la manifestación» se refiera a la manifestación como *forma* del ser divino, que es justamente lo que la hace autónoma. La segunda interpretación considera «el ser de la manifestación» en sentido literal, es decir, la manifestación, justamente, no tiene ser (sino sólo forma). Nos hemos resuelto para la traducción por la segunda posibilidad, pero sólo si este fragmento se interpreta del modo más general y en conexión con la precisión que entre paréntesis se hace poco después: «(Sólo mediante la realización de la potencia y en ella obtiene la manifestación un ser verdaderamente autónomo.)» En tanto que la manifestación propiamente no *es*, su ser es el ser de Dios, y ella está en Dios. Sólo en la medida en que la manifestación actualiza su potencia para manifestar y pone efectivamente en obra su modo propio de existir, se halla de hecho fuera de Dios, pero no según su ser, sino según su forma.

[61] Ésta es una de las tesis capitales del Fichte maduro, a la que ya se ha aludido en una nota anterior: la figura sólo se conoce *en tanto que* figura si simultáneamente se conoce lo figurado *en tanto que* figurado. Sin embargo, y a tenor del desarrollo de la explicación de Fichte, esta tesis no es tan inofensiva como parece, puesto que «en tanto que» significa nada menos que

como esquema⁶¹. Esto sería lo primero. Ahora bien, *como* tal, y en su carácter esquemático, sólo puede manifestarse en oposición con un no-esquema: por tanto con un ser; y de este modo se le tendría que enfrentar de modo absoluto una manifestación del ser como tal, en oposición con el esquema como tal. *Advertencia*: es bien claro que, puesto que *todo* lo que hay aquí es producto de la potencia, pero la potencia es absolutamente sólo algo esquemático, este ser que se enfrenta en una oposición tampoco es otra cosa que un esquema: el cual, exclusivamente en esta oposición y por mor de sí mismo no es capaz en absoluto de manifestarse como esquema, sino sólo como *ser*. (De esta oposición hablamos aquí ahora, y de nada más; lo que acaso habría aún que reflexionar, déjenlo [ahora] al margen; acerca de ello reflexionaremos en su momento.) Brevemente: el resultado de este como respecto de la determinación posterior es que, a diferencia de antes, no aparece un *esquema*, sino *dos*; tampoco ambos son simples en sí mismos, tal como se manifestó el esquema 2 deducido antes, sino que encierran una duplicidad: no se limitan a *ser*, sino que son además con un carácter determinado *como* esto y esto; el uno *como* el esquema, el otro como el ser para este esquema⁶².

Para fijarlo, y por mor de la cohesión: si ahora esta quintuplicidad aparece realmente (eso es, como ustedes ven) en la manifestación, ¿como consecuencia de qué aparece? ¡Inmediatamente, como realización de la potencia! ¿Por qué esta realización resulta ahora como esta quintuplicidad que hemos descrito? ¿Porque la *potencia es simplemente* de tal modo que su realización no puede resultar de otro modo? ¿Y por qué es la potencia así? Porque en ella se manifiesta Dios, y éste debe manifestarse *como* tal; y porque todo esto no puede manifestarse de otro modo sino así.

«bajo la figura de»: la figura sólo se conoce bajo la figura de figura si simultáneamente se conoce lo figurado bajo la figura de lo figurado. Aquí entra en juego la quintuplicidad misma: 1) la figura; 2) la figura como figura; 3) lo figurado; 4) lo figurado como figurado; 5) la simultaneidad. Adviértase que, a su vez, «bajo la figura de figura» puede de nuevo desdoblarse: bajo la figura como figura de la figura (lo mismo vale para: bajo la figura como figura de lo figurado). Por consiguiente, estos cinco términos se pueden ir multiplicando sucesivamente por cinco: veinticinco, ciento veinticinco, seiscientos veinticinco, etc. En la Doctrina de la Ciencia de 1804 se llega en la última lección a veinticinco miembros. Algún fichteano posterior se ha tomado el esfuerzo de llegar a los ciento veinticinco. La tarea de dar el paso siguiente queda abierta.

⁶² Véase la nota anterior.

Miércoles, 20 de febrero

Por tanto, según su constitución, la manifestación está determinada de un modo puramente original. Por ejemplo./ El esquema se manifiesta *como* tal: ¿acaso la manifestación o el Yo *aprende* a distinguir progresivamente y mediante ensayos un esquema de la cosa misma? Eso daría una explicación circular. ¿Pues cómo habría de empezar a aprender esto sin tener ya previamente la distinción? Tan pronto como la manifestación aparece, ya existe esta distinción, pues ella es según su ser original en Dios. En oposición con el esquema, el *ser* se manifiesta como tal; hay, cabe decir, un concepto del ser. ¿Acaso se aprende éste? ¿Acaso surge poco a poco mediante abstracción? No: tan pronto como la manifestación aparece, él ya existe, pues él existe en virtud del ser original de la manifestación. *Ella* no hace el ser, sino que la manifestación del ser se hace a sí misma en ella: esto último lo elevaremos pronto por otra vía a una intuición clara como el sol. Tan sólo me anticipo en esta pequeña circunstancia: captar el esquema en la forma del *como* (como qué es, si como esquema o como ser, aquí no afecta al asunto)[,] se llama con razón *pensar*; [captar] el ser del mero esquema, como fundamento del [/18b] como[, se llama] intuición[63]. Si permanecemos en el pensar, ¿acaso se aprende esto ahora, [o] se genera poco a poco? Es puramente, tan pronto como la manifestación es, merced al ser de ésta en Dios. Aquella consideración árida y encadenante, que propiamente cabe admitir sólo en sueños o en estado de ebriedad, según la cual el sapiente aprende poco a poco sus conceptos fundamentales, y los ejercita y se habitúa a ellos, opinión que tiene como defensor capital al inglés Locke, se rechaza desdeñosamente y con razón. A ella se le enfrenta la afirmación: estos conceptos fundamentales se hallan simplemente en el mismo sapiente, en su esencia: [son] los conceptos innatos de Leibniz o los conceptos *a priori* de Kant[.] Esto está bien, y la D[octrina de la] C[iencia] se adhiere a ello. ¿Pero cómo se quiere reforzar, pues, esta afirmación? ¿Acaso mediante la demostración por inducción de que sin este *presupuesto* el saber efectivo

---

[63] Si en la primera lección se estableció la diferencia trascendental entre saber y pensar, aquí se establece la diferencia trascendental entre pensar e intuir. En una nota anterior se ha explicado en qué consiste el *cómo*: la manifestación de algo *como* tal, por ejemplo de la figura como figura o de lo figurado como lo figurado. El *cómo* es, dicho brevemente, el carácter formal de la manifestación. Pensar es captar este *cómo* en tanto que elemento formal, es decir, sin considerar si se trata de la figura como tal o de lo figurado como tal. Por tanto, no entra aquí en juego la existencia efectiva de lo pensado, y el pensamiento permanece problemático. La captación de la existencia *efectiva* del ser a través de la manifestación, es la intuición. El ser empírico se capta en la intuición sensible, el ser absoluto en la intuición trascendental.

no puede explicarse en absoluto? Entonces, aquella aprioridad de los conceptos fundamentales es meramente un factum de la conciencia, sobre cuyo fundamento oculto no recibimos noticia alguna y desde donde tampoco intuimos lo que puedan ser; y somos poco más sabios que antes. Así [sucede] en Kant, según su consideración altamente atenuante y que pasa por alto muchas otras cosas. Ahora bien, ¿cómo están, pues, aquellos conceptos *a priori* en el espíritu? ¿Acaso queremos abandonar[nos] a las infantiles representaciones de los kantianos? En la D[octrina de la] C[iencia], según tienen ahora que haber captado ya en lo anterior, es de tal modo que *el hecho de que* los conocimientos, los conceptos, la conciencia, existen en general, este *nudo factum* es resultado de la libertad absoluta de la manifestación. 2) *El modo como* son estos conocimientos y conceptos está determinado absolutamente por la constitución de su potencia. La libertad del saber puede expresarse o no: *si* se expresa, no puede expresarse sino tal como se expresa. 3) Ahora bien, ¿qué es, pues, esta *potencia* misma? ¿Acaso, según la toman muchos, y parecen absolutamente incapaces de tomarla de otro modo, un mero pensamiento [–]justamente un no-ser[–] que nosotros establecemos concluyéndolo a partir del factum, y que determinamos bajo la guía de lo que hay dado en el factum? Es decir, ¿nos atribuimos mediante un círculo vicioso una capacidad de hacerlo tal como lo hacemos, justamente porque lo hacemos? *En modo alguno*: sino que esta potencia es el ser más real y la raíz de todo otro ser que pueda haber en la manifestación: la manifestación más inmediata de Dios mismo. Dios sólo puede manifestarse en la libertad: en efecto, en ésta se manifiesta él ahora, inseparable e inextirpable de ella, pues él es su portador. Este su inmediato manifestarse en la libertad es ahora la *potencia* absolutamente determinada de la libertad. Que ésta no puede nada contra esta potencia suya ni más allá de esta potencia, es claro. Esto es por tanto lo apriórico en la manifestación, y de este modo, a saber, como el manifestarse mismo de Dios, *es* esto apriórico en la manifestación. Sin hacer pie en Dios, una teoría de la conciencia por lo demás aguda no tiene base ni fundamento alguno, como sucede por ejemplo con la kantiana.

(Sólo con que hayan captado rectamente esto se les ha arrojado una luz clara sobre la esencia peculiar de la D[octrina de la] C[iencia,] y se extingue un mundo de errores que reina sobre este punto.)

¡De vuelta a la vía de la deducción!

Prosigamos con la explicación de lo dicho, comenzando con la siguiente advertencia: *El esquema 2, que surgió mediante la libertad absoluta,* es lo que se manifiesta según la determinación posterior de la libertad *como esquema*, en oposición a un ser: pues otro esquema no es posible. Ahora bien, como ya advertimos antes, este esquema es sólo *en el autorrealizarse inmediato de la libertad*, de ningún modo revoca el acto *después de que ella se haya realizado*, pues entonces aquél se hundiría de nuevo en su anterior no-ser. Y así pues, la realización de la determinación posterior de la libertad, junto con lo que se sigue de ella, no tiene lugar al menos sin la unificación inmediata con la realización de la libertad en general, y es simultáneamente con ella, absolutamente de un solo golpe. *Al menos*[,] he dicho: pues acerca de si la realización de la libertad, y por tanto el simple esquema 2 que resulta de ella, puede tener lugar simplemente sin la determinación posterior, aquí no se dice nada: sólo se afirma y se demuestra que la determinación posterior y, a partir de aquí, el *como* con su aposición, no pueden tener lugar sin aquél.[/19a]

¡Todavía una vez más, si lo puedo llevar a la claridad! Según la visión habitual, hay un *mundo de cosas*; éste sencillamente es, y de dónde proceda no lo pregunta nadie; o se nos expide con la respuesta completamente incomprensible: es *creado*. *A este mundo de cosas se le añade ahora la representación*, y se configura poco a poco una imagen de aquél, nuevamente de manera por entero incomprensible. Esto no es así para nosotros, *sino que la conciencia es*, absolutamente determinada, tal como es y justamente tiene que ser; y ésta es *el único y verdadero mundo*[,] y fuera de ella no hay ningún otro. (Aquí puede hacerse abstracción de que esta conciencia misma es sólo mediante libertad; desde el punto de vista de la reflexión, simplemente es.) Este mundo o esta conciencia son ahora intuición de Dios, que existe precisamente tal como algo semejante puede ser en la forma de la libertad, porque Dios sólo puede intuirse en la libertad. (Sin Dios, toda teoría de la conciencia queda sin fundamento.)

Viernes, 22 de febrero

Ahora les ruego que consideren esta importante relación de lo múltiple en esta unidad sintética. 1) La libertad se realiza absolutamente, y de este modo surge un esquema, y esto sería lo puramente simple que se describió antes. 2) Bajo el presupuesto de la unificación de la determinación posterior de la potencia con este primer acto, este esquema se establece en la intuición absolutamente *como* un esquema. Pregunto: *¿se requiere para ello de un* acto *nuevo* y específico de la libertad, y es posible uno tal? ¡Cómo podría [serlo]! Ambos son absolutamente de un golpe: tan pronto como la libertad realiza el esquema, es más, tan pronto como aparece mediatamente su realización del esquema[,] en el mismo e indiviso momento se manifiesta simultáneamente este esquema como esquema. Por tanto, el esquema se evidencia mediante sí mismo y mediante su mero ser. Se proyecta a sí mismo mediante su ser *como* esquema. 3) Dije además: no puede manifestarse como tal sin la oposición con algo otro que no *sea esquema*, sino ser. Por eso, ante todo: en cuanto el esquema se manifiesta como esquema, en el mismo acto indiviso, no manifestándose además el esquema *como* tal[64], aparece también el ser como ser. Mi pregunta es: ¿se requiere de un acto específico para la formación de este segundo esquema y para su consideración como ser, y es posible tal acto? Este ser, ¿se fabrica y se configura mediante alguna libertad del pensamiento? Vemos que también esto, en su existencia en general y con su carácter como ser, simplemente se vincula en una unificación absolutamente sintética con el primer acto. Por tanto no se hace un ser mediante la libertad, ni según su existencia ni según su carácter, sino que se hace a sí mismo mediante sí mismo en ella (y así mantengo la promesa que di ayer de elevar pronto y por otra vía a una intuición clara como el sol que la libertad no hace el concepto del ser, sino que él se hace a sí mismo en ella). Así sucede por fin con la oposición y la relación mutua entre ambos miembros, el esquema y el ser. Tampoco ésta se hace mediante un acto específico de la reflexión, del pensar aquí y allá, sino que ella se hace simplemente a sí misma y es en la medida en que todo este período sintético es.

Este punto es de la más infinita importancia, externamente para preservar de una malcomprensión de la D[octrina de la] C[iencia] que es casi general y a la cual el público se aferra tercamente; *internamente*, pues de su intelección depende toda futura intelección de las leyes del saber. La ley que se ha expuesto aquí es absolutamente general. Gracias al contexto, y tomándolo ahí donde es más sencillo [y donde yo lo] he captado, puedo exponer aquí [este punto] con una claridad que jamás he logrado anteriormente. Por eso quiero demorarme aquí un poco. Quiero enlazar con la siguiente proposición: la manifestación *se hace absolutamente a sí misma*; que esta proposición se encuentra en la D[octrina de la] C[iencia] [/19b] es bien claro: pero encierra una equivocidad que en las exposiciones anteriores de la D[octrina de la] C[iencia] siempre me resultó muy difícil de captar y evitar con una fórmula determinada. La equivocidad se encuentra en la palabra *misma*. La manifestación misma es siempre. Sin más demora, quiero exponer ya de modo determinado la diferencia. A saber, la manifestación se hace a sí misma: 1) con libertad absoluta, mediante un acto creador, mediante un traer al ser lo que sin este acto, sin esta autorrealización de la libertad, no era en absoluto. Así, en nuestro caso, la libertad se realiza simplemente engendrando en una nueva esfera del ser, y puramente desde el no ser, un esquema de sí misma, el harto conocido esque-

---

[64] sc. no manifestándose como tal en un segundo acto diferente.

ma 2. Por ahora conocemos sólo esta creación única mediante libertad absoluta; pero quizá pueda haber además otras determinaciones absolutas, *al menos* posteriores, mediante aquella misma, que todavía no conocemos. Pero será excelente conocer ya aquí este principio característico suyo, 2) después de que ella *es* en general mediante esta libertad, aún se hace a sí misma mediante su *mero ser./* [Ella] tiene causalidad mediante el mero ser, como dijimos[; aunque] un ser efectivo es sólo mediante libertad. Así, en nuestro caso, fue un producto de la libertad *el hecho de que* apareciera el período sintético entero; pero una vez que ya había aparecido, y mediante el mero ser, el esquema se ponía como [manifestación de la manifestación] frente a éste, etc. Un hacerse de la manifestación mediante su *ser* después de que sólo mediante la libertad absoluta había venido a este ser. Solución[:] la manifestación se hace a sí *misma*: pero este *misma* puede significar lo *libre* o lo *que es* (ciertamente que realizado sólo mediante libertad); y estas definiciones hay que distinguirlas estrictamente.

¡Ella se hace a sí misma dentro del ser absolutamente sin libertad! En este hacer, ¿cuál es, pues, el elemento que opera, el auténtico principio en este principiado? Evidentemente la ley. Esta ley no podía engendrar nada inmediatamente por sí misma, pues está orientada a la libertad y la presupone. En cuanto ésta [libertad] es efectiva y se realiza, da una esfera a la ley y es captada irresistiblemente por ésta [ley][65]. En nuestro caso: la ley sintética es ley de un esquema y lo presupone; y este esquema no es capaz de engendrarlo la ley, sino sólo la libertad. Pero una vez que es, entonces es aprehendido por la ley interna de la vida de la libertad, y sin ninguna otra intervención de la libertad es expuesto mediante esta ley *como* esquema en oposición [con el ser:] todos estos ingredientes se desarrollan inmediatamente a partir de la vida de la manifestación que ahora comienza, y se configuran en tal vida. El caracterizar que se suma a la intuición, el *como*, es un *pensar*. [Aquí] no piensa ningún sujeto libre, sino que es la misma vida recién comenzada de la manifestación la que piensa o se pone en la forma del pensamiento. Esta ley misma es ahora la manifestación inmediata de Dios. Y ahora pienso que ustedes han inteligido en general lo que sucede con la generación original del saber.

Esto que se hace a sí mismo en el ser de la manifestación con arreglo a la ley (que al ojo ordinario permanece oculta) es ahora la *evidencia*, que nos arrebata inmediatamente sólo con que nos pongamos libremente en

---

[65] La manifestación es libre tanto para actuar como para no actuar. Por eso se dice que es una potencia. Pero una vez que actúa, su acción cae bajo las reglas estrictas de una legalidad a la que no puede sustraerse. Sin embargo, esta legalidad es ineficiente mientras la manifestación no ha actuado de hecho: por eso se dice igualmente que la manifestación, cuando se resuelve libremente a actualizar su potencia de actuación, «da una esfera a la ley». Pero una vez que la ley empieza a actuar, la acción de la manifestación «es captada irremisiblemente por esta ley».

la posición adecuada, pues el quedar sujeto a la ley está condicionado por la realización de la libertad. Esto explica la conocida proposición que he planteado a menudo y que también he declarado en este semestre: el hombre no puede hacerse la verdad ni generarla con el pensamiento; la verdad tiene que hacerse en él; es más, ella tiene que hacerlo a él. [¡]Mala verdad [aquella que fuera hecha por el hombre!] [¡]Sino que [ella se hace a sí misma y al hombre!] ¿Pero por qué hace a éste y no a otro? ¿No puede el hombre contribuir en nada? Sí, efectivamente, pues aunque este hacerse a sí misma de la verdad no está en absoluto determinado, sí está en cambio condicionado por un factum de su libertad[66]. El [hombre] tiene sólo que ponerse a sí mismo en situación: entonces, sin una intervención posterior propia, lo arrebata la evidencia que se realiza según la ley, ley que lo es de la manifestación original de la divinidad. A causa de lo *a priori*. *A priori* [es] todo el contenido; *a posteriori* sólo el factum de que tal contenido *existe*.[/20a]

A partir del presupuesto del *como* dedujimos una determinación posterior de la potencia, a saber, una determinación según la cual el esquema tiene que manifestarse y exponerse como esquema en oposición a un ser. Anteayer llamé la atención sobre una quintuplicidad que reside en esta unidad de lo múltiple. Ayer, porque lo [di] por sabido, y también porque esta advertencia no es de importancia aquí sino tal vez sólo como preparación, la pasé por alto. Entretanto [tenemos]: 2 esquemas, cada uno doble; la relación y la oposición[67]. [Esta división anterior en quintuplicidad e infinitud] no es importante aquí; [antes cité] la división del saber en dos sentidos, según la quintuplicidad y según la infinitud. No se trata en modo alguno de esta [última] quintuplicidad[.] Una verdadera disyunción no la tenemos todavía *ni en la quintuplicidad ni en la infinitud*. Justamente para ésta buscamos el principio[,] y aquí estamos. ¡No se anticipen ni consideren terminado el trabajo, pues estamos sólo en el inicio! La quintupli-

---

[66] Éste es un nuevo modo de exponer la problematicidad. El hombre no hace la verdad, sino que la verdad se hace a sí misma en el hombre. Sin embargo, no se hace absoluta e incondicionalmente a sí misma: depende de que el hombre lo quiera. Sólo si el hombre quiere, la verdad se hace a sí misma, pero si el hombre lo quiere, la verdad no puede hacerse a sí sino de un modo determinado. O como antes se ha dicho: la manifestación puede querer actuar o no, pero en cuanto quiere actuar, su acción cae bajo el dominio de la legalidad. Son diversas formas de abordar aquella síntesis de necesidad y libertad –categoricidad e hipoteticidad– que define la problematicidad.

[67] Nueva explicitación de la quintuplicidad: los dos esquemas, la relación entre ellos, la oposición entre ellos, y la simultaneidad del conjunto. A su vez, los dos esquemas no son simples, sino dobles: constan de dos términos (el esquema A y el esquema A *como* esquema; el esquema B y el esquema B *como* esquema) que simultáneamente se relacionan y se oponen. Por tanto, es una quintuplicidad que se encuentra dentro de una quintuplicidad. De la explicitación de esta subsunción de una quintuplicidad bajo otra resultan los veinticinco elementos a los que Fichte se referirá enseguida.

cidad que hemos observado ahora debería reproducirse en la verdadera forma quíntuple, y de este modo [resultarían] 25 [factores]. Esto resulta fácilmente. Lo significativo es la otra quintuplicidad[,] aún desconocida. Déjense valer [aquí] los esquemas 1 y 2.

¡Prosigamos! El esquema se manifiesta *como* tal, con este carácter determinado. Este carácter determinado tiene que conocerse según una característica interior del esquema, según su propia constitución. ¿En qué? No puedo guiarles hacia la respuesta correcta sino de este modo: ¿De dónde sabemos, pues, nosotros, la D[octrina de la] C[iencia][,] que el esquema es justamente un esquema y nada más, y cómo hemos hecho hasta ahora la demostración para toda la esfera? Respuesta: porque es un producto de la potencia, pero la potencia no puede ser en absoluto sino un esquematizar. Si, por tanto, el esquema debe manifestarse originalmente como tal en la conciencia efectiva y con independencia de la D[octrina de la] C[iencia], tal como hemos demostrado, entonces tendría que manifestarse como producto de la *potencia*; y así, y esto es ante todo lo único que nos importa, la potencia misma tendría que manifestarse como tal. Ven ustedes que esta manifestación es condición de la ya deducida del esquema como esquema: por tanto, ella está deducida igualmente como necesaria; y esto es algo nuevo.

¿Realmente es esto algo nuevo?, o:

1) ¿se manifiesta la potencia como tal en un esquema específico, conforme a la exposición anterior? Tan pronto como la potencia se realiza, hay un esquema, pues este mismo realizarse es inmediatamente el esquema. Por tanto, la potencia no *es* en absoluto separada de su autorrealización, [sino que] se identifica con ella y no se destaca en absoluto específicamente como tal. En el esquema que efectivamente surge *se* esquematiza la potencia; pero ésta se identifica con el esquema, y es sólo el factor invisible, y que no se manifiesta, de su determinación. Por tanto, la potencia no se manifiesta *como* tal, sino que está oculta, según el mero ser de la manifestación. Pero si debe manifestarse, entonces tiene que manifestarse justamente según el debe absoluto de un *como* en general; y por tanto acabamos de deducir mediatamente también su manifestación. ¡Reflexionado de un modo *popular*! Esto es un milagro. <También sucede así efectivamente con la reflexión>

Que la potencia o la libertad absolutamente formal, el fundamento conocido por nosotros del *que* y de la facticidad, tiene que manifestarse, aunque sea sólo como condición de la manifestación del esquema como tal, está demostrado. Esto sería lo primero.

2) ¿Cómo y de qué manera se manifiesta ahora la *potencia*? ¿Cuál es la realización, el acto interno de vida de esta manifestación? Con esta reflexión nos adentramos en la investigación de la cual les confesé de entrada

que es la más difícil y la más extraña de la D[octrina de la] C[iencia]: a saber, deducir y hacer comprensible la forma interior del saber mismo.

En el período sintético, que ahora nosotros conocemos tan bien, se manifiesta simplemente y se pone absolutamente un esquema, y en concreto *como* esquema; frente a él, algo distinto, esto otro como ser: ambos opuestos y referidos uno al otro. Les ruego [que reflexionen:] ¿se ponen pues separados y escindidos, tal como lo acabamos de expresar? ¿Una parte el esquema, luego una segunda parte el *como*, etc.? ¿Cómo sería posible esto? Ninguno es lo que es mediante sí, sino mediante todos los restantes y con todos los restantes; el esquema no [es] esquema sin [el] *como*, y este por su parte no [es] sin el opuesto: es decir, estos ingredientes tendrían que ponerse como unidad, de otro modo no pueden ponerse en absoluto. ¿Qué tipo de unidad es ésta, y qué dice aquí la palabra unidad? ¿Acaso es ahora la unidad algo específico, y lo múltiple de nuevo algo específico? No, sino que lo múltiple mismo [/20b], esta multiplicidad es unidad; y la unidad justamente no es otra cosa que esta multiplicidad. ¿Cómo cabe pensar esto? Desde cada punto, la unidad es llevada a la [multiplicidad], y no puede ser uno de estos dos sin ser todos, porque el ser de uno no es posible en absoluto sin el ser del otro[68]. La unidad no es entonces en modo alguno una [unidad] estática, sino que es *vitalidad y movilidad* absolutas, forzada a esta vitalidad simplemente porque la unidad lo es de una *multiplicidad* en la cual ni un único ingrediente es sin todos los restantes.

¡Consideren esta unidad aún más allá! Digo ante todo: ella no es un *ser*, pues el ser es en sí mismo simple, coincide consigo mismo, y *reposa* en sí; pero aquí hay una pura oposición, y en absoluto coincidencia alguna. ¿Acaso puede [esta unidad] ser [un] saber? Piensen ustedes en la función de la deducción, de la prosecución desde un principio hasta un principiado. ¿Dónde tiene éste su auténtico sitio: en el principio o en el principiado? No, [ni en uno ni en otro,] sino simplemente en el vivo y vinculante *mediante*. Esto es aquí el saber. Exactamente así sería aquí; sólo que no sería la terminación de un avanzar, sino una [terminación] dentro del círculo absoluto agotado: la unidad se hallaría en el *mediante* de la secuencia de los medios; sólo que aquí no podría decirse, como en la conclusión que hemos aducido como ejemplo: el mediante parte de aquí o de aquí, sino que parte absolutamente de todos y se dirige hacia todos, y es así un mediante absolutamente sintético[,] absolutamente terminado y clausurado en sí, porque a partir de cada

---

[68] He aquí la noción fichteana de sistema: una totalidad de partes tal que a partir de cada una de ellas es posible *reconstruir* el conjunto entero. Se trata, pues, por un lado, de una multiplicidad de elementos simultáneamente presentes: a diferencia del todo hegeliano, la totalidad fichteana no se gesta en el tiempo, sino que, antes bien, el tiempo es derivado dentro de ella; por otro lado, la *reconstrucción* de la totalidad se corresponde estrictamente con el carácter mismo del saber como imagen, esto es, como *reproducción*.

miembro se siguen los restantes, [y] más que los restantes no se sigue[69]. Tal mediante de una multiplicidad cerrada –y por tanto, [la] unidad absolutamente orgánica de tal *mediante*–, porque la multiplicidad [está] cerrada, es ahora el saber según su forma absoluta; se reduce a ésta, y sólo *es* mediante este reducirse, y es como saber; por tanto, sabiendo en general sólo mediante este ser no sabe de este ser. Sólo la D[octrina de la] C[iencia], y sólo merced a que tiene el concepto de la oposición absoluta del saber respecto del ser, es capaz de elevarse a tal descomposición de esta forma, según acabamos de hacer.

El carácter externo del saber, que ya nos resulta harto conocido, que no es el mismo ser ni se hace pasar por él, sino que oscila esquemáticamente sobre él, se vuelve aquí claro. No es la multiplicidad, sino sólo el *mediante* de ella; tal como la conclusión no es ni el principio ni el principiado[, sino sólo el dirigirse al principiado.] ¡Adviértase el [carácter] interno y no tan conocido [del saber], que consiste en ser mera vida y actividad y en no poder ser otra cosa! ¡Aclárense esto en la intuición!

Las partes componentes, así como la unidad, se suceden a partir de la realización de la potencia; con la realización de ésta se vuelve inmediatamente efectivo un saber tal.

Sigo diciendo: Lo que se acaba de exponer no es posible de este modo; ya que, puesto que la unidad es sólo el *mediante* de la multiplicidad, la multiplicidad misma como tal desaparece de la manifestación: la unidad no puede entonces ser tampoco el mediante de aquella [multiplicidad]. ¿Dónde reside el fundamento de la contradicción? Porque la unidad misma desaparece de la multiplicidad, termina en ella. Esto sólo podría evitarse si la unidad misma apareciera como tal en el esquema. [Si ella] apareciera inmediatamente junto con todo el período sintético y según éste. ¿Qué es propiamente la unidad? Ella es la realización de la potencia; [a saber,] *separada en el esquema*, y por tanto como libertad en la realización que tuviera dominio sobre sí misma. En este *contexto*: un libre realizarse de la representación; pero ahí, un *entregarse* a ella.

Todo esto en conjunto y en general acerca de este último punto, y para concluir con algo comprensible. Por lo demás, en este punto comenzará nuestra investigación principal.

---

[69] En conexión con la nota anterior, a partir de cada parte hay que reconstruir el conjunto íntegro de todas las demás: no quedan partes sin deducir ni tampoco aparecen partes no deducidas. Esto tiene como condición partes se encuentre presente simultáneamente. Sólo de este modo es posible una auténtica síntesis *trascendental* de unidad y multiplicidad.

[/13a]
Lunes, 25 de febrero

Que se tenga la unidad siempre presente es [una] condición en las investigaciones particulares que ahora emprendemos; pues lo individual y particular sólo es claro y verdadero *en* la unidad.

[Teníamos] una potencia absoluta de la manifestación para esquematizarse. [Esto] da la unidad del esquema. Queremos un principio de la *división*. [Esto] no se encuentra ahí: por tanto [requerimos] aún de una determinación posterior de la potencia. [Ésta se ha] encontrado: si lo oculto en este esquema debe aparecer *como* tal, entonces [tiene que aparecer la unidad del mediante como tal.] Por tanto, tenemos un nuevo principio: el debe del *como*. *Debe*, el *ser* del manifestarse de Dios, o del esquema 1[,] en vinculación sintética con la libertad, por tanto ley para la libertad. Éste debe exige en general un *como*. La potencia no es entonces meramente una potencia del *esquema de sí misma* en general[,] sino simultáneamente también de un *como*, y de este modo está determinada con mayor precisión. Así se conecta este principio con el anterior. Ahora deducimos a partir de la *unidad* de éste, hasta que encontremos otro, y entonces diremos expresamente *que* deducimos a partir de éste. ¿Qué se sigue del *como*?

Ante todo, un *como* del esquema, pues se le enfrenta un no-esquema, en lo cual se mostró un período sintético quíntuple. Esto sería lo primero.

Lanzando una nueva pregunta, hemos avanzado un paso más. ¿Cómo y dónde, en qué carácter interno se manifiesta, pues, ahora el *esquema como esquema*? Respondimos: esto no es posible sino manifestándose como *producto* de la potencia; manifestándose por tanto la potencia misma, y manifestándose como potencia de un mero esquema; teniendo entonces que ser necesariamente esquema aquello que es su producto. La franca honradez y al estímulo de la profundidad que pretende la D[octrina de la] C[iencia] exigen aducir aquí de paso que[,] si a alguien no le parece lo suficientemente estricta la demostración de la mera posibilidad, lo que viene luego elevará la verdad de este presupuesto por encima de toda duda; pero que aquí no nos encontramos en la vía de la deducción totalmente estricta, pues tuve por imposible llevar a su comprensión inmediatamente y de entrada el auténtico principio de deducción, que ahora me limito a componer a partir de sus partes.

La potencia se manifiesta, ¿cómo y de qué modo? De esto nos tenemos que ocupar[.] Para responder a esta pregunta[,] pensamos ante todo, hasta la intuición viviente, la unidad del período sintético quíntuple descrito, y en ella encontramos la forma interior del saber mismo. El saber es la unidad de una multiplicidad sintética (tal que una parte no puede ser sin la otra)[,] el mediante absolutamente viviente en sí del enlazamiento de una multiplicidad tal; unidad que no puede ser en absoluto ninguna de las [partes] particulares sin serlas *todas* en el mismo ser indiviso: esta unidad, en su ser oculto y en su reducirse a sí misma. Acerca de este punto he sido comprendido tan a fondo, según se ha mostrado para mayor alegría mía en el *conservatorium*, que no es necesario perder aquí el tiempo con una detención más prolongada.

Pero ahora digo: tal unidad, del modo expuesto, no es en absoluto posible; y lo que hemos dicho, tal como está ahí, es simplemente nada. Propiamente, es sólo un pensamiento aparente y cegador, pero no un pensamiento real. Si se piensa lo expuesto como *unidad*, la multiplicidad se pierde; pero ahora no debe pensarse en absoluto como una unidad particular, contra lo cual protestamos mucho antes, sino como unidad de la *multiplicidad*. Si ésta se pierde, entonces aquella misma se pierde y se desvanece en la nada. Pero si se [/13b] piensa como multiplicidad, entonces las partes se desconectan, tal como sucedía al comienzo, y la unidad se pierde. Con nuestro procedimiento pasa entonces lo siguiente: sólo hemos *dicho* que la multiplicidad tiene que estar unificada, y sin duda tenemos aquí razón; pero no hemos demostrado *cómo*, de qué manera pensable podrían estar unificadas. (La conclusión es clara: que si lo expuesto no es posible, tampoco el saber es posible de este modo. Pero incluso con esto, si no me engaño, se corresponde la intuición. Esto puede ser, sólo que es incompleto.)

¿Dónde estaba el fallo? En que de este modo se pierde o bien la unidad o bien la multiplicidad. Ambos deben permanecer, y esto expresa nuestra tarea: *unidad y multiplicidad* tienen que unificarse. Ponemos la unidad sintética como unidad de la multiplicidad, de la [multiplicidad] de la síntesis. ¡No! [Tiene que ser] unidad de la unidad como tal y [de la] multiplicidad como tal. Esto es. No *inmediatamente*, sino sólo mediatamente, según esta unidad superior, es posible aquella otra unidad de la multiplicidad. La tarea queda entonces determinada. (Aquí se la tengo que plantear en una formulación árida. Lo que significa en la intuición[,] ya lo saben ustedes. Por eso realicé primero ésta.[)] He planteado la fórmula así: unidad de la unidad como tal y [de la multiplicidad como tal]. ¿Cómo he empleado aquí la palabra *como*: sólo para hablar enérgicamente, o [para decretar] con toda seriedad que la unidad sintética es un esquema de ambos? Evidentemente lo último; pues que lo opuesto en el ser no puede ser uno, se entiende bien; y éste fue también el auténtico motivo por el cual fracasó nuestro primer intento de síntesis.

[Pues] comenzamos por un miembro (parece ser indiferente por cuál comencemos: sirvámonos del privilegio; quizá tengamos también otros motivos para la elección, que más tarde se nos aclararán), comencemos por la *unidad*, naturalmente la descrita, la unidad sintética. Según todo lo dicho, ésta debería manifestarse absolutamente *en un esquema*: ella, la unidad[,] tendría que manifestarse a sí misma puramente como tal, como unidad sintética. Esto se dijo; ¿qué significa, cómo es posible? [Ésta] es la pregunta que ustedes se plantean.

En cierto sentido, podría ser posible enlazar aquí con la literatura [filosófica]. Lo que yo llamo aquí el manifestarse absoluto de la unidad sintética como tal, es lo mismo que Kant llama la *apercepción* de la unidad sintética[70]. Aquí se presupone: 1) Que el saber en su forma no es en modo alguno un saber simple, tal como, sin filosofía trascendental, se ha considerado sin excepción hasta Kant y después de Kant, sino una unidad compuesta, sintética. *Que* esto es así, lo [hice] intuible, en la lección anterior, en la unidad suprema en la forma absoluta del saber mismo. *Kant* lo sabía, tal como, ya fácticamente, tampoco se puede ocultar a una mirada fija y profunda en sí mismo; pero él no lo demostró en la forma de la unidad, sino sólo en ejemplos particulares[71]. 2) Que esto es saber, pero no llevado a su fin, tal como supusimos en la lección anterior, sino que, según hemos visto ahora, se le tiene que añadir aún otra parte componente; que esta unidad sintética no se limita a ser, sino que también es *para sí misma*, que se *apercibe* a sí misma, y que esto tiene que ser absolutamente así; [que] esta apercepción constituye una parte integrante e inseparable del saber. Esto último lo presintió Kant con un sentimiento muy claro: el *yo pienso* tiene que *poder* acompañar a todas mis representaciones. ¡*Poder*, no el Yo mismo, sino sólo el fundamento de su posi-

---

[70] [en el margen:] el acto sintético de la unidad hecha por Kant.

[71] Cabe considerar que el hallazgo del Yo como punto de partida del filosofar hay que agradecérselo a Descartes, quien de este modo fue un pensador trascendental *ante litteram*; que Kant depuró este hallazgo críticamente; y que Fichte lo sistematizó. No obstante, en unas pocas líneas Fichte dudará de si las aportaciones de Kant fueron por él inteligidas realmente *a priori*, o más bien meramente presentidas.

bilidad! Pero [él] sólo lo presintió, no lo inteligió *a priori*; toda su filosofía está fundamentada fácticamente, en la autoobservación, no *especulativamente*; lo cual tampoco podía ser, pues él no se elevó al pensamiento del absoluto. 3) Justamente por eso Kant tampoco sabe ni puede saber en qué consiste la unidad sintética de la apercepción ([él sólo sabe] *que* es, no *qué* es). La D[octrina de la] C[iencia] partió de la investigación de esta apercepción, y [/14a] surgió mediante la solución de la pregunta acerca de qué sea ésta y por qué es necesariamente. En esta investigación que ahora iniciamos reside entonces la verdadera esencia de la D[octrina de la] C[iencia]. Espero exponerles ésta en una claridad tal como jamás he logrado antes. Quien entienda esto (para la presencia constante [del pensamiento]), se adentrará efectivamente [en la Doctrina de la Ciencia] y tendrá la clave de todo enigma.

Ésta es la auténtica relación de la D[octrina de la] C[iencia] con Kant. Asimismo, sólo por esta vía podía la f[ilosofía] proseguir y convertirse en ciencia (lo cual ella *es* [ya], compréndanlo los hombres o no). Pero [la filosofía] apenas habría podido seguir esta vía sin la precedencia de Kant. Y mala honra ha hecho a la época todo lo demás que se ha practicado desde Kant y que se ha llamado a sí mismo filosófico; y todos éstos que en su fatua soberbia *se permiten venir* a desdeñar a aquel gran maestro, no son dignos siquiera de desatarle los zapatos. Ninguno de ellos sabe siquiera el primer punto: que el saber, en su forma absoluta, es sintético. Si parlotean de ordinario sobre la síntesis, con ella piensan sólo la vinculación de determinaciones del saber *particulares*, *individuales* y ya terminadas; así han entendido a Kant, pero esto es trivial y no conduce a nada. Para ver aquello de lo que realmente se trata, su ojo interior está enclaustrado.

Martes, 26 de febrero

[Hasta ahora tenemos] una fórmula vacía. [Investigamos] el significado que hay de fondo.

[La buscada unidad de la manifestación de la manifestación] no [es] unidad de la multiplicidad, sino unidad de la unidad como tal y de la multiplicidad como tal. Ambos, unidad y multiplicidad[,] tienen por tanto que manifestarse. Primero tiene que manifestarse puramente la unidad sintética. (De esto nos tenemos que ocupar. Qué [resultará de esta investigación], se verá mejor al final.)

Primero una ecuación: todo el presente trabajo comenzó cuando mostramos que la *potencia* tiene que manifestarse como tal, como condición de la manifestación del esquema como tal./ Y de modo asombroso nuestro discurso se transforma: la *unidad sintética* tiene que manifestarse como tal. De algún modo, la última proposición nos aparece por sí misma en lugar de la primera. ¿Es esta nuestra opinión? ¿Acaso son sinónimos ambos conceptos? Si lo son, entonces tenemos que demostrarlo, para evitar la confusión lingüística. La unidad sintética debe manifestarse en su esquema. La unidad sintética es una *vida efectiva*, entregada a sí y disuelta en sí, según se mostró. Ésta se esquematiza, aparece en una mera imagen; pero la mera imagen de una vida es una *potencia*, según pueden demostrarse ustedes mismos en la intuición. Por tanto, la unidad se manifiesta en el esquema necesariamente como potencia, y ambas palabras dicen lo mismo. Sólo que la primera señala de modo más preciso en qué contexto se llega genéticamente a una manifestación tal de la potencia: mediante la manifestación de una vida sintética efectiva.

Los conceptos dicen lo mismo; *las dos proposiciones* que se han empleado dicen lo mismo: la potencia tiene que manifestarse, si es que debe llegarse a la manifestación del *esquema como tal*, es decir, a un producto de la potencia que no es sino una potencia esquemática. La segunda dice: la unidad sintética tiene que manifestarse como tal, si es que no debe perderse la multiplicidad. Pero la multiplicidad se fundamenta en que el esquema debe manifestarse *como* tal, y se fundamenta sólo a partir de este punto; si debe haber un mero esquema simple, según pensamos el asunto al comienzo, entonces no hay multiplicidad alguna; pero el como junta el ser [a la unidad]. Si se dice: esto y esto tiene que ser, si es que [debe manifestarse] el esquema como tal; o si [se dice: esto y esto tiene que ser] si es que debe manifestarse la multiplicidad sintética conocida y determinada [, eso es invariable]. Esto para evitar la equivocidad de la expresión. Nos movemos en un círculo, y decimos lo mismo tanto si lo expresamos de un modo como del otro. Nos quedamos con la última expresión. Esto sería lo primero.

Ahora al asunto: La unidad se manifiesta absolutamente. ¿Según qué? ¡Según el como en general! Y este mismo como, ¿según qué [se manifiesta]? ¡Según el debe absoluto, es decir, el ser de la manifestación de Dios en la libertad! Entonces se puede decir: este como de la unidad, considerado por un lado, es inmediatamente producto del mismo manifestarse de Dios. [/14b]

Por un lado[,] he dicho. ¿Acaso la efectividad de este como está condicionada por algún otro factor? Evidentemente: a saber, por el hecho de que la libertad autónoma de la manifestación se realice en general[72]. Tan pronto como se realiza, se añaden en el acto la síntesis referida en primer

---

[72] Ya se ha señalado que en el texto «realizar» guarda el sentido de «actualizar», de «ponerse en activo», pero que se ha preferido aquella versión para evitar el uso de una terminología característicamente aristotélica.

lugar y su unidad, así como la manifestación de esta unidad; esto, en su separación, no merced a su propia libertad, sino merced al manifestarse de Dios en ella como su propia raíz, como su propia ley[,] pues ella es libre. Esta manifestación de la unidad hay que concebirla entonces como producto de *una causación conjunta y una causación recíproca* entre la manifestación autónoma y el manifestarse absoluto de Dios en ella: aquélla se presta, y una vez que ya es, ésta le da la determinación posterior. La ley es aquí un tiene-que, pero un tiene-que condicionado: si la manifestación se realiza, lo cual ella podría asimismo *no* hacer, entonces tiene que realizarse *así*, en virtud de su ser a partir de Dios. Sólo cuando se establece la ley en el punto supremo, en el que aún no la hemos establecido, [a saber,] en la libertad, [aquella ley] vendría a ser a su vez un *debe*[73]. La libertad debe realizarse para llegar a un como del absoluto. Por tanto, tan pronto como la libertad se realiza, y tan pronto como la unidad sintética es, ella se manifiesta absolutamente. Así pues, esto [aparece] en el rigor de la deducción de la apercepción. Ella sólo es posible a partir de Dios. Esto [es] el *reflejo* de la unidad, que, según lo dicho, es de modo absoluto y necesario. El *reflejo*, en modo alguno la reflexión. Antes [decíamos]: la manifestación se hace a sí misma. [Aquí hay] un *doble sentido*: se hace con libertad, [o bien:] se hace mediante su mero ser. Aquí se trata del segundo sentido. Que, en el otro sentido [primero], se reflexione *con libertad*[74], está condicionado por el reflejo original. Quien no lo conoce, se queda en la superficialidad de la que hablamos antes. Kant no. [Él dice:] el Yo pienso tiene que *poder* acompañar a mis representaciones. [Él habla entonces de la] posibilidad de un Yo. Eso es justamente. El conocía bien el lugar. Antes [dijimos:][75] *nosotros* no pensamos, sino que el pensamiento se hace a sí mismo. Así [se mostró] fácticamente en los hechos. Aquí tenemos la misma intelección en su raíz; la unidad, en virtud del ser de la manifestación a partir de Dios, tiene su reflejo. Ésta [es] la forma. [Vayamos] ahora al contenido de este reflejo.

Es una imagen de la potencia, según dijimos. Pero todo depende de comprender recta e íntimamente lo que tal imagen signifique. Procedo gradualmente, y les pregunto:

---

[73] Deber, *sollen*, frente a la necesidad incontestable del tener-que, *müssen*, designa el cumplimiento libre de una ley vinculante. Es por tanto expresión de una síntesis de libertad y necesidad, es decir, de una problematicidad.

[74] Como «reflexionar» hemos traducido dos términos: überlegen (o bien nachdenken) y reflektieren. El primero tiene el significado común de «meditar» o «cavilar». El segundo, Fichte lo emplea a sabiendas de su origen etimológico en «reflejo», y por eso, en el texto, «reflektieren» se emplea a menudo en sentido reflexivo: reflexionar sobre sí es volver sobre sí, pero también poner ante sí la imagen de uno mismo. Sólo así se entenderá luego qué pueda significar que una imagen «reflexiona sobre sí».

[75] [escrito posiblemente por una mano distinta:] en el claustro anterior[.]

1) En esto tendrán que emplear ustedes toda su agudeza: ¿ahora pues, *es* tal potencia, como potencia pura, vacía y meramente formal, según pensamos de hecho? Hasta ahora hemos hablado de potencia, y hemos inteligido también que la manifestación tiene que ser absolutamente una potencia autónoma tal, y que sólo se clausura con este su ser original en Dios: sin duda teníamos ahí un pensamiento, y de este modo una imagen de la potencia; y con razón, según la marcha necesaria de nuestra ciencia, no nos hemos ocupado *de cómo hemos llegado hasta esta imagen*. Miremos ahora el contenido real de este pensamiento. Hay sólo dos *casos*: o bien la *potencia no se realiza*, y entonces sólo se la puede pensar como mucho como un *accidente estático* de la manifestación –pero ojalá que no como una substancia particular o una parte componente particular, material y substancial de la manifestación–. O bien se *realiza*: y entonces no es mera potencia, sino algún tipo de acto[76], y la mera potencia queda aniquilada mediante el acto. Por tanto, una mera potencia no es de hecho nada en absoluto, no tiene realidad en ningún sentido, y, al margen de lo que se pensó hasta ahora, ni siquiera resiste frente al pensamiento. Pero ahora debe haber absolutamente una imagen tal de una potencia tal. Ésta es por tanto una creación pura y absoluta del configurar, sin ninguna imagen originaria de alguna realidad cualquiera; es *enteramente imagen*, y nada más, si bien ella misma es justamente como imagen.

La manifestación debe manifestarse *como* tal: ahí no hay ser alguno.

Hemos hecho un descubrimiento muy importante. La manifestación no es en absoluto el ser, hemos dicho; sino su ser propio específico. ¿Qué [es] entonces? Ahora hemos construido la pura y auténtica manifestación sobre algo: a saber, sobre la potencia. Esta manifestación, que es absoluta, será ahora el elemento a partir del cual se hará toda otra intuición. [/21a]

La potencia debe manifestarse: la unidad sintética, como tal[,] debe manifestarse simultáneamente.

• Potencia es manifestación para un puro resultar en el tiempo según aquélla[.][77]

---

[76] Se ha traducido como «acto» *That*.

[77] Esta sentencia es bastante críptica. La potencia es la capacidad para realizar una acción o para no realizarla. Pero si la potencia se actualiza, en qué consiste su acción no depende de ella, sino que ella queda aquí vinculada, según hemos visto, a una legalidad muy precisa: la acción de la potencia consiste en reproducir el carácter mismo de la potencia, y como la potencia es una manifestación, la acción de la potencia es la reproducción de una manifestación, la imagen de una imagen o el esquema de un esquema. Por eso se dice que «potencia es manifestación». Como la potencia es tanta potencia tanto si actúa como si no, es libre para actuar o no hacerlo, y si actúa, su acción no tiene precedentes ni condicionantes, es un puro acto de libertad, y por consiguiente, según ha dicho Fichte, es en este sentido un acto de «pura creación», un «puro resultar» y como su acción, su resultado, cae bajo las formas de la experiencia, es «un puro resultar [en el tiempo». Finalmente, como la acción manifestadora de la potencia la refleja a ella misma, este «puro resultar en el tiempo» es «según aquélla».

Digo una proposición altamente importante: *en la potencia, caso de que [se] describa la potencia, el esquema y el ser son absolutamente lo mismo*. Comiencen ustedes con el pensamiento de una potencia determinada para esto y esto: x, y, z. *¿Es* pensado ahora x como siendo, y lo es merced a que se piensa la potencia para x? *¡Jamás!*[78] Pero ahora no me negarán que mediante el pensamiento de una potencia para x, se ha pensado x. ¿Cómo se piensa, pues, ahora? Si se habla de un ser, entonces sería x; se piensa su *como*, su carácter; es decir, se capta en su mero esquema, al margen de si es o no; y de este modo se capta merced al pensamiento de una mera potencia, y mediante la descripción de la misma como potencia de un x. Adviertan y no pierdan de vista que aquí la potencia meramente *se describe* y se caracteriza, es decir, sólo se esquematiza; si se realizara, entonces sería x[,] con lo cual se suprimiría el presupuesto de la mera potencia simplemente como tal. [Conciban] ahora la potencia misma como tal en su forma pura. [Ella es] evidentemente: fuerza que se mantiene a sí misma y que reposa sobre sí misma, simple y absolutamente sin expresión alguna. Esto, esta *forma del reposar sobre sí misma, esta duplicidad[,] retorno y encerramiento de la fuerza en sí, es* la forma pura *de la potencia* en unidad absoluta. *Si ésta [sc. forma] fuera, y si fuera capaz de ser, estaría encerrada en sí misma, y de ella no se seguiría nada*; pero según lo anterior, ella debe reflexionar sobre sí misma en un esquema: entonces surgiría un esquema absoluto *de ella misma* justamente como de algo que reposa en sí mismo. Brevemente, un esquema *ad legem* de un Yo. Pero ahora [–]todo depende de esto[–], según todo lo dicho, tal esquema, en la unidad descrita ahora, no puede surgir por sí solo, no puede hacerse por sí mismo; sino que sólo puede surgir como reflejo de una unidad *sintética efectiva*. Pero ésta sólo sería captada bajo la unidad del esquema de la potencia si la multiplicidad entera de *la potencia* se esquematizara en todo punto *como potencia*: y de este modo, el ser, la fuerza y el ser determinado de ésta se identificarían en todo punto con el esquema de ella.

Otra vez, y por la vía analítica: 1) La fuerza[79] o la potencia no deben ser considerados un mero esquema, sino una potencia efectivamente real para *engendrar* algo: por tanto un *ser*. 2) Ahora, ella se refleja; ahí donde ella está, ahí está su imagen, y al revés, ahí donde está su imagen, allí está su ser, pues su ser mismo es sólo mediante la imagen. En ella, ser y esquema se disuelven puramente uno en otro. ¡Captemos esto de un modo más estricto! La potencia como tal, según hemos visto, no es en absoluto; en

---

[78] He aquí una nueva versión de la declaración de problematicidad. No porque *pensemos* la potencia para obrar una acción determinada «x», esa acción determinada «x» *existe* de hecho. Sin embargo, al *pensar* la potencia para «x», simultáneamente estamos *pensando* «x».

[79] Fichte emplea el término *Kraft*, «fuerza», como sinónimo de «potencia», en el sentido de la fuerza para hacer algo o no hacerlo.

rigor, es una realización efectiva de la libertad, y su reflejo es la *imagen de una* potencia. Puesto que ahora una imagen se esquematiza necesariamente como imagen, y esto no es posible sin una oposición del ser[,] entonces esta imagen proyecta desde sí misma un ser de la potencia; y así vemos también más claramente cómo en la potencia ser e imagen son lo mismo, siendo el ser la imagen misma, sólo que no como tal. 3) Si a la identificación e identidad absoluta del ser y el esquema lo llamamos *ver*, en lo que bien podríamos tener razón[,] entonces la potencia es absoluta e inmediatamente visible para sí: *para sí*, porque tiene la forma del Yo. Por tanto, ahí donde hay potencia, hay *autovisibilidad* absoluta, y al revés. 4) ¿Acaso hay ahora una autovisión absoluta, o una intuición de la *pura potencia* como tal? Sí, sólo con que hubiera una imagen suya separada; pero ésta es sólo en conexión sintética con otro miembro, y es meramente el reflejo de este otro [miembro] y de su unidad, no pura ni simple, sino sintética. Por tanto, la identidad absoluta de la potencia, que es una unidad pura y simple, pero en modo alguno sintética, ofrece meramente la visibilidad para la *otra* unidad *sintética*. Es potencia en todo punto: x, y, z, y se intuye en sí como potencia[:] x, y, z. Éste es el ojo que se dispone.

[/21b]
Miércoles, 24 de febrero

Sea esto, en nombre de Dios, sólo una preparación. Repasemos.

1) Anteriormente hablé *del ver*. (Estas distinciones no son válidas en sí y objetivamente, sino sólo para nuestra necesidad actual. Sobre todos estos objetos [se juzga] decisivamente sólo a partir del principio buscado. *Saber* [y]: lo material[,] unidad sintética; *ver*, y determinación posterior [como] la forma de aquella unidad; justamente la unidad como tal.) ¿Qué es *ver*? ¿Qué puedo pretender con esta pregunta, y cómo puedo desear que ustedes deban contestármela? Evidentemente, ustedes deben considerar el ver que conocen de modo empírico y captarlo profundamente: justamente *como* tal, esto también ahora empírica y fácticamente. Afirmo que ustedes encontrarán que es un *identificarse*, un penetrarse recíproco y completo *del esquema y del ser*. (Ustedes ven esta estufa: en ambos.) [Es fácticamente] este identificarse justamente como un ser cerrado y agotado en sí (pues ahora no ven la estufa, sino su ver la estufa).

Si ahora tuviéramos tal vez la tarea de deducir absolutamente el ver, entonces tendríamos que deducir tal identificación del ser y el esquema. ¿Dónde surge el ver, dónde está su fuente? = ¿Dónde se unifican plenamente ser y esquema?

Pero ahora no teníamos esta tarea, sino que la identificación absoluta [de ser y esquema] nos ha resultado en la solución de otra tarea; por tanto, y a la inversa, después de haber inteligido lo anterior, añadimos: ¡esto es ahora el ver! Hemos visto[:] 1) La potencia, puramente como tal, como mera y pura potencia, es el punto de la identificación. Si *es* una potencia, entonces es su esquema, y v[ice]v[ersa]; y lo que hay en el ser de la p[otencia], lo hay en su esquema, y v[ice]v[ersa]. Si se supone que la potencia es, de ahí no se sigue inmediatamente esquema alguno. Pero sabemos por lo anterior que, merced al como absoluto, la potencia trae consigo su reflejo[,] junto con toda otra determinación posterior de ella, por tanto [también] su reflejo. Ahora bien, esto no debe suponerse. La potencia no es de hecho, sino que en su fundamento es pura y simplemente esquema; y [debemos conocer que] aquello de lo cual es reflejo no es una *potencia*, sino un factum que anula la potencia. Tanto más claro es entonces que, puesto que la potencia es absolutamente sólo esquema, toda determinación posterior de la potencia (lo que hay en la potencia) es inmediatamente una determinación posterior del esquema (es absolutamente necesaria y aparece en este esquema). 2) Piensen ustedes de este modo (y este pensamiento no es decisivo únicamente para lo que estamos tratando ahora, sino también para la comprensión de lo que sigue) la diferencia y la identificación, construida sobre ella, del ser y el esquema en la potencia (potencia que es total y completamente un esquema, y parece por tanto que es contradictorio hablar en ella de una distinción y unificación del ser y del esquema): el esquema absoluto se pone en sí mismo justamente *como* esquema y, de esta manera, le surge en oposición un ser que es exactamente lo mismo que lo que hay en el esquema como tal. [Aquí hay una] *totalidad originaria*: un esquema que, en virtud de lo dicho, y como reflejo de un factum, es un esquema determinado. Este esquema se divide en sí mismo tal como *es*, *formal* y *cualitativamente*, en dos mitades: esquema como esquema, ser del esquema. Es claro que en ambas mitades se halla enteramente lo mismo, y que en ninguna de ellas hay algo que no se halle también necesariamente en la otra. 3) ¡Adviertan bien esto, sin lo cual toda la explicación se echa a perder y se altera! Por eso lo voy remarcando por partes. La identificación descrita, en la identificación y como identificación, en esta concreción[,] es el *ver*, el identificarse que se agota en sí, simple y por tanto cerrado. En esta concreción no aparece en modo alguno la *potencia*, en su duplicidad y relación consigo misma. [/22a] Sino que en su lugar aparece el *ver*; y éste es el único factum que aparece aquí. 4) La proposición: el factum trae consigo el reflejo de una potencia, significa justamente: es *visto*. Que este reflejo es en virtud del manifestarse de Dios, porque éste debe manifestarse *como* tal, significa: el ver es en virtud de este manifestarse, y es este manifestarse y lo que completa este manifestarse mismo en un factum completo. Ver [es] –formalmente– pura visibilidad de Dios. Para eso existe. (Sólo la D[octrina de la] C[iencia] lo descompone [en] sus partes componentes; todavía tiene que rendir cuentas sobre cómo puede hacer esto; y entonces llegará, pero no aquí sino más adelante[,] a una intuición de la potencia misma, etc.) La potencia es aquello en lo que el ver se activa y lo que dispone el ojo para la oscura unidad sintética que se ha descrito con más precisión. 5) ¿Qué [sucede] *propiamente* con la multiplicidad? *La determinación posterior[,] que está en el ser de la potencia, está necesariamente también en su esquema, según hemos visto.* Pero esta *determinación posterior* no es la mera *potencia simple*, sino algo añadido y, por consiguiente, algo *múltiple*; y así, mediante el *verse* inmediato de la potencia a sí misma, también la multiplicidad entraría en el ver y se haría visible. ¿Pero cómo y bajo qué *condición*? Evidentemente sólo bajo la condición de que la *potencia, como potencia*, se viera a sí misma en cada miembro de la multiplicidad; por ejemplo, si se avanza de x a y[,] esto es posible sólo merced a que la potencia se intuye como pudiendo realizar x o no realizarlo[,] e incluso bajo este presupuesto podría o no *realizar* el y que se corresponde sintéticamente con aquél; y de este modo, el enlazamiento de la multiplicidad como tal vendría acompañado siempre *de la visibilidad permanente de la potencia una*; y sólo bajo la condición de este acompañamiento es visible la multiplicidad, y visible como tal, y registrada en la visibilidad: pues lo que se vuelve inmediatamente visible es únicamente aquella potencia, mientras que la multiplicidad [se vuelve visible] sólo por medio de esta potencia. A esta síntesis la llamamos *conciencia*[.]⁸⁰ La multiplicidad es captada bajo la unidad absoluta del ver: ésta es la visibilidad inmediata de la potencia absoluta por medio de la *unidad sintética* de la conciencia, es decir, de la potencia que en sus diversas determinaciones se intuye a sí misma como la potencia una. Y de este modo, retornando a la fórmula establecida, se ha encontrado la unidad sintética propuesta: unidad de la unidad como tal y de la multiplicidad como tal. La unidad *que hay que sintetizar* es la potencia, y ésta se manifiesta a sí absolutamente como tal; justamente se ve a sí: la unidad sintética es la conciencia, o el ver de la potencia misma en el enlazamiento de la multiplicidad en sí[,] en la unidad; y de este modo la multiplicidad es [simultáneamente] una unidad; pero fuera del enlazamiento, en tanto que la potencia se considera a sí misma como pudiendo igualmente no enlazarla, es una multiplicidad como tal. Todo está separado entre sí. 6) Es reflejo de un factum. 7) Ejemplo. 8) Disolución en el saber. 9) Referencia a Kant.

---

[80] La conciencia es sintética porque en ella lo conocido es simultáneamente lo cognoscente, o dicho en otros términos, la conciencia sólo es en tanto que se conoce y sólo se conoce en tanto que es. Por eso, y recordando que el esquema es el reflejo –reflexión–, la conciencia [filosófica] designa la unificación explícita (consciente) de esquema y ser, esto es, la síntesis de esquema como esquema y de ser como ser. En la Doctrina de la Ciencia de 1794 se había definido el Yo en términos de autoposición: la acción ponente es simultáneamente lo puesto: *Tathandlung*. Desde aquí se observa en qué medida, conservando el mismo planteamiento filosófico, ha evolucionado la Doctrina de la Ciencia en diecisiete años, de lo cual da buen testimonio el cambio de terminología.

Viernes, 1 de marzo

6) Ahora, según se ha repetido varias veces, este como es sólo reflejo de un factum que, por lo tanto, se presupone. Respecto de la multiplicidad, la *potencia* no puede entonces manifestarse como *creándola*, pues aquélla ya *es* en virtud del factum. ¿Como qué debe *manifestarse* ahora la *potencia*? Incluso esto se da ya en su mera forma y queda expresada a la vez con ella. En esta su pura forma es sólo un estar concentrada en sí misma; para su realización respecto de la multiplicidad no requiere, pues, de otra cosa sino de que se la deje salir. Respecto de la multiplicidad y su unificación se manifiesta entonces sólo como *entregándose*, justamente para sí misma; y en este entregarse se constituye, pues, para ella la multiplicidad misma. ¡Más claramente! Arriba [se dijo]: la manifestación se hace a sí misma; [esto] tiene un sentido doble: con *libertad* y mediante su *ser*. Ambos [sentidos] están [/22b] unificados aquí en la manifestación, y son simplemente de un golpe, tal como alguna vez tiene que ser. Ella se entrega con libertad absoluta al hacerse a sí misma en este ser; y a la inversa: ella no se hace en su ser sin manifestarse mediante el reflejo como haciéndose con libertad. Acerca de este nuevo punto de unión añadiré enseguida una advertencia importante y general. Ahora 7) ¡reforcemos la intuición mediante un ejemplo! Si se concibe una representación[,] por ejemplo la de la estufa, parte por parte, entonces se es bien consciente de la propia potencia para poder concluir la concepción donde se quiera, así como para poder continuarla luego con libertad absoluta hasta donde se la quiera continuar; por tanto [se tiene] la conciencia de la *potencia*. Pero en esa representación misma debe estar reunido todo, debe estar todo conjuntado, y sólo mediante esta totalidad y esta unificación de la pluralidad debe constituirse la estufa misma. ¿Qué hace ahora la *potencia*? No crear, sino *entregarse* al hacerse a sí mismo. Atiende: de este modo resulta en ti la imagen correcta misma. Sin atención, ninguna imagen; y a su vez: sin imagen que se hace a sí misma, ninguna atención. Aquí se revela esta identificación del *hacer* mediante libertad y del hacerse mediante el ser[81]. 8) Hasta ahora hemos presupuesto siempre que, en virtud de la autorrealización absoluta de la libertad original, *hay un factum* como lo primero, justamente el período sintético antes descrito = saber; y que este factum, en virtud del debe de un como, lleva consigo su reflejo, lo que corresponde a la unidad sintética del ver que hemos descrito últimamente; ambos, en esta unificación absoluta[,] dan la *conciencia* como la unidad sintética verdadera y suprema, la única que tiene *autonomía* en sí, puesto que las *partes* se han mostrado como no *consistiendo* en absoluto por sí mismas. Saber:

---

[81] En términos de 1804, la Doctrina de la Ciencia es ideal-realismo y real-idealismo.

[era] sin luz; *ver* sin contenido. Entonces, ¿podemos, pues, seguir con el presupuesto del que partimos, que primero es el factum y la raíz del estado, [y luego] el reflejo de ella, puesto que hallamos que ella no es sin él? Para nuestra argumentación, y sólo para generar la intelección[,] pudo haber sido bien correcto haber mantenido separadas ambas síntesis como condicionante y condición: pero ahora tenemos su punto de unión, la *conciencia* misma; así pues, las partes son sólo en ésta y en su unidad. Tenemos entonces que considerar el asunto así: la *conciencia* es; sólo ésta es completa y autónoma y factum primero; y en esta existencia suya es resultado de una causación recíproca de la manifestación de Dios en virtud del como y del ser autónomo de la manifestación. Esta conciencia se divide por sí misma en dos *partes fundamentales*, la manifestación, como haciéndose a sí misma *en su ser*, y ella misma como haciéndose a sí misma con *libertad absoluta*; [se divide:] en el factum y en su reflejo como esquema de una potencia: ambos por entero en la conciencia y no fuera de ella, y como producto inmediato de ella, y no de otra cosa. 9) Ahora la advertencia principal que les habrá surgido durante la investigación: esta fragmentación de la conciencia en el factum y su reflejo, el ver y el saber, y esta fragmentación del último en la síntesis conocida, y del primero en el esquema de una potencia *como tal*, que permaneciendo como absolutamente una registra en sí una multiplicidad, la hemos hecho sólo nosotros: en el sentido de que esto, esta unidad de la unidad como tal y de la multiplicidad como tal, es justamente la conciencia misma, ¡sólo [nosotros,] la D[octrina de la] C[iencia]![82] / Pero la conciencia de las partes componentes, como unidad de la potencia y como multiplicidad dada de lo que en ella se registra[,] se manifestó ya en nuestro primer ejemplo, que fue propiamente la primera reflexión. Cómo es posible ésta, lo contestaremos en su momento.[/25a] Hemos dicho que esta multiplicidad y su unidad sintética son ahora la *conciencia*, que, si es, entonces es, y es justamente esta unidad *que se agota en sí*: ni se manifiesta ella misma, ni, justo por eso, pueden manifestarse en ella las múltiples partes componentes[83]. Por tanto, tan

---

[82] Toda conciencia es sintética, unificación de la figura y lo figurado. Pero la conciencia ordinaria, que no reflexiona sobre sí, que, como dice Fichte, está «reducida a sí misma», no es a su vez consciente de esta su propia condición. La conciencia filosófica, o la Doctrina de la Ciencia, reflexiona sobre sí misma, eleva a conciencia su propia condición, explicita los propios términos de los que está constituida. Ya no es una mera síntesis de figura y figurado, sino que pasa a ser una síntesis de la figura *como* figura y de lo figurado *como* figurado, esto es, una síntesis doble. Sus partes integrantes ya no pueden explicitarse en una fragmentación simple, sino en una «fragmentación de la fragmentación»: «esta fragmentación de la conciencia en el factum y en su reflejo [...], y esta fragmentación del último [...] y [esta fragmentación] del primero [...]». La conciencia simple pasa a ser, como dirá Fichte enseguida, «conciencia de la conciencia», *Bewußtsein des Bewußtseins*.

[83] Véase la nota anterior.

pronto como la conciencia original es, son estas partes componentes, pues ellas mismas son la conciencia; pero ellas no se manifiestan, así como tampoco la conciencia misma se manifiesta, pues entonces no sería conciencia, sino conciencia *de la* conciencia, lo cual bien puede igualmente ser, sólo que entonces sería algo muy distinto de aquello de lo que aquí hablamos. La conciencia es la unidad de la unidad como tal y de la multiplicidad como tal, en un absoluto disolverse en sí misma: pero justamente porque es esto, en ella no se manifiesta ni la unidad ni la multiplicidad. Por consiguiente, aquello que acabamos de deducir y de componer a partir de sus partes componentes, que se nos han vuelto claras mediante la deducción, es la conciencia misma, tal como la somos y la hemos sido siempre, ésta [conciencia] absolutamente simple como factum: justamente este estado, que puede ser pero que no puede en modo alguno seguir describiéndose en el ser, está descrito de antemano: en él reside, como la unidad, la visibilidad absoluta de la potencia, y esto extiende luz y ver en la conciencia: en él reside[, en segundo lugar,] una *multiplicidad* en la que la potencia se fragmenta y se refleja, y esto le da a la conciencia su contenido. Esta transparencia de un algo que sólo mediante multiplicidad deviene *algo*, es ahora la conciencia. La conciencia es entonces absolutamente mediante sí misma y mediante su ser aquello que la unidad y la multiplicidad y su fusión absoluta traen consigo, pues la conciencia misma no es sino tal fusión. No se ha preguntado: ¿de dónde vienen? Si quieres preguntar, pregunta entonces: ¿de dónde viene la conciencia? Justamente a eso acabamos de dar respuesta.

Hemos cumplido con la primera parte de nuestra promesa, y hemos realizado lo que yo mismo planteé como el punto más difícil de la D[octrina de la] C[iencia:] elevar a conciencia la conciencia misma, hacer transparente la transparencia. A saber; esto [que hemos] deducido es la mera forma pura de la *conciencia*, pero no todavía una conciencia determinada, no una conciencia de un algo en oposición a la de otro algo, aunque en la multiplicidad se ha hallado el fundamento de todo carácter de algo. ¿Dónde estamos propiamente? Buscamos un *principio*, que debe ser un principio de la contraposición y la división. Todavía no tenemos una [contraposición] fáctica. Quizá [esto lo aporte] una determinación posterior de ésta forma fundamental, y una división en esta nueva determinación. (Pues ésta misma[,] según lo expuesto[,] tiene que permanecer ciertamente una.) Han visto, pues, cuán importante es haber captado esto correctamente. La determinación posterior difundirá nuevamente luz sobre lo determinante: la claridad se multiplicará; pero aquí debe haber comenzado ya, [pues] sólo puede multiplicarse ahí donde [ya] la hay.

Aquí tienen ustedes nuevamente una oposición entre la D[octrina de la] C[iencia] y toda otra filosofía. Para estas últimas la conciencia [es] un ser simple. Pero ahora hay una diversidad respecto de los objetos. Ésta se explicó como viniendo desde fuera. ¿Cómo, si ella estaría en la misma [conciencia]? Pero entonces no se la habría tenido que concebir como simple, sino como necesitada de una explicación y penetración posteriores.

¡De vuelta a la fórmula kantiana! La apercepción de la unidad sintética es justamente la conciencia en su misma forma absoluta. 1) Deducción: Porque lo absoluto no se manifiesta sólo implícitamente, sino explícita y expresamente *como* tal, ¿qué [elemento] categórico se transforma aquí en un debe? 2) ¿Qué es ella [la apercepción]? ¿En qué consiste? La apercepción es la absoluta visibilidad *de la potencia*[84] como de una unidad que permanece siempre y eternamente una y la misma, aquí en la multiplicidad de la síntesis, y en adelante en todo cambio infinito. La unidad sintética es el enlazamiento de la multiplicidad mediante la misma potencia una, que en este *enlazar* es enteramente visible, y de este modo también la multiplicidad se vuelve visible en ella. Así, en la unidad pura y absoluta de la visibilidad de la *potencia* se capta, en primer lugar, la unidad [/25b] sintética, y mediante ésta, la multiplicidad. Kant falló aquí, en este punto central, pues él intuía sólo fácticamente.

¡Conservatorium!

***

[/23a]

Lo que expuse en la última hora es en efecto difícil; y [es] propiamente lo más difícil, pero si esto se entiende, [es] lo único difícil de la D[octrina de la] C[iencia]. El motivo [es]: exige la propia intuición y una intuición absolutamente nueva, que jamás se les ha revelado. No se puede pretender escuchar sólo históricamente lo que la D[octrina de la] C[iencia] adoctrina, ni despacharla sólo esquemáticamente: hay que adentrarse por sí mismo en ella. De nada ha servido la exposición [si no se la ha comprendido]: soy consciente de que jamás había desmembrado con tanta claridad este punto hasta su núcleo más íntimo.

1) Ver = identificación de *esquema* y *ser*; ¡captar en una intuición empírica ordinaria! 2) En la potencia, ambos se identifican completamente; pues la potencia no es sino un esquema. La potencia es entonces plenamente visible; no puede ser sin ser visible. 3) No ser, digo. ¿*Es* entonces? Sí[,] necesariamente: justamente en el *ver*, y mediante el mismo ver. Con el esquema debe corresponderse algo no esquemático; y tan pronto como has dicho que hay un esquema, ya has dicho con ello: la potencia tiene

---

[84] Recordemos que Fichte ha interpretado el «yo pienso en general» kantiano como aquel elemento que *puede* acompañar a todas mis representaciones. Por eso define la apercepción en términos de potencia.

entonces que *ser*, que hacer, que realizar *algo, pero como potencia pura y absoluta*, pues de otro modo no sería *visible*: enlazar una multiplicidad sólo de tal modo que, en tal [enlazar,] se vuelva visible únicamente la potencia, que ella misma sea corregistrada en el ver. 4) Hay un *entregarse* al enlace. [/]

[/25b]
Lunes, 4 de marzo

1) De seguro que no perderán el hilo de la explicación si no olvidan que, por la vía directa de la deducción, hemos descendido hasta una libertad absoluta de la manifestación para manifestarse. Ahora, a este miembro, deberíamos haberle añadido inmediatamente un principio = x[,] propiamente [deberíamos haber] introducido este principio en la libertad autónoma de la manifestación como determinación de aquel [miembro]: [un principio] de una división en *quintuplicidad e infinitud*. Este principio no podíamos hacerlo comprensible inmediatamente. Lo *intentamos*, y ésta es nuestra actual tarea. [Es] entonces propiamente un *trabajo intermedio*, a la orilla del camino, para retornar a él.

Este principio ya se ha señalado en su conjunto: el *cómo de lo oculto e invisible* en el esquema. Con este principio hemos trabajado hasta ahora, y a partir de él hemos deducido. Pero no se ha manifestado aún como principio de la disyunción de algo propiamente *fáctico*. Por lo tanto, todavía no estamos de vuelta al camino ni hemos [alcanzado] el punto que buscamos, sino que aún tenemos que proseguir el trabajo.

2) Acepten este consejo: aténganse a los resultados fijos que hemos encontrado, como por ejemplo, en lo anterior, *la composición de la conciencia*. Ésta permanece inconmoviblemente verdadera, y sirve como fundamento de lo siguiente. [Aténganse] menos a los miembros intermedios a través de los cuales hemos ascendido. Los miembros de nuestro proceso no se conectan aún fijamente unos con otros; esto sólo puede lograrse cuando se haya encontrado el principio. Aún tienen que hallarse entonces en los espacios intermedios huecos e indeterminaciones, justo entre la libertad absoluta de la determinación y la conciencia.

3) Como advertencia general acerca de todo el resultado de la investigación finalizada, la conciencia, añado aún lo siguiente: en esta investigación hemos establecido un concepto, el de la unidad, el de la unidad absoluta de la potencia con la unidad sintética del enlazamiento de lo múltiple, de aquello que no es en modo alguno concepto, sino lo absolutamente opuesto a todo concepto, la *intuición*, a saber, en su forma absoluta, la conciencia misma. Se entiende que aquí no dirigimos la mirada al concepto, sino a lo concebido mismo, el ver en su absoluto ser y disolverse en sí mismo. Este concepto no hay que dejarlo morir, sino hacerlo viviente e intuible, inteligiendo y siendo arrebatado por la convicción de que nuestro ver ordinario, el que hemos practicado toda nuestra vida, no es en efecto sino una *unidad tal* como la hemos descrito: lo cual, por su parte, no es el ver mismo, sino sólo un concepto intuible del ver. A quien no sea capaz de salirse del concepto muerto hasta una intuición del asunto mismo en él, no se le puede apelar con necesidad lógica alguna; pues toda necesidad lógica se desvanece en un pensamiento muerto y formal. Pero incluso alguien así, sólo con que establezca el presupuesto problemático de que el ver es una unidad tal, llegará a una intelección esquemática del contenido de la D[octrina de la] C[iencia]; pues a partir de aquel presupuesto se sigue estrictamente todo lo restante. Sólo que no llega a la D[octrina de la] C[iencia] misma, es decir, a aquella intelección formal en la que ella consiste. [/26a]

¡Sigamos! En la conciencia descrita hay una parte componente que, según *nuestra* intelección, es en efecto esquema, pues es producto de la libertad de la manifestación, pero que en esta conciencia que hemos descrito no se manifiesta como esquema. Esto es el algo, la *multiplicidad*. Sólo en la medida en que ésta se enlaza mediante la potencia *como potencia*, de modo que ésta se manifiesta como *pudiendo igualmente no* hacerlo, es registrada en el ver, por tanto en el esquema como tal; pero en la medida en que *es*, debe ser independiente de la potencia, y ser así un ser verdadero dado y hallado. Por tanto, según se recordó antes, la libertad se manifiesta en la eventual reflexión también sólo como un entregarse[85], pero en modo alguno como un crear, pues en el esquema se disuelve sólo el reflejo, y mediante la realización de la potencia de la manifestación no se manifiesta en absoluto la libertad original

---

[85] «Entregarse», *sich hingeben*, es uno de los términos característicos de Fichte, y en particular en esta obra aparece al menos con dos significados peculiares, o más precisamente con dos sentidos, además de su significación ordinaria. Cuando se dice que la libertad «se entrega», quiere decirse que «asiente» o que «consiente», y se corresponde con la aceptación voluntaria de una ley, que la convierte en deber, *sollen*, frente a la necesidad incontestable del tener que, *müssen*. Corresponde, sea dicho una vez más, a lo que hemos llamado la dimensión práctica de la problematicidad. El segundo sentido es el entregarse como «disolverse», como «agotarse» o «reducirse» *sich auflösen*, y se refiere a hacer algo de modo tan inmediato que no se tiene conciencia explícita de cómo se hace: en este segundo sentido se ha traducido de los tres modos indicados.

del *crear*, sino sólo su producto. Por eso, en la misma reflexión se destaca también la representación, que debe coincidir plena y enteramente con el ser, y un ser que debe coincidir plena y enteramente con la manifestación. Este último es en particular el producto de la libertad absoluta, y aquella primera es en particular el producto del reflejo. Esta parte, el contenido, no la forma de la conciencia[,] es por tanto la que se nos evidencia como esquema, pero no así en la conciencia. En cambio, *en virtud del como general*, también este esquema *tiene que* manifestarse como tal en alguna conciencia, puesto que aquel [contenido] es uno tal. La tarea de describir esta conciencia particular, que se ha caracterizado mediante la tarea misma y que sin duda es distinta de la conciencia que hemos descrito ahora, en la que este esquema puesto en cuestión no se manifiesta como tal, es una nueva tarea.

O bien, al margen de este caso particular, captemos ya la tarea en general, con lo que ganaremos en brevedad y, sobre todo, en claridad. [1)] La oposición que también establecimos ya antes es ésta: sin autorrealización de la libertad absoluta de la manifestación, no hay en absoluto *ningún esquema* en la esfera de la facticidad, es decir, en la esfera que es creada absolutamente y fuera de Dios en el manifestarse inmediato de éste. Pero mediante esta autorrealización, algo en el esquema se vuelve necesariamente oculto e invisible. 2) Oposición: pero ahora el absoluto debe manifestarse puramente como tal, no oculto mediante ningún esquema; por tanto, todo esquema sin excepción tendría que poder manifestarse como esquema, para que el absoluto se viera como lo único que *se manifiesta* en todos estos esquemas y para que se destacara a partir de todo esquematismo, en el cual es sólo oscuro y oculto. Brevemente: que todo esquema sin excepción tiene que poder verse *como* esquema, es la proposición general establecida. *Poder*[,] he dicho; pues el *como* mismo se basa en un mero *debe, no en un tiene-que*. Lo que se sigue de esta proposición es algo meramente *posible*, en modo alguno necesariamente efectivo; en cambio, algo posible según leyes fijas y determinadas: si Dios debe manifestarse efectivamente como tal, entonces absolutamente todo esquematismo tiene que manifestarse como tal. ¡Un tiene-que condicionado! [/26b][86].

A propósito de esto, una advertencia que quizá no sea necesaria, pero que tal vez resulte útil para alguien. La diferencia entre la D[octrina de la] C[iencia] y todo otro saber incompleto (el saber y el filosofar del así llamado entendimiento humano común) consiste justamente en que, en estos últimos, un esquema no se penetra *como* esquema, sino que es tenido por un ser; mientras que, en la primera, absolutamente todo esquema se ve como esquema. [Sólo así reina una] claridad absoluta. En la D[octrina de la] C[iencia] tenemos ahora que responder a la pregunta:

---

[86] He aquí la expresión más pura de la problematicidad.

¿Cómo es posible que absolutamente todo esquema se vea como tal? La D[octrina de la] C[iencia] misma es un ver tal: la D[octrina de la] C[iencia] explica por tanto en sí misma su posibilidad[,] es decir, aporta la demostración de sí misma; y así pues, la proposición que ya establecimos antes en la introducción general, la tienen aquí más próxima conforme a su posibilidad fáctica. [/26a]

La tarea en general: *¿cómo un esquema que originalmente no existe como esquema es capaz de manifestarse como esquema?* No existe originalmente como esquema: tenemos que demostrar que esto no lo ponemos arbitrariamente, sino que puede ser efectivamente, y esta demostración se aportó ya antes. En cuanto se realiza la libertad, ya es el esquema; y de este modo, con toda certeza, al menos la realización es oculta e invisible, y coincidente con el esquema; y es por tanto algo esquemático que no se manifiesta como tal. Si, sigo deduciendo ahora, esta realización misma debiera ser esquematizada, y esquema[/26b]tizada como esquema, lo podría sólo como potencia: por tanto, del *como* se sigue necesariamente un esquema de la potencia, y absolutamente nada más; y así, pues, se vuelve bastante claro todo lo dicho antes, que la potencia es absolutamente sólo esquema, y que un esquema absoluto sólo puede ser potencia, y que justamente toda conciencia y todo esquematismo se funda en el esquematismo de la potencia puramente como tal.

Ante todo, considérese la tarea con más precisión con arreglo a su forma. En la medida en que un esquema no es como esquema, es no *como* tal. Ambas cosas se oponen contradictoriamente y se excluyen. Si, como sucedió en el caso descrito, la potencia está enlazando una multiplicidad, el ver se disuelve absolutamente en esta potencia, y la conciencia está clausurada. Si ahora la multiplicidad misma debe manifestarse a su vez como producto de la potencia, entonces esta conciencia va más allá de aquella primera, y es enteramente distinta. Mediante la posibilidad presupuesta de [representar] un esquema [como tal,] se exige una disyunción absoluta en la conciencia misma, se exigen dos conciencias diferentes y recíprocamente excluyentes; y de este modo es ella un verdadero principio fáctico de disyunción, tal como lo buscamos, y ahora bien podemos estar en el camino correcto.

Analicemos en primer lugar el presupuesto: el esquema debe manifestarse puramente como tal, ofrecerse al ver; pero todo ver, en virtud de su forma general, se disuelve puramente en sí, y *no se* ve ni se explica más allá: lo que se ve en él, es absolutamente y sin ningún otro fundamento tal como se ve en él. Es absolutamente visible y evidente, y expresión de un ver absoluto. En cuanto que él es esquema, la libertad no puede intuirse, y menos aún como haciendo este [esquema]. El auténtico contenido del ver –aquí: que lo dado es un esquema– se hace puramente a sí mismo; *él* [contenido] es resultado del ser de la manifestación, en modo alguno de su libertad, tal como, en la forma general de la conciencia que antes describimos, el algo, lo múltiple, se hacía también puramente a sí mismo, y era resultado de la manifestación en su ser. De dónde viene este hacerse a sí mismo, podemos indicarlo fácilmente: se hace a sí mismo un como; pero todo *como* se hace a sí mismo mediante el debe, mediante la manifestación absoluta de Dios convertida en ley. Todo esto acerca del contenido de esta nueva conciencia.

Respecto de la forma, es claro, en parte desde el ver, que aquello que, mediante una libertad y una potencia, [aparece] como la segunda parte componente, [procede] también del *debe*, al cual tiene que entregarse una libertad, y aquí además un nuevo acto. Surge ahora la pregunta decisiva, la más decisiva según lo anterior:

[/27a]
Martes, 5 de marzo

¿Cómo un esquema que en una conciencia se manifiesta como ser, es capaz en otra c[onciencia] de manifestarse *como* esquema?[87] [Tratamos de comprender la] disyunción.

Analicemos ante todo el presupuesto: El esquema (uno tal que en otra conciencia se manifiesta no *como* esquema sino como ser,) debe *ser visto* puramente como tal. Recuerdo a partir de lo anterior: en todo ver, lo ahí visto se hace absolutamente a sí mismo; en modo alguno es hecho acaso mediante una libertad que ahí se intuyera y que se pusiera a sí misma como pudiendo tomarlo o no. *Es* justamente así, dice el ver que se disuelve absolutamente en sí mismo; es puramente así, y así de *evidente*, exponiéndose en éste un ver absoluto que se disuelve en sí mismo. Que el esquema es visto como esquema, significa entonces: *en el ver que hemos presupuesto, [el esquema] se hace a sí mismo esquema* puramente mediante sí mismo; es esquema, no mediante el *hacer*se de la manifestación con *libertad*, sino mediante aquel mismo hacerse mediante el *mero ser: es dado como esquema.*

---

[87] Se refiere respectivamente a la conciencia ordinaria y a la conciencia trascendental. La conciencia ordinaria encuentra el esquema ya constituido, se lo encuentra dado fácticamente, y por tanto no puede sino tomarlo por un ser. La conciencia trascendental o la Doctrina de la Ciencia capta que este esquema es esquema. ¿Cómo puede hacer esto? Porque simultáneamente capta lo esquematizado como lo esquematizado. Que esta cuestión de confundir o distinguir esquema y ser, pese a lo abstruso del discurso fichteano, puede alcanzar unas dimensiones existenciales muy profundas, lo testimonia, según se dijo en una anotación anterior, la novela de Dostoievski *Los demonios*, que hoy ya se puede considerar una profecía de lo que el comunismo ha representado en la Rusia de este siglo y, en general, en el mundo entero: la inmolación del hombre de carne y hueso a una idea abstracta, que ha costado cien millones de vidas. Por eso se ha de tener sumo cuidado y precisar mejor cuando se considera a Fichte un pensador «de talante revolucionario».

Todavía quiero aclarar esto desde otro lado, y con ello difundo quizá una vasta luz sobre la forma general de la *conciencia* hasta ahora descrita: en ésta, el esquema está penetrado como tal; que esto es ahora una potencia y un esquema de esta potencia como esquema, lo sabemos; pero en la conciencia misma no es visible ni la *potencia*, ni el esquema, ni el esquema como esquema, sino que todo esto en su concreción es el *ver formal* mismo. Que este esquema como esquema aporta el carácter necesariamente penetrado y transparente, la cualidad[,] lo sabemos igualmente. Ahora además, en la misma unidad sintética de la conciencia, al esquema como tal se le tiene que enfrentar un *ser* con el mismo carácter: esto da ahora a la conciencia el algo, aquello en lo que la *transparencia* en cierta manera se fragmenta, por lo cual ella es portada y por lo que ella reflexiona. El intuir [es reflex]ionar del saber. La conciencia en su forma absoluta es siempre reflejo de algo tal que no debe ser mediante el ver formal, y esto es justamente lo *visto*. Así [es] en la forma de la conciencia en general: así aquí. Lo visto, lo que yace a la base del reflejo y que por consiguiente no es hecho mediante él, sino que más bien *él* es hecho mediante éste, aquello respecto de lo cual la libertad del ver es meramente entregándose, es aquí que algún x es meramente esquema.

Qué es ahora este hacerse a sí misma de la manifestación, interno y meramente reflejado mediante el ver, y de dónde procede[,] se puede decir enseguida: es la determinación de la *manifestación* mediante el absoluto manifestarse de Dios en ella en la forma de un debe. El absoluto debe manifestarse puramente como tal, por eso el esquema, cuya esquematicidad antes se ocultaba, [debe] manifestarse *como* un esquema. La determinación de la manifestación mediante el absoluto manifestarse de Dios mismo es aquello mediante lo cual aquella [manifestación] expone el esquema como esquema. Esto sería lo primero, y un lado de esta nueva conciencia: el [lado] objetivo.

Pero ahora, esto es no obstante una conciencia, por tanto un *ver* según la forma, y a la base de ésta debe yacer una libertad, aunque ésta no se manifieste en aquélla, pues según nuestra primera explicación de la conciencia el ver tiene en general su esencia sólo en la exposición de la libertad. Esta libertad puede exponerse también aquí aún con mayor precisión. Aquel hacerse a sí mismo en la manifestación debe ser el resultado del manifestarse de Dios, como [resultado] de un *debe*, de una ley para la libertad; pero *se constituye en* ley y *tiene* fuerza legislativa, se convierte en un tiene-que, sólo en la medida en que la libertad se le entrega. Por consiguiente, para la condición de posibilidad de un ser tal de la manifestación, tiene que haberse realizado ya un cierto acto de libertad. A saber, y bien entendido, a tal fin no es suficiente en modo alguno la realización de la libertad en general, pues de ahí resulta meramente el reflejo ya descrito, en el cual, aquello que ahora debe destacarse como esquema, se manifiesta como ser; sino *otro [esquema] nuevo* y absolutamente opuesto al primero. ¿Cuál? ¡Ésta es la nueva pregunta y, según creo, *de entre todas la más significativa* para la D[octrina de la] C[iencia]! Acerca de lo anterior, jamás [se halló] en K[an]t huella alguna. [Aquí se exige] toda su atención. [/27b] Prometo [exponerlo] tan claramente y tan concentrado en un punto (ahí precisamente se halla la claridad) como jamás me fue posible hasta ahora. [Ésta será nuestra] primera tarea de aquí en adelante.

Hay que describir el *acto de libertad* en virtud del cual un esquema, que en otra conciencia se da como un ser, aparece como un esquema.

¡Vayamos paso por paso! 1) Lo que en una conciencia se ve como ser y en otra [conciencia segunda] debe hacerse visible como esquema —y que para mayor facilidad queremos llamar *x*–, es *visto* de hecho como un *ser*, en virtud de la ley de esta conciencia misma que se disuelve en sí y que está completada, y en la cual, en esta situación, la manifestación misma se disuelve puramente; y en esta situación no puede verse absolutamente nada más. ¿De dónde [procede] esta *imposibilidad?* Respuesta: La manifestación se encamina a su autorrealización absoluta y a su reflejo: por tanto, al *factum*; el reflejo ve este factum; éste [factum] está reflejado en aquel [reflejo] hasta este punto, y no más. A este reposar absoluto en la facticidad se debe que x no pueda manifestarse sino como un *ser*. Ser significa aquí *factum*. Mientras la manifestación reposa ahí no puede ser de otro modo, pues el ver es sólo el reflejo del factum y se agota en éste. Mientras no devenga otra cosa, se identifica con él. Ver fáctico - factum - ser. La autorrealización, el acto, se pierde necesariamente, y no puede presentarse en modo alguno en la conciencia fáctica, no puede sorprenderse en su acción[88]. (De paso y como explicación: cuando la D[octrina de la] C[iencia] habla de actividad y libertad absolutas, los profanos la han interpretado como si esta actividad debiera *percibirse* interiormente, sorprenderse a sí mismo en ella. ¡Qué falso [es esto]! La percepción da sólo el factum, el *resultado* de la actividad, porque es sólo su reflejo; la acción misma se le oculta necesariamente, porque ésta no tiene reflejo alguno. Para descubrir ésta hay que proceder de un modo distinto que se indicará enseguida.) 2) La oposición se nos muestra[,] y sólo en este nuevo acto del ver podría manifestarse el esquema como esquema, junto con aquello únicamente en virtud de lo cual

---

[88] Se trata de la misma cuestión que también en otras obras anteriores Fichte planteó como la distinción entre conocimiento genético y conocimiento fáctico. El conocimiento fáctico conoce el esquema como ya dado, y por tanto lo considera como un hecho, como un ser, pero no como un reflejo. El conocimiento genético se remonta por encima de este reflejo hasta la acción que lo constituyó en reflejo –y que por consiguiente, como dirá Fichte dentro de unas pocas líneas, «no tiene [ella misma] reflejo alguno»–, y es capaz de reconocerlo *como* reflejo. Se llama conocimiento genético porque inteligue la génesis del reflejo, su formación como tal a cargo de un elemento superior, y por este motivo tiene sentido ascendente. Es el *hinaufsteigender Weg* que constituye la primera parte de la Doctrina de la Ciencia de 1804.

debería manifestarse como tal, la autorrealización que se oculta en el factum: a saber, en un ver tal que no es en absoluto fáctico, por consiguiente en un [ver] *genético*: en uno tal que intuyera y presupusiera la mera posibilidad de un factum como tal[89]. Si ahora hubiera acaso tal intuición absoluta de la sola posibilidad, entonces, a partir de ésta como principio, sería posible y de modo muy fácil la ansiada intelección: x, aunque en la conciencia fáctica se manifiesta como siendo, es en cambio sólo esquema, pues sólo es posible como producto de la autorrealización de la manifestación. Sus productos son en conjunto sólo esquemas. Sólo así[,] digo, sería posible la ansiada intelección: vamos deduciendo de abajo hacia arriba[90]. Pero ahora, ella debe ser posible en general: tiene que haber por tanto una intuición absoluta de la sola posibilidad de un factum. Con esto he expresado una proposición muy significativa, y pienso que ustedes lo notan. Que la visión ordinaria está infinitamente lejos de pensar algo así, e incluso tan sólo de admirarse cuando se expresa, porque ni siquiera son capaces de captar correctamente el sentido de las palabras, se debe a que todos los días de su vida se han quedado y se quedarán en la forma fáctica de la conciencia, y jamás han experimentado la intuición de su mera posibilidad. Pero quien tenga sólo esta intuición, ése tiene que llegar ya en el acto a la D[octrina de la] C[iencia], concebir sin excepción el esquematismo de toda facticidad. 3) Cómo se llega en general a tal intuición de la posibilidad única de un factum, se advierte fácilmente y ya se explicó antes. Esta intuición, según su propia posibilidad, se halla sencillamente en la manifestación, en virtud de la ley de que en ella debe manifestarse el absoluto *como* tal, y en virtud de esta ley ella se hace de hecho a sí misma por sí misma, [/28a] ahí donde sólo está dada la condición de este hacerse[91]. Éste es el contenido objetivo anteriormente descrito de una conciencia tal como la pretendemos. 1) Deberíamos describir ahora esta condición, algún acto de libertad mediante el cual la manifestación se entregue a la ley y cree para ella una esfera, y con lo dicho ahora sólo queríamos hacer posible esta descripción. ¡Mañana la llevaremos a cabo! El esquema [tiene que] manifestarse como esquema.

2) [Esto es] posible sólo bajo la condición de que haya una intuición de la posibilidad general de un factum. 3) Lo cual [es] el acto de libertad. Esto hay que describirlo.

Vayan pasando la hoja[92].

---

[89] El conocimiento fáctico conoce hechos ya dados. El conocimiento genético inteligue el momento en el que todavía no están dados realmente los hechos, conoce la condición de posibilidad de ellos. El conocimiento genético es, pues, «la intuición [...] de la posibilidad», y es por consiguiente puramente trascendental.

[90] *zurückschliessen*, que se corresponde con el señalado *hinaufsteigender Weg*.

[91] [En el margen inferior:] Ella es absolutamente *a priori*. Saber desde uno mismo; no un *aprender*. ¿Cómo debe, pues, la intuición salirse por sí misma más allá del factum?

[92] Indicación referida a algún aspecto formal de las lecciones. Probablemente se trata del parte de asistencia.

Miércoles, 6 de marzo

3) X se manifestó como ser, y porque el ver era sólo fáctico y la manifestación, según su facticidad, se disolvió plenamente en este ver, bajo esta condición tampoco podía manifestarse de otro modo. *Porque la manifestación según su facticidad se disolvió plenamente en este ver*, he dicho, y éste es el lugar donde esta expresión tiene que explicarse estrictamente. Según toda nuestra exposición anterior, la manifestación tiene dos modos de ser: su ser como manifestación de Dios mismo, que llega hasta su propia autonomía, su ser en Dios = en su ser inmanente, ser *ideal*, que no se manifiesta en absoluto; y su ser mediante sí misma y mediante la realización de su libertad, su ser fáctico en la esfera creada por entero fuera de Dios. En la proposición establecida se habla de esta última esfera. En ésta no hay nada más que el *ver del factum*, y la manifestación se disuelve en él como hallándose en esta esfera. Nada se afirma sobre si la manifestación se disuelve en este factum *también en el sentido ideal*, o incluso sobre si ella, en este sentido, puede disolverse jamás en el factum.

Si surgiera el otro ver buscado, entonces la manifestación *no* tendría que disolverse en él, sino elevar su ser fáctico por encima de este círculo simplemente mediante su propia libertad. *Esto sería el acto absoluto de libertad que buscábamos*; esto tendría que hacer ella, pero absolutamente nada más. En cuanto [este acto] se desprendiera de aquel estar apresado, aparecería inmediatamente la *eficiencia* de la ley –ley que en el *ser ideal* era sólo un *debe*, y que en lo fáctico, en virtud de este acto, deviene un *tiene-que*–, y engendraría puramente la buscada intuición de la sola posibilidad del factum.

Esto, dije, sería el *acto* absoluto *de libertad* que buscamos. ¡Caractericémoslo estrictamente! Este [acto] cae en la esfera de la facticidad (aquí no hablamos de la [esfera] *ideal*) dentro de la autorrealización de la libertad. ¿Y qué es él? ¿*Realización de algún esquema*, generación de alguna conciencia? De ningún modo: todo esto se hace a sí mismo mediante la ley, no es hecho mediante la libertad. Es *exclusivamente determinación del ser fáctico de la manifestación mediante su libertad interior absoluta*. Que X se manifestara como factum fue resultado del *disolverse* de la manifestación en este ver fáctico; si en su lugar aparece otro ver, entonces la manifestación ya no ha de tener su esencia fáctica únicamente ahí, sino que ha de ampliarla mediante libertad; su ser fáctico, pero también exclusivamente su ser *formal y puro* –no un ser de un modo u otro, pues esto se añade sin libertad alguna mediante la ley–. Este nuevo ser fáctico sólo puede determinarse relativamente; es un [ser] *nuevo*, un [ser] distinto al disolverse en el ver fáctico, un [ser] ampliado frente al primero.

Que ahora tenga que haber tal libertad absoluta de la manifestación para *ampliar* su ser formal (de momento lo expresamos así, [pero] pronto podremos decir: para *determinar de un modo enteramente original*), queda demostrado bajo nuestro presupuesto [/28b] del debe absoluto. Pues sólo bajo la condición de una libertad tal el esquema se manifiesta como tal, y por tanto el absoluto como tal. Ahora, [el absoluto] debe [manifestarse] *plenamente*[;] por tanto [la libertad tiene que poder ampliar su ser.]

Nuestra tarea está resuelta. *Se ha mostrado cómo un esquema, que en una forma de la conciencia no se manifiesta como tal, puede en otra manifestarse como tal.*

4) Digo: mediante esta solución se ha encontrado el principio = X que hemos buscado hasta ahora, y al mismo tiempo hemos retornado al camino de la deducción estricta. [Sea esto] expresado con claridad mediante oposición: nuestra deducción llegó hasta la derivación de una libertad autónoma en la manifestación. A partir de ahí, nuestro presupuesto fue que la *autorrealización* inmediata *de esta libertad* daría un esquema que sería el esquema que expresa toda la esencia de la manifestación, esquema que nosotros llamamos 2, con cuya realización llegaría a su final todo el proceso de la manifestación, aunque jamás se llegaría a fenómenos tales como los que encontramos fácticamente, una conciencia [de Dios], etc. Vemos ahora que este presupuesto erró por completo al suponer que la realización de la libertad daría inmediatamente *esto*. Nos aparece otro miembro intermedio: *la autorrealización inmediata de la libertad de la manifestación no es en absoluto esquema alguno; sino que es una autodeterminación de su propio ser formal*, ser en virtud del cual surge ahora por vez primera un cierto estado esquemático, pero no mediante libertad, sino según la ley.

[Les pido que] piensen enérgicamente este ser formal: no es ninguna otra cosa que aquello que expresamos, la *determinación, [la] limitación* de la libertad absoluta según una ley, la ley de la potencia para limitarla. El ser en su raíz no es otra cosa que limitación de la libertad –que de otro modo quedaría desvinculada– a ésta y esta forma de la limitación; y sólo es ser en tal medida y en oposición a la libertad desvinculada. Con arreglo a esto, y en este sentido de la manifestación (*previamente* a todo esquematismo, esto es lo decisivo para nosotros, pero no según el tiempo, sino según el pensamiento[93]), se [le] puede

---

[93] La constitución de todo sistema trascendental, justamente porque es trascendental, no queda sujeta al tiempo, sino que el tiempo se deriva como forma dentro de ella. En todo caso, el tiempo puede desempeñar un papel para nosotros, que reconstruimos el sistema y mientras lo reconstruimos, pero no para el sistema mismo.

atribuir un ser verdadero efectivo, a saber, en la medida en que la manifestación misma se constituye a sí misma en eso mediante determinación de su libertad. Ella misma es creadora de su ser fáctico[,] y sólo en la medida en que ella lo crea, lo es. Esto sería lo primero. Ahora, este ser no puede extenderse para limitar la libertad más de lo que se extiende la potencia de la manifestación. Esta potencia es entonces el fundamento y el criterio del ser fáctico de la manifestación: puesto que es una totalidad determinada y agotable[,] también podemos llamarla entonces un ser, y en concreto, puesto que es previo a toda facticidad y es el fundamento de ella, el ser meramente ideal, el ser justamente en Dios.

Para determinar de paso estrictamente los límites: el ser ideal y el ser fáctico de la manifestación[,] es decir, el mundo ideal y el fáctico[,] están aquí separados estrictamente. El *punto medio* entre ambos *es la libertad absoluta de la manifestación*: ésta es simplemente en virtud del manifestarse de Dios, y de esta manera [es] ideal; pero si ella se realiza, entonces es de esta manera algo *fáctico*. Cómo linda ahora esto último con la libertad en sentido ideal, hasta ahora lo desconocíamos, pero ahora lo hemos llegado a saber. La realización absoluta de la libertad no se dirige hacia *afuera*, sino que retorna a sí misma: es un autodeterminarse. La libertad es entonces en parte *determinante* y en parte *determinada*. En la medida en que es *determinante* en general, está limitada a determinarse una potencia, y reside en el mundo ideal. [/29a] En la medida en que está determinada mediante la realización de esta potencia, es un ser fáctico, devenido, y reside en el [mundo] fáctico; y así, ambos modos intervienen uno en otro, y el fundamento de la conexión es el surgimiento de un ser puramente de la nada mediante aquella [libertad] que se r[ealiza].

El punto al que llegamos siguiendo el orden requiere fuerzas frescas. [Queremos por tanto] reservarlo [para la siguiente lección]. Ahora [sigue] una advertencia incidental: La realización del saber = D[octrina de la] C[iencia], que antes caracterizamos así: en ella se penetra puramente todo esquematismo como tal, según lo ahora dicho puede expresarse así: el ser ideal de la manifestación es introducido en la realidad, en la medida en que esto es posible en general. Más adelante se indicará el motivo por el cual añadimos ahora esta restricción. Tal como antes dijimos: en todo saber que no ha penetrado hasta la D[octrina de la] C[iencia] se permanece detenido en *algún* esquematismo que es tenido por el ser; así [decimos] aquí: algo que la manifestación –por tanto nosotros mismos, pues nosotros somos la manifestación– [es] idealmente, [y] mediante lo cual es su ser en Dios, no se ha realizado. Ahora, el ser ideal y la potencia, según la conocemos ahora como determinada, son lo mismo; y las proposiciones dicen ahora así: en aquel [manifestarse] no se realizó toda la potencia, en éste se ha *realizado toda*, y mediante esto se ha constituido en un factum y se ha introducido en el mundo efectivo de la conciencia.

¡Aquí, no de otro modo!

Viernes, 8 de marzo

5) Que ahora la realización inmediata de la libertad es una tal, una autodeterminación hacia adentro, y en absoluto una acción hacia afuera[,] se ha deducido ya a partir del manifestarse absoluto de Dios como una ley, un debe para la libertad. Aquí sólo queremos captar el conjunto de una manera aún más estricta. Esto ha sido bien inteligido: el manifestarse de Dios es, es en la manifestación, y [es] el ser verdadero y último de la manifestación misma. Ahora la manifestación, respecto de su propio ser fáctico, es enteramente libre; ahora, en esta unificación con la libertad, aquello que en el mundo ideal *es* efectivamente *ser*, se transforma en ley *para la libertad*.

Ahora bien, el contenido determinado de la ley es aquí que el ser absoluto se manifieste *como* tal, y, por consiguiente, también todo esquema como tal. Se entiende que tal como en el ser ideal la *manifestación del absoluto* como tal es una y ya terminada, y no va deviniendo acaso progresivamente, así, en el tránsito a la realidad, ahí donde este ser es ley, es también de un golpe, y en modo alguno *va deviniendo* progresivamente. Por consiguiente, cuando la ley se manifiesta no como una, sino como escindida en sí y como *varias* leyes, esto tiene que tener por tanto otro fundamento, y nosotros hemos de captar este fundamento en su auténtico punto central, y bien podría ser éste el auténtico punto de disyunción que buscamos.

Si por ejemplo la manifestación, tal como se supuso anteriormente, *con arreglo a su facticidad se reduce al ver fáctico*, entonces hay meramente un *debe* para el elevarse a la otra consideración de la mera posibilidad[94], pues de esta primera manera el esquema no se manifiesta como tal, según, no obstante, debe [hacer]. Si, a la inversa, mediante la intuición de la sola posibilidad la manifestación se eleva a la intelección de que X es posible únicamente como esquema, eso no es de hecho una auténtica manifestación original, la cual, sin embargo, *debe* ser también; por tanto, ahora aparece un mero debe para trasladarse a la facticidad, y ambos aparecerían fácticamente uno fuera del otro. ¿Por qué esta separación fáctica del debe, que en sí y en la idealidad es uno? [/29b] Porque la libertad, agotándose necesariamente en un determinado estado de la intuición que excluye el opuesto, no puede satisfacer al debe de un golpe; por eso *el debe* se transforma –no en sí, sino en su aplicación en el factum– en una diversidad. No el debe, sino la inadecuación del *puede* fáctico con el debe

---

[94] Como se ha indicado en una nota anterior, «la intuición de la sola posibilidad» se corresponde en términos kantianos con el conocimiento de las condiciones de posibilidad.

es el fundamento de la disyunción. Y solamente en este sentido también el debe es fundamentalmente distinto de la *autodeterminación* absoluta *de la libertad*, de un *ser* de la manifestación clausurado y agotable previamente a todo esquematismo, y de una potencia ideal igualmente clausurada; porque el *puede* del ser, que está determinado por el debe, no es agotable de un golpe. Aquí se ha hallado una duplicidad de la posible determinación del ser fáctico de la manifestación, la cual[,] en virtud del miembro de su conexión sobre el que aún no hemos reflexionado, bien podría ser una triplidad: un ser de la manifestación tal que en virtud de él surge para ella la intuición de un factum juntamente con la intuición de la mera posibilidad de un factum. De otro modo que surgiendo bajo esta condición una cierta intuición, no pueden determinarse los diversos modos del ser fáctico de la manifestación.

Quiero reforzar toda la proposición expresada ahora mediante una advertencia muy popular, y acuñarla fijamente para ustedes. Muy a menudo suelo recordar: ningún hombre puede modificar sus convicciones[95]; aquél no hace a éstas, sino que éstas se hacen a sí mismas y hacen a aquél. ¿Cómo es posible, pues, modificar y guiar al hombre? ¿Con qué fin adoctrinamos? ¿Estamos afirmando nosotros un fatalismo, nosotros, los auténticos maestros de la libertad? ¡En modo alguno! Él [el hombre] puede modificarse con absoluta libertad a sí mismo y a su propio ser fundamental, y sus convicciones se le modifican entonces por sí mismas. Esta modificación es la que hemos fundamentado mediante la proposición mostrada. La realización original de la libertad de la manifestación es una determinación de su propio ser; y en virtud del modo de este ser, la intuición se hace a sí misma.

Dejemos la investigación donde está ahora y sigamos adelante emprendiendo el siguiente giro, jamás expuesto con este rigor, que nos brinda luz en la región más oscura.

Digo: hemos caído en una contradicción: los actos de libertad que, según lo anterior, deben realizarse con arreglo a la ley, pueden *realizarse efectivamente*: el ámbito de la facticidad, en el que X se manifiesta como ser. Esto es, como se sabe, esquema, y según el presupuesto, esquema de la manifestación tal como ella es, y por consiguiente de Dios tal como él es; sólo que no se conoce como tal. Pero puede conocerse como tal en cuanto la manifestación se eleve, según ella puede hacer. Y, desde ahora, la ley entera se ha cumplido, y el debe está *agotado*. Dios *se ha* manifes-

---

[95] *Ansicht*, «opinión», «parecer», «visión de un asunto». Tal vez tenga un sentido más relativo que «convicción», *Überzeugung*. En cualquier caso, *Fitche* distingue aquí el convencimiento que resulta de una toma de partido arbitraria y el que resulta de una intelección viva e inequívoca de la verdad.

tado. La manifestación no tiene ahora ningún otro ser que la ley, *ésta es* su portadora; si ésta se ha cumplido[,] entonces expira; ha llegado a su final. Ella tenía sólo una existencia condicionada: que Dios se manifestara en ella. Según nuestras proposiciones, esta condición se ha cumplido, y entonces, en adelante, ella ya no está en el ser.

Esto contradice la proposición anterior: la manifestación es en absoluto, y por tanto incondicionada, tal como Dios es en absoluto e incondicionado. Después de que es (para sí misma, fácticamente; desde el punto de vista de Dios, si es que éste fuera posible, necesariamente), *no puede no ser*. Ella no puede transcurrir, según pretende la conclusión a partir de las proposiciones que hemos establecido [/30a], en tan poca medida como ella puede *surgir* o como algo puede surgir en ella. Esto no puede contradecirse, y de este modo las proposiciones establecidas, si es que deben ser asimismo verdaderas, son altamente insuficientes, y tienen que unificarse con lo que se sigue a partir de la proposición que ahora hemos establecido acerca del ser incondicional de la manifestación.

¿Dónde tenía su sede la contradicción descubierta, dónde estaba su vértice supremo? El esquema X era resultado de un *hacer*, pero todo hacer, como una realización de la libertad[,] lleva en sí su completitud y totalidad, y por tanto también su *final* y su *caducidad*. El esquema absoluto (esquema 2), a causa de esta propiedad del hacer sobre la que anteriormente no reflexionamos, ciertamente no está hecho, ni es factible, pues de tal modo la manifestación obtendría un ser finito y por tanto condicionado; tampoco es, como antes supusimos, resultado de la autorrealización de la potencia, sino que este esquema, sencillamente, *es*, sin devenir ni transcurrir, sin cambio interior, tal como Dios, simplemente, es.

Pero ahora debe haber un *hacerse* de la manifestación en sí misma, y un hacerse a sí mismo de un ver totalizado en virtud de lo primero, a saber, no acaso en una manifestación distinta y nueva, sino en la misma manifestación, que de modo ideal es aquí también lo puramente existente que acabamos de describir. Aquí hay una *contradicción* absoluta. El ser incondicional no puede *ser hecho*; el hacer da necesariamente un ser totalizable y, por tanto, condicionado. ¿Cómo pueden ambos estar conjuntamente en uno? Del siguiente modo.

En la libertad, el ser se transforma en un debe: por tanto, en la libertad tendría que haber la ley para hacer aquel esquema. Dejemos de lado por el momento la cuestión acerca de lo que en la libertad, y como efectivamente realizable mediante ella, puede aparecer en lugar de este esquema (ésta es acaso la investigación más interesante de la D[octrina de la] C[iencia] y la que más luz difunde); quedémonos con la forma; así pues, se evidencia que el puede del hacer se mantiene en oposición absoluta con aquel debe, que aquel [debe] no puede realizarse jamás. Si hay un tal debe, como en efecto tiene que haberlo, entonces la libertad sólo puede ejercerlo en un hacer infinito, y devenir para ello en un tiene-que; pero respecto de su auténtico contenido permanece un debe por toda la eternidad. Entonces, aquel esquema es para la libertad una tarea infinita que nunca se consuma y a la que ella ni siquiera puede aproximarse, como algunos han expresado, sino que, después de toda la infinitud, permanece tan infinita como al comienzo. Por consiguiente, ni aquel esquema es infinito ([de éste] no se dice nada)[,] ni tampoco el debe [de éste], sino el esquematizar de la libertad es, según esto, infinito.

Schelling [habla también de] *infinito, de eterno*. [Infinito] es meramente un *hacer*, una *génesis*. Dios no [es infinito][96]; el esquema [tampoco], y se lo puede pensar, pero no *configurar*.

Lunes, 11 de marzo

Analíticamente: [Surge una] triple consideración del *debe*. 1) absoluta; 2) en la libertad en general, [aquí es un] *tiene-que* de una infinitud[97]. 3) en la unidad: [aquí es un] *debe* de una multiplicidad que se identifica con el *puede*. El punto segundo, como el unificante, [es] el más significativo.

El auténtico esquema es puramente *incondicional*, y no puede ser hecho, pues todo *hacer* trae consigo una terminación. Ahora bien, la manifestación es este esquema que es absolutamente, pero a la vez es también un absoluto hacerse a sí mismo. No hay que olvidar que lo último fue ya demostrado, y además de la primera proposición se seguiría que, puesto que se manifiesta que ningún hacer [/30b] es posible, éste no es en absoluto, ni hay ninguna realización de la libertad ni ninguna libertad en absoluto. La oposición que se muestra ya sólo puede resolverse así: el ser del esquema absoluto se transforma en la libertad en una ley para ella[,] en un *debe*; la libertad *debe* hacer aquel esquema absoluto. Pero ella no puede en absoluto hacer esto, pues aquel esquema, puesto que es incondicional, no se puede *hacer*. Por consiguiente, en este su verdadero significado, el debe no tiene en absoluto causalidad alguna; permanece un *debe* que jamás deviene un tiene-que, y aquel esquema que es absolutamente, jamás

---

[96] Véase la nota 6.
[97] Como se explicará unas pocas líneas más bajo, la limitación del *puede* convierte en cierto modo el *tiene-que* en un *debe*, en el sentido de que una obligación que no puede satisfacerse de un solo golpe ve de qué modo su cumplimiento se va posponiendo indefinitivamente.

aparece como tal en la esfera de la libertad, ni siquiera en un cierto grado, en una aproximación o algo semejante. En cambio, esta ley, este debe en la libertad[,] debe tener la causalidad que pueda [tener]: ésta es la de que la libertad, que simplemente debe realizar el esquema y que no puede, ejerza en esta tarea inacabable una realización proseguida al infinito de aquello que ella puede: *hacer un esquema*. A partir del debe se sigue efectivamente en la libertad un esquematizar infinito. Merced a la determinación mediante el debe absolutamente inalcanzable, la libertad es una potencia infinita, nunca agotable. 1) El concepto de infinitud está deducido: es la síntesis de la *afirmación* de la infinitud absoluta y de su negación. Todo factum es, en sí y mediante su esencia, finito: en cuanto está realizado, expira[98]; pero el *principio* fáctico debe ser infinito, es decir, después de cada factum finalizado debe realizar un nuevo factum, que de nuevo alcanzará también su final, y así hasta el infinito. Y así pues, todo miembro en la serie es finito; ella es enteramente finita, y sólo se la protege de una finalización efectiva añadiendo siempre nuevos elementos finitos, y no cesando nunca con este trabajo. La composición es aquí clara. Si ahora a alguien se le abren con violencia los ojos y se le muestra: tú *no* puedes declarar la *infinitud* de Dios, ni del esquema absoluto, ni siquiera del debe absoluto, pues con ello primero les imputas la finitud y la mezclas por entero con ellos para luego liberarles nuevamente de ella, lo cual malamente te resulta; entonces ellos dicen: eso no es lo que *pretendemos*, no hemos tomado así el concepto de infinitud. En todo esto, la verdad es que en efecto no han pretendido nada ni han pensado nada en absoluto, sino que sólo han parloteado vacuamente y fantaseado ciegamente. Pues el concepto de infinitud no puede pensarse sino así; quien lo piensa infinito [cf. a Dios], no lo *pensará* así de un modo recto, sino justamente tal como los pasajes [de Schelling lo llaman infinito]. 2) El concepto de infinitud no está deducido como vacío, sino como correspondiéndose con una realidad verdadera. La manifestación como principio fáctico es infinita. ¿Cuál es el punto de la deducción? La *relación del no poder y sin embargo deber, con el poder efectivo, y la síntesis* de ambos. Porque el principio fáctico no puede en toda la infinitud lo que, sin embargo, debe en toda la infinitud, extiende su potencia a una infinitud. El debe es ahí uno, y el puede va eternamente en pos del debe. 3) En esta serie infinita, todo miembro es un esquema realizado fácticamente = a. Éste, mientras existe, satura el ser *entero* de la mani-

---

[98] Porque la actualización de la potencia se cumple en el tiempo, cada una de sus realizaciones satura el momento presente, pero en cuanto éste se ha cumplido, cede paso a un nuevo momento presente que habrá de ser llenado con una nueva realización. Pero esto afecta sólo a las realizaciones de la potencia, no a ella misma, que, como condición de la «mera posibilidad» de los facta, es trascendental. Sobre este tema, véase Reinhard LAUTH, *Die Konstitution der Zeit im Bewußtsein*, Hamburgo, Felix Meiner Verlag, 1981.

festación. Pero con ello llega igualmente a su fin, y en virtud del debe activo se realizará un segundo esquema b. / Por tanto, ambos, como saturando la manifestación[,] se excluyen recíprocamente, y cuando está el uno, no está el otro; y así a lo largo de toda la serie infinita. En los *facta* hay, pues, una verdadera disyunción y división, a saber, infinita; y así pues, el debe absolu[/31a]to es principio de una división hasta el infinito del saber fáctico. 4) Cada uno de estos miembros a, b, etc., en tanto que la manifestación se disuelve meramente en la facticidad, se manifestará como un ser; pero según el principio establecido antes[,] en cada uno de ellos la manifestación podrá elevarse a la intuición de la sola posibilidad de un factum; y así pues, en este nuevo ver, a, b, c, etc., se manifestará *como* esquema. Esta nueva modificación *de la visión* de los esquemas, la cual es también una verdadera división, y configura en la conciencia estados que se excluyen recíprocamente, podrá aplicarse *hasta el infinito*; y de este modo, lo infinito se identifica a su vez con la dualidad o triplicidad tal como las conocemos hasta ahora, y éstas se identifican con la infinitud, y ambos principios de división intervienen uno en otro y son propiamente sólo uno. 5) El principio de ambos es el *debe* en su doble significado: por un lado como absoluto, no teniendo causalidad alguna según el auténtico sentido de su exigencia, pero teniéndola en otro sentido diferente y no exigido: principio de la infinitud; por otro lado, el mismo [debe] en la medida en que es principio en una libertad ya realizada del ver efectivo, y o bien puede tener aquí causalidad, en causación recíproca con la libertad, o bien no puede, caso de que falte el acto de libertad condicionante. Por tanto, el principio X de disyunción que buscábamos ha resultado, según pienso con la mayor claridad, en un doble sentido: en la infinitud, y en una pluralidad determinada y agotable. Ciertamente que la pluralidad determinada debería ser justamente quintuplicidad. Ésta no se ha hallado ahora, sino sólo dualidad o triplicidad. Nuestra investigación no puede entonces estar ya terminada, sino que nos falta quizá un miembro principal.

Es claro: ayer [planteamos] la pregunta: [¿]qué puede aparecer, pues, ahora en la autorrealización fáctica de la manifestación en lugar del esquema absoluto que se ofrece absolutamente mediante el debe, pero que no es en absoluto realizable[?] La pregunta es significativa. Espero superar esta dificultad mediante el arte de la exposición.

Pero la manifestación es en general [–]y en su forma de unidad absoluta[,] pues en ésta la consideramos aquí[–] principio de un esquema; pero esto, no con libertad *inmediata*, pues ésta es meramente una autodeterminación, sino, tan pronto como ella existe, mediante su ser inmediato, es decir, según la ley. Ahora bien, esta ley es aquí el debe absoluto; y así pues, el esquema realizable por ella, que ella puede también realizar efectivamente, es un *esquema del debe*.

Un *esquema* del debe[,] he dicho, pero no el *debe* mismo. El debe, en su ser fáctico efectivo (pues únicamente hablamos de esta región) es una ley que determina un factum, así como, por ejemplo, el debe de la intuición de la mera posibilidad –que describimos antes– estaba bajo la condición del factum de la libertad. El debe absoluto en este sentido nunca es ley en la facticidad, ni aparece jamás en aquella [ley]. Sólo [aparece] su esquema: éste sería entonces *imagen* o *intuición* de una ley: a saber, de una [ley] absoluta e incondicionada, de una ley que no tendría a su vez fundamentos fuera de sí, sino de una [ley] sin fundamento alguno, por tanto la intuición de un *debe absoluto*; más aún, no acaso de uno que tuviera o anhelara tener algún tipo de causalidad, pues el debe que ahí se esquematiza no tiene causalidad en absoluto: por tanto de un debe absoluto de nada y para nada, un puro debe. *Si se realizara la manifestación, sería la intuición de este puro debe.*

(Espero que intelijan que se sigue *de este modo*; y de este modo deben pensarlo ustedes, como un debe incondicional y puro; [/31b] de esto no se puede prescindir. El que se imaginen la imposibilidad no debe llamarles a engaño: ustedes lo pueden, yo respondo de ello; tal vez no puedan preesquematizarlo, pero precisamente no es eso lo que deben hacer. Todavía una mirada de soslayo al factum; éste debe primero deducirse. Si esta ley se manifiesta en el factum como ley para alguien (un Yo) y como ley de algo determinado, por ejemplo de un actuar, entonces ciertamente tiene que explicarse, y será explicada; pero es bien claro que en tal caso la ley no se capta puramente, lo cual era aquí la tarea, sino [que se capta] en una amalgama esquemática, que justamente queremos penetrar y para cuya penetración nos habríamos cerrado los ojos, caso de que hubiéramos supuesto esto ya desde el comienzo.[)]

Por tanto: en la forma fáctica, el debe absoluto mismo se transforma en la *intuición* de un debe puro y absoluto. Aquel debe era el esquema absoluto mismo, sólo que en vinculación con la libertad, pero aquel esquema absoluto era expresión de Dios, tal como éste es en sí mismo. Por tanto, la imagen de Dios no aparece en la facticidad sino como una ley absoluta, si bien como *una [ley] pura*, sin contenido material alguno.

La facticidad es *infinita*[99]; en ella, la ley sale entonces a la infinitud. La ley, como ley pura[,] es una unidad absolutamente formal. Por tanto, en

---

[99] En el sentido antes señalado de indefinida. Esto significa también que es inagotable, también para el pensamiento. He aquí una característica de la filosofía trascendental, que la diferencia del idealismo de Schelling o de Hegel: las condiciones formales de la experiencia, o bien la «sola posibilidad» de la experiencia, son deducibles exhaustivamente por el pensamiento, pero la experiencia efectiva y concreta misma nunca llega a su consumación: siempre hay más.

los esquemas finitos reiterables hasta el infinito sólo puede repetirse en su unidad. Aquí, unidad *e infinitud* están unificados por vez primera; y esta unidad, que reaparecerá en diversos momentos de nuestro sistema, es significativa.

[/32a]
Martes, 12 de marzo

•

¡[Situémonos de nuevo] en el contexto! El ser del esquema absoluto se transforma, en la síntesis con la libertad absoluta de la manifestación, en la ley de que este ser sea mediante libertad, es decir, que sea hecho. Esto es simplemente imposible; pero, a partir de eso, no es que no suceda nada (no dejen escapar este miembro intermedio)[,] pues la ley es de hecho: lo que sucede entonces, *caso de que la libertad se realice*, [es] un esquematizar infinito. Caso de que se realice; acerca de ello no se ha dicho nada. Ella puede, pues es *potencia* absoluta. Por tanto, la *potencia* deviene una *potencia* infinita para esquematizar. (Vean y reflexionen lo que hemos demostrado y lo que no; en modo alguno un factum, [pues] un factum no podría deducirse en absoluto; tampoco la *determinación* de un factum, caso de que lo hubiera: para deducciones semejantes hemos establecido el *debe* como principio fijo. Sino meramente [la determinación] de la potencia más allá de todo factum y con independencia de todo factum[100]. Ésta se nos mostró como infinita en su realización; ahora hay que realizarla hasta su final.)

Primera consecuencia del debe para determinación de la potencia.

Digo[101]: hay una segunda. Cuán importante es ella, así como que sobre ella se fundamenta justamente la totalidad material, el contenido de la conciencia (la forma ya la conocemos), con excepción de ciertas lagunas sintéticas que esperamos llenar a partir de ahí, ustedes ya lo saben. [Pero] no es aún del todo claro, y por eso [queremos] *repetirlo* de otro modo. Supongan ahora que la potencia absoluta de la manifestación se realiza, tal como en

---

[100] sc. con independencia de todo factum efectivo, pues lo que se considera es la «sola posibilidad» de todo factum.

[101] [*en el margen, antes de la línea:*] imagen del *debe*.

efecto puede [hacerlo]: ¿qué resulta de ahí? (Es decir, ahora nos dirigimos a algo distinto que antes: a una determinación del esquema mismo bajo el presupuesto de la libertad.) [Resulta] un esquema *de sí mismo*, *nota bene*, no como tal, pues entonces tendría que hacerse visible el esquematizar [(]lo cual se entiende necesariamente en el producto, y en éste se pierde)[.] ¿Pero qué *es*? Es un *debe*, pensado claramente: su *potencia* está determinada mediante una ley que simplemente no puede realizar; su ser es justamente la *vigencia de esta ley*; esto tendría entonces que esquematizarse: imagen de un *debe*. Una potencia, que en sí no es nada, según se mostró antes, recibe de este modo su ser permanente determinado, su ser *así*[,] su carácter, sin el cual no tiene ningún ser ni podría tampoco esquematizarse. Este ser aparece en el esquema, es decir, aparece la imagen (aún no puedo decir ni debo decir: el *concepto*) de un debe absoluto[.]

[Es la imagen] de algo incondicional, sin fundamento alguno: esto se entiende de suyo; pues ello mismo es expresión de un ser absoluto, *puro*: 1) que no se orienta a *nada*. En cambio[,] según sabemos[,] determina la potencia, y se orienta por tanto a ésta. Si *éste* se esquematizara, y se esquematizara en esta relación suya con el debe, entonces lo último aparecería no obstante como una ley para éste, y así puede también suceder más tarde, y a ello llegaremos. 2) que no *ordena* nada[102]: Sabemos que ordena hacer el esquema absoluto. Esto es ahora completamente imposible. Más aún, si acaso apareciera un esquema de aquel esquema absoluto, entonces el debe podría caracterizarse efectivamente merced a que ordena justamente esto. Y en efecto lo caracterizamos [/32b], pues tenemos un esquema tal, del cual no sabemos cómo se llega a él. Cuando lleguemos a saber esto, se mostrará un contenido del debe/ su forma se muestra ya aquí: lo que se manifiesta como contenido del debe, tiene justamente que ser. Esquema de aquel esquema. Al mismo tiempo se muestran incidentalmente nuestras tareas posteriores.

Aquí [se trata sólo] de lo que ahora *sigue*: [1)] la autorrealización inmediata de la manifestación da la imagen de un *debe* puro y absoluto. Esto es simplemente el contenido absoluto de toda esencia de la imagen, lo que jamás podrá entrar en la imagen de la ley absoluta.

(Esto es ahora de la mayor importancia. Ya en los *Hechos de conciencia* expuse cómo el *debe* es el principio moral, la fuente de toda realidad. Esto hay que fijarlo ahora exactamente. En la D[octrina de la] C[iencia] no hay ningún tiene-que incondicional, ninguna ley natural, ni tampoco ninguna naturaleza absoluta. El fundamento absoluto de todo ser es para ella la libertad, y su ley [es] un debe, de ningún modo un tiene-que. Cuando la libertad se piensa como realizada, es decir, cuando el fáctum anula en sí la libertad, el debe se convierte en un *tiene-que*, por consiguiente bajo condición.)

---

[102] <   > Jacobi.

2) Esto tendría que ser por lo tanto el primer esquema según su contenido: una imagen de un debe absolutamente puro. ¿Cómo se realiza ahora un esquema tal, caso de que se llegue a éste? ¡Consideremos más de cerca el factum que, entre tanto, está puesto sólo hipotéticamente! Que *surge* justamente la imagen de un *debe*: ¿en qué se fundamenta esto? Evidentemente en el ser y en la esencia de la manifestación misma: ella es un *debe*, y a causa de este ser pasa a ser una imagen del *debe*, total y enteramente a causa de este ser. Aquí la libertad no tiene nada que hacer. ¿Dónde interviene ella? Su efecto es meramente el tránsito desde el ser relativamente real hasta el ser *esquemático*. Por tanto se confirma aquí, en el punto supremo, lo que antes inteligimos en otro contexto: la autorrealización original de la libertad es meramente una *determinación formal del ser* de la manifestación: aquí, en el lugar original, desde el ser hasta el ser esquemático. [Es un] tránsito desde la pura forma del ser hasta la forma esquemática. ¡Una pura disyunción! Ambas son aparentemente irreconciliables. Pero ambas agotan aquí su significado. Aquí, digo[,] hablamos de la *autodeterminación* original en su unidad. Allí habíamos hablado de la autodeterminación en la multiplicidad de la disyunción, de la dualidad o la triplidad, que gustosamente convertiremos en quintuplicidad. Bien podría ser que todo tránsito que allí se realice sea tránsito del *ser al esquema*, y no al revés; sólo que en un sentido distinto que aquí, y [ahora] se trata de la determinación del sentido[103].

Aquí la libertad no hace más; tan pronto como se determina en general para una forma esquemática, entra ya mediante este mero *ser formal*, y a causa de la ley de su *ser, la totalidad material*, el esquema mismo: el *debe*, porque en el ser real es justamente eso. ¡Y esto es el *debe*! Éste se convierte por consiguiente, mediante la mera realización de la libertad, en una ley fáctica que determina el factum según su contenido, en un tiene-que condicionado; todo[,] según vimos ya antes en general. El *debe* tiene entonces (aquí tenemos, en sus fuentes primigenias, frases a las que aludimos ya antes, y por mor de lo que ahora sigue es forzoso captarlas estrictamente y en lo formal) una *doble causalidad* de un solo golpe: [1)] se *expone a sí mismo*; [2)] se destaca, se expone [/33a] a sí mismo: es el fundamento de este esquema suyo, pero sólo el [fundamento] condicionado. Mediante esta imagen es *como* tal; en este último sentido, cabe decir que es un *debe del debe*, un debe de sí mismo. Piensen ustedes esto último, si es que todavía no les es suficientemente claro, así: la potencia puede o bien rea-

---

[103] Para no perder de vista el «contexto» en el cual «nos pusimos de nuevo» al comienzo de esta lección, es oportuno recordar que aquí se trata de «convertir gustosamente la dualidad o triplicidad en quintuplicidad»: el tránsito del ser al esquema en simultaneidad con el tránsito del esquema al ser, o como se acaba de decir, el doble «sentido» de este tránsito.

lizarse o bien no; pero *debe realizarse*, pues *debe* llegarse a una manifestación de Dios como tal; también *puede* realizarse. Por consiguiente, en este sentido último, el debe es fáctico, y coincide con el puede. Si ahora, a causa de este primer debe, se realizara: ¿a qué se llegaría? ¡A una imagen del debe! Y así, pues, se ha desvanecido el primer debe y se ha ganado un debe del debe, un debe absoluto de un como del debe./ [Aquí es el] debe: en parte absoluto; en parte, debe del debe.

Y de este modo se vuelve clara aquí una dualidad del debe mismo: el debe es en parte absoluto, puro, sin concordancia alguna con el puede, y en absoluta contradicción con él según su contenido. Además, el debe es *principio fáctico*, determinante del factum, y, de tal modo, se identifica plenamente con el puede según su forma[104]. No es precisa, como en el primer sentido[,] *una realización determinada de la libertad*, la cual cae fuera de su esfera, sino justamente sólo [es necesaria] una realización *suya en general*, que siempre es posible y que viene dada por el ser absoluto de la libertad. Podemos añadir de inmediato, siendo ya aquí enteramente claro, que hay aún una tercera relación mixta del debe con la libertad: respecto de la *infinitud*. Puede proseguir hacia el infinito, según la libertad formal; pero no puede jamás culminar la *infinitud* misma, según la esencia de todo factum[,] que siempre es finito. La contradicción yace aquí en la síntesis: *factum e infinitud*, y sólo se resuelve mediante el principio infinito de las acciones finitas.

3) Estamos[,] como han visto, en la rigurosa vía de la reflexión. [Hemos llegado] hasta la libertad y la autonomía. En éstas, el ser es ahora un *debe*. Así [es] el ser ideal en Dios. ¿Cómo seguir adelante? ¿Tenemos que deducir la realización? ¡No! Por eso [reina] aquí la facticidad. ¡No [se trata de que] el pensar lo *haga*! ¡Esto sólo se puede *hallar*! Pero en el caso [de que se realice, es] así y así, por tanto a partir del debe. La deducción continúa [con la realización] como causación recíproca mediante *condicionamiento*. De ahí que hayamos remitido a la facticidad[,] porque se deduce hipotéticamente. Ahora [buscamos] sólo una exposición exhaustiva del *debe* de la ley. Así está todo hecho. Así tiene que proceder ciertamente una ciencia del pensamiento.

---

[104] Esta doble relación de oposición e identificación del debe con el puede se corresponde con la diferencia entre el ámbito de lo trascendental y el de la facticidad, entre la potencia y su realización, entre lo posible y lo efectivo. Por un lado, la «sola posibilidad», lo posible en tanto que meramente posible, se opone a lo real. Por otro lado, en tanto que todo lo real es también posible –aunque no «sólo posible»–, lo efectivo y lo posible se identifican. Esto se corresponde con un doble sentido de la libertad: libertad para hacer algo o no hacerlo, y resolverse libremente a hacerlo.

Hay aún una tercera relación entre el debe y el puede que se va a indicar unas líneas más abajo, y que no es de oposición ni de identificación, sino de identificación parcial y simultáneamente de oposición parcial: es un deber que no puede cumplirse de un solo golpe, en una sola acción, sino que requiere de una serie indefinida de acciones, y que por tanto sólo se cumple en el infinito. En esta triple relación del debe para con el puede no es, pues, difícil hallar un trasunto del triple principio según el cual se articulaba la Doctrina de la Ciencia de 1794.

Miércoles, 13 de marzo

Sigamos adelante, ¡siempre por el camino de la deducción estricta! Reflexionemos sobre lo que tenemos: una imagen del *debe* que se reduce justamente a sí misma y que es justamente toda la facticidad que existe. ¿Hay en esta imagen una *vida*, un ver, una forma de la conciencia? Según lo expuesto, ciertamente que no.

¡Para captar su *atención*! El debe no tiene sujeto alguno: pero nosotros sabemos que determina la libertad autónoma de la manifestación misma. Con que ahora pudiera deducirse tan sólo un esquema de esta libertad misma, entonces este debe podría esquematizarse como volviéndose hacia ésta, tal como realmente sucede en el hecho y en la verdad que se nos revelan. Cómo es posible ahora un esquema tal, cómo se llega a éste, sería la pregunta que hay que contestar. Si esta pregunta está en el orden del día, se verá siguiendo por el camino de la deducción. Aquí había sólo que guiar la atención.

Según el principio que anteriormente se trató ya en parte, la manifestación debe manifestarse enteramente *como tal*, justamente como manifestación, expresamente con este predicado, y no acaso oculta bajo otra figura distinta, tal como ahora está oculta en el debe absoluto; pues Dios debe manifestarse enteramente [/33b] como tal y como manifestándose en la manifestación. Pero esto está condicionado por aquello. Este *debe* de un *como* de la manifestación procede absolutamente del manifestarse inmediato de Dios, y de este modo determina absolutamente el ser o la *libertad* de la manifestación. Si, por consiguiente, la libertad *se realiza* en general[,] el *debe* en este sentido, como exigiendo el *como* de la manifestación, tiene que tener causalidad. Primero vimos: en cuanto la libertad se realiza en general, el debe tiene causalidad para la manifestación de *una imagen de sí* mismo, del *debe*. Esto se ha demostrado y sigue siendo entonces verdadero. Aquí vemos que, en cuanto la libertad se realiza, y según el mismo debe absoluto, también la manifestación tiene que manifestarse como tal. Ambas causalidades están determinadas por la causalidad inmediata de la libertad; por consiguiente, caso de que su condición esté dada, ambas se identifican por entero[105] y son lo mismo de un solo golpe.

a) Aquí se trata de inteligir esta simultaneidad absoluta. Pero esto se basa en el *carácter de absoluto* del debe en este doble significado, en la aprioridad e incondicionalidad de este contenido del debe previamente a toda libertad/ el debe puede después recibir un cierto significado que esté condicionado por el presupuesto de una libertad, en tal y tal estado. Ciertamente que un debe semejante es válido sólo bajo su presupuesto.

---

[105] [en el margen inferior:] respecto del anterior debe.

Aquí hay que demostrar que esto es válido aquí sin presupuesto alguno. Pero esto es claro: Dios se manifiesta puramente, y con la misma pureza se manifiesta como tal. De lo primero resulta la imagen del debe; de lo segundo, la imagen de la manifestación misma; ambos inmediatamente, tan pronto como la manifestación se realiza[106].

b) Qué aporta este como de la manifestación, de eso se tratará enseguida. Antes, sólo una advertencia sobre el orden sistemático dentro del contexto. Nos hallamos en la vía rigurosa de la deducción. Habíamos descendido hasta la determinación de la libertad mediante una ley, que se había deducido correctamente a partir del manifestarse de Dios mismo en la manifestación como el ser y la esencia interior de aquélla. Ahora pensamos esta libertad —claro está, hipotéticamente— como realizándose, y preguntamos[:] ¿qué se seguirá? Se sigue, de un golpe, una doble imagen: la del ser interior de la manifestación misma en el debe, y [la de] la manifestación en su ser formal y externo, justamente *como* manifestación. Por consiguiente, el *debe* es principio de un doble modo. (El tercer modo, la infinitud, lo dejamos estar.) Pero ya antes, cuando consideramos el como exclusivamente y por separado, se mostró él mismo como un *principio de disyunción*; esto se confirmará aquí y, según esperamos, la dualidad o triplicidad se convertirá en quintuplicidad[107]. Pero el *debe* material, según hemos descrito, es puramente simple, y absolutamente incapaz de una determinación posterior o disyunción[.] El como, como principio de una multiplicidad, se convierte entonces, a este respecto, en un *principio subordinado*. Lo que se manifiesta en las diferentes formas del como a través de la manifestación es siempre el *debe*, el uno. Éste es lo que[,] caso de que se confirme nuestro presupuesto de la quintuplicidad, se manifiesta en una forma quíntuple, o lo que, mediante la automanifestación como tal, se fragmenta en una forma quíntuple. En un orden descendente los principios son éstos: ser, debe, como. Respecto de su estado anterior, nuestra exposición ha ganado el que antes sólo podíamos dividir en general el producto de la autorrealización de la libertad, sin conocerlo con mayor precisión. Ahora lo conocemos.

---

[106] [*al margen y perpendicularmente a los dos últimos párrafos:*] Además de las consideraciones del debe antes deducidas, tenemos aún una nueva: ella es un *como* de la manifestación, con el que se corresponde plenamente el *puede*.

[107] La dualidad es ser/manifestación. La triplicidad es ser/manifestación/relación (de principialidad). La quintuplicidad es ser/manifestación/ser como ser («imagen del ser interior de la manifestación misma en el debe»)/manifestación como tal («imagen de la manifestación en su ser formal y externo, justamente *como* manifestación»)/principialidad. A su vez, entre el ser y el ser como ser, así como entre la manifestación y la manifestación como manifestación, hay de nuevo una relación de principialidad (el debe en el doble sentido ahora tratado, dejando de lado la infinitud), que transforma los cinco elementos en veinticinco, etcétera.

Ahora, el mismo debe es a la vez principio de la *infinitud* en otro sentido, es decir, en su absoluta inculminabilidad. Esta disyunción tiene por tanto un principio enteramente diferente que la quintuplicidad, y así se comprende [/34a] fácilmente cómo ambos se excluyen, cómo son divisiones en sentidos enteramente diferentes, que incluso se mantienen en disyunción. De nuevo, la causalidad del debe en absoluto y hasta la infinitud, y la del mismo [debe] como un *como* de la manifestación, son puramente de un golpe; y así se muestra cómo ambas series disyuntivas igualmente se incluyen, y lo que hay en una es a la vez un miembro de la otra. Pero con la explicación de estas leyes, la D[octrina de la] C[iencia] ha llegado a su final, y así es posible ya ahora configurarse por anticipado un esquema del sistema entero y de su conexión sistemática. [Esto es] nuevamente [el] *debe*: la síntesis de Dios con la libertad de Dios[.]

¡Al asunto! ¿Qué aporta el como de la manifestación, que, según el debe absoluto, es necesario en la *realización* inmediata de la libertad?[108] 1) *Respecto de la forma*: ustedes han entendido bien: la libertad se realiza, la manifestación transita absolutamente desde la forma del ser real hasta la forma esquemática; todo lo restante se hace por sí mismo mediante el debe, convertido en ley fáctica. Tal como sucedió con la imagen del debe, así sucede con el *como de la manifestación*. Para ello no se requiere en *modo alguno de un nuevo acto de la libertad*, sino que, supuesto el [acto] primero e inmediato, se hace por sí mismo según la ley. (Ya se verá cuán importante es esta intelección, y cuántos errores elimina.) 2) ¿Cuál es su contenido? Manifestación *como* tal. La manifestación era aquí puramente *activa*; esta actividad se ha perdido, y se oculta en el resultado; pero *como* tal, es decir, como esquema, el esquema de la actividad es *potencia*; la *potencia* sería entonces su *contenido*. 3) *Esta manifestación existe completamente de un solo golpe junto con el producto legal de la acción*, la auténtica imagen. Ella es por tanto lo que antes llamamos el *reflejo* inmediato de la imagen, [*reflejo*] enteramente inseparable de su ser, según lo vemos aquí con mayor claridad aún que antes, conforme al debe absoluto en sus dos cualidades. El reflejo como tal no es hecho acaso mediante libertad, sino que, según la ley expuesta, él se hace completamente a sí mismo. 4) La *identidad sintética de la imagen y de su reflejo*, que se ha *deducido* de este modo en su necesidad original aunque condicionada, es ahora la conciencia formal que antes se describió, según puede inteligirlo ahora hasta el exceso aquel que antes no lo hizo con claridad. La imagen sola, según dijimos, desvanecida en sí misma, estaría *muerta*. Pero le sale enfrente el reflejo, una mera potencia para esta imagen, en la que la imagen está ella misma inmediatamente reproducida. De este modo surge el *no* ser del

---

[108] [*en el margen sin anotación:*] La manifestación como tal está simplemente < > realizada.

objeto, el no disolverse en él u oscilar sobre él que aparece en toda conciencia. [Un] no-ser del objeto que *es* para sí, pues la imagen está enteramente determinada por la ley. Una *potencia* sale enfrente; pero una potencia es un *puro esquema*, tal como también lo es aquí, penetrado, portado y sostenido en todo punto por el *esquematizar*, y nada más; por tanto, puramente transparente para sí: ahí donde está, y eso que es, ahí está y eso es también su esquema. Esta unificación sintética se hace puramente a sí misma; por consiguiente, la conciencia se hace puramente a sí misma, y es y se disuelve en sí: es un ver y ve, pero no es visto. [Se piensa:] algún Yo libre hace el ver y el saber, se hace a sí mismo sapiente[109]. [Todo esto no son sino] malcomprensiones infantiles de la D[octrina de la] C[iencia].

En esta explicación, por motivos que se van a mostrar enseguida, es de especial importancia la objetividad como un componente por entero necesario de la conciencia formal, y el verdadero *fundamento* de esta misma objetividad, lo que *la* hace. El [/34b] ver es un esquema que se penetra a sí mismo de una *potencia* para algo enteramente *determinado*; que la determinabilidad reside en la multiplicidad, lo sabemos por lo anterior, y lo llegaremos a conocer más tarde desde sus más profundos fundamentos; aquí lo dejamos de lado, y nos atenemos a la forma. [Es una] potencia para ello, justamente para esto, que por consiguiente *es*, [luego no es] en modo alguno un engendrarlo[110]; de ahí su objetividad, su reposar sobre sí, y el *oscilar del ver en suspenso sobre ello*. En esta determinabilidad=objetividad el *ver se fragmenta*, es decir, se *termina*; aquello, o la *potencia*, que es una potencia para esto determinado, y que *por tanto* es ella misma algo determinado, llega aquí a su final, y queda así limitada. (Estos análisis que realizamos y que tiene la sutileza de un pelo, la intuición interior tiene siempre que completarlos y hacerlos vivientes.)

Una vez ganado esto, sigamos adelante. En este estado sintético, establecido puramente por el reflejo, la manifestación *como* tal, su ser como tal, con este carácter específico, es, pero no se manifiesta como *siendo*. Ella ve[,] pero no es vista[.] Si fuera esto último el caso, entonces, conforme a la forma descrita de la conciencia en general, un nuevo ver formal tendría que recibir aquel primer ver como algo determinado y objetivo en lo cual se fragmentaría, tal como el primer ver se fragmentó en su objeto. (Tendría que surgir una nueva *conciencia* en la misma forma, no habiendo otra forma de la conciencia aparte de la descrita; pero con un nuevo contenido, a saber, de tal modo que lo que en la primera conciencia era el ver (subjetivo, podría acaso decirse, si bien

---

[109] El Yo no hace el saber, sino que el saber se hace a sí mismo en el Yo. El Yo sólo puede resolverse a que el saber se haga a sí mismo en él.

[110] No es la acción efectiva de engendrarlo, sino la potencia para engendrarlo.

este uso lingüístico no se ha deducido aún), aquí se convierte en lo *objetivo*, sobre lo cual se elevaría un nuevo ver. [Sea dicho de paso: ayer se halló la realización absoluta de la libertad como un tránsito desde el ser hasta la forma esquemática. Sin duda que la nueva conciencia de la que ahora se habla se configura mediante libertad, y es un transitar. Todo reside en el estado esquemático en general, establecido mediante la primera realización absoluta; pero en éste pueden diferenciarse de nuevo un ser (objetivo) y uno particular y, en sentido estricto, esquemático (el ver)[;] entre éstos puede haber asimismo una transición, y así se encuentra aquí en efecto que una nueva conciencia tal como la exigimos, caso de que se estableciera mediante libertad, sería un tránsito de ésta desde un cierto ser, el ver, hasta un estado esquemático, el ver del ver, pero también al mismo tiempo, y en otro sentido, desde un cierto estado esquemático, el mismo ver que es esquemático, hasta un ser, la potencia, hasta el dominio sobre este ver dentro del esquematismo ya iniciado en general; que, por consiguiente, en esta región el tránsito está determinado de un modo doble. Esta advertencia, que en lo que sigue será importante, la hago ya aquí, en el primer lugar donde se ofrece.]

Así tendría que [ser] la nueva conciencia, he dicho. Añado: al menos tiene que poder haber una conciencia tal, pues lo que sólo así es posible, a saber, que la manifestación se manifieste como siendo, debe ser simplemente, pues en el ser de ella Dios debe manifestarse a su vez como manifestándose. La nueva conciencia se fundamenta en el *debe*, y su forma particular, en la que justamente aquí la contemplamos, como debe de un *como*; el debe[,] digo, que presupone libertad y que sólo es un debe en vinculación con la libertad. La libertad así reivindicada se realiza, y mediante el debe, que de este modo se convierte en una ley fáctica, llegará sin más a una conciencia tal.

Viernes, 15 de marzo

¡Describamos en primer lugar esta nueva conciencia! Es, según se dijo ya antes, un *ver* del ver. [/35a] Por eso respondemos aquí esta pregunta, para nosotros no demasiado elevada, a la que no obstante se llega cuando se ingresa en el círculo propio de la D[octrina de la] C[iencia], y acerca de la cual ustedes no encontrarán en ninguna otra parte tan fácilmente una información fundamental. Para nosotros, gracias a los conceptos previos y al lugar donde la damos, esta respuesta incluso no es difícil.

El primer ver era el reflejo de la imagen inmediata; y merced a la unificación absolutamente sintética de ambos, surgió del modo descrito la primera conciencia. El ver que hay que describir ahora tendría que ser el reflejo del reflejo. ¿Cómo hemos de entender esto? El reflejo es una mera potencia: eso era en la primera conciencia, [y] eso es en la segunda. El *reflejo del reflejo* sería entonces una potencia de la potencia que se refleja justamente en él, de la misma potencia que en la primera conciencia era el reflejo último. ¿Qué es eso? Aquella primera potencia no era en modo alguno una potencia para *crear* (el crear quedaba oculto en el producto)[;] era meramente un *estar detenido* como potencia frente al producto creado. Así, tampoco esta segunda potencia de la potencia es en modo alguno un *crear* la primera (el elemento creador del reflejo, que nosotros conocemos muy bien, es el *debe* como ley fáctica. Pero éste desaparece en el producto). ¿Qué es ahora? Evidentemente, *libertad* de la primera potencia para estar detenida o no frente al primer objeto: un *mantenerse estático* frente a aquel objeto, al cual, sin este mantenerse, la potencia no se encaminaría: *el dominio sobre sí misma* de aquella potencia que se retiene ante el objeto. Esto sería el nuevo reflejo que, tan pronto como se realizara el acto de libertad que determina el conjunto, se establecería por sí mismo. Esto es un ver, un esquema que se abre a sí mismo y se penetra a sí mismo: [este ver] tiene su *visto*[,] su objeto[,] en el que se fragmenta: justamente la primera potencia o ver. ¿Realmente es esto para el ver algo objetivo, algo que es sin su participación, y sobre lo cual oscila? Evidentemente, pues él mismo es el reflejo de la imagen, y es como éste, pero en modo alguno merced a que él mismo fuera nuevamente reflejado, lo cual no tendría [que hacer]. ¿Oscila sobre él? *En efecto*: en tanto que se contempla a sí mismo como pudiendo ser ello mismo o no. ¿Mediante qué se le otorga ahora *al ver*, que antes era ya *ver*, pero no *visible*, la *visibilidad*? ¡Mediante la *libertad*! Advertencia: la reflexión enteramente usual: *yo lo veo y lo hago.* ¿Dónde reside ahora el *hacer*? ¡Y qué extraña es la afirmación entera! ¿Cuál de las partes componentes del todo, o acaso el todo mismo, hago pues, y afirmo hacer? ¡Ninguna! ¡La imagen entera se hace a sí misma! ¿Qué puedo hacer ahora yo ahí? Meramente hacerme así, es decir, mantenerme quieto, y en aquella misma situación en que la imagen puede hacerse a sí misma en mí. Esto es también la expresión de la conciencia en la reflexión efectiva. Ver el ver = ver la *potencia* como tal, es decir, como manteniéndose en la unidad sintética.

¡Y desde aquí a una cuestión superior, con la que pienso introducirles en una intelección profunda y enteramente nueva! Este retenerse[111] de la potencia se manifiesta aquí meramente como intuido mediante el reflejo del reflejo, y así se ha descrito. ¿Tiene ahora esta intuición realidad, y hay algo que se corresponda con ella? ¿Hay realmente y de hecho tal retenerse de la manifestación mediante libertad absoluta, según esto último se entiende de suyo? Hasta ahora sólo conocemos una autorrealización absoluta de la libertad que es absolutamente pasajera[112], pero no un *retenerse*; éste sería entonces un principio distinto y una nueva determinación de la libertad en general como una potencia, según la cual podríamos decir: la libertad no sólo tiene la potencia para realizarse, sino también la potencia para *mantenerse*, para detenerse[113], se entiende que dentro de la esfera de la [/35b] autorrealización[:] justamente el estado esquemático. (Pues más allá no se desencadena todavía libertad alguna; por tanto no puede tener lugar la determinación particular y quíntuple del retenerse en algún estado.)

¿Hay efectivamente en la manifestación una *potencia* tal? (Es decir, nos dirigimos a una determinación posterior de la manifestación tal como es, mediante su ser a partir de Dios, como una potencia absoluta: por tanto, a

---

[111] *sich halten, sich anhalten, stillstehen*, «retenerse», «detenerse», «mantenerse estático», tiene un doble significado. En rigor no son exactamente dos significados distintos, sino que el segundo es un sentido determinado del primero. El primero corresponde a la capacidad de la potencia para no actualizarse, según la cual la potencia se manifiesta puramente como tal y también se manifiesta como libre, como no determinada forzosamente a actualizarse. En oposición a este retenerse aparece el flujo indefinido de las realizaciones particulares, las infinitas figuras concretas que la potencia va asumiendo en un tiempo indefinido según sus sucesivas actualizaciones. En este flujo temporal, los momentos presentes se van sucediendo sucesivamente uno a otro, de tal modo que cada momento presente es siempre único, y es ocupado por una única realización de la potencia. Así, en una serie temporal de momentos sucesivos a, b, c, etc., la potencia, en sucesivas actualizaciones, va llenando esos momentos con figuras que ella realiza: x, y, z, etc. Pues bien, porque la potencia es libre para interrumpir la realización de estas figuras, es asimismo libre para detenerse en una de las figuras realizadas, y éste es el segundo sentido de su retenerse. Es decir, después de haber realizado x, y, z, en los momentos temporales a, b, c, en el siguiente momento temporal d no está forzada a realizar una nueva figura, sino que puede detenerse en la figura z, reteniendo el flujo temporal. En la medida en que la potencia es libre para retenerse, se sustrae de la temporalidad, y en esa medida se manifiesta como trascendental.

[112] En el sentido de que tan pronto como la potencia se actualiza, cae en el flujo temporal, y cada una de sus realizaciones llena sólo el punto presente correspondiente, que de inmediato pasa a ser sustituido por uno nuevo que a su vez habrá que llenar con una nueva realización.

[113] Es decir, y según se ha explicado en una cita anterior, para no realizarse.

algo real en un sentido verdadero.) Adviertan ustedes: podríamos desarrollar la demostración mostrando que sin tal presupuesto, aquello que afirmamos, el ver del ver, no sería posible: entonces la demostración se habría desarrollado a partir del factum, pero tales demostraciones las prohíbe la forma rigurosa de la D[octrina de la] C[iencia]; o bien habiendo demostrado ya este mismo factum como necesario, según lo demostramos en efecto a partir del *como*, y entonces la demostración se habría desarrollado dando un rodeo, y no estaríamos entonces en la vía rigurosa de la deducción, lo cual no nos sirve. O bien, finalmente, podemos desarrollarla inmediatamente a partir de su verdadero principio: entonces estaríamos nuevamente en la vía rigurosa de la deducción (al menos *in tantum*)[.] Queremos hacer lo último[114].

Lo que determina la potencia es, como sabemos[,] el debe: lo que [hay] en éste, [lo hay] en la potencia, pues sólo en la síntesis con la libertad es un debe, y [sólo ahí] la libertad, que en sí es por entero vacía, deviene una *potencia*. Conocemos ya tres modos de la causalidad del debe: por un lado, para la autorrealización de la libertad en general (ella debe autorrealizarse para que Dios se manifieste efectivamente)[,] según la cual el resultado es una imagen del debe absoluto; por otro lado, para el *como*; y [por fin] *para la infinitud*. ¡Adviertan ahora en primer lugar la diferencia estricta entre el primer modo de la *causalidad* y los dos últimos del *como* y de la *infinitud*! A saber (yo lo pienso claramente en un vistazo), el primero no presupone en absoluto libertad realizada alguna, ni tampoco producto alguno de ella, sino que, según él, primero debe hacerse uno en general. Los dos últimos presuponen una imagen y un configurar: conforme a la ley de la infinitud no se debe permanecer en la primera imagen, sino proseguir siempre adelante, sin cesar, con lo que ciertamente no se concibe cómo pueda llegarse cada vez a una imagen, siquiera a la del *como*, si es que éste debe manifestarse *como*

---

[114] La Doctrina de la Ciencia de 1811 es toda ella el desarrollo de una deducción trascendental. En este párrafo se plantea una triple posibilidad de desarrollo de una deducción. Primero se propone partir de un hecho fáctico y obtener de él unas conclusiones, pero esta vía presupone la facticidad, y no puede ser auténticamente trascendental. En segundo lugar se propone superar esta facticidad demostrando la necesidad del hecho fáctico a partir del cual se desarrolló la deducción, pero la necesidad de un hecho no es necesariamente trascendental, es decir, un hecho puede ser, por ejemplo, históricamente necesario, físicamente necesario, psicológicamente necesario, etc., y por consiguiente esta segunda vía tampoco garantiza el carácter trascendental de la deducción. La única posibilidad segura de una deducción trascendental es deducir no a partir de un hecho, sino a partir de un concepto, obteniendo mediante análisis sus determinaciones. Pero este concepto del cual se parte como premisa de la deducción, ¿existe de hecho o no? Esta pregunta, cuya respuesta sólo puede obtenerse mediante intuición o percepción efectiva, precisamente no se puede responder dentro de los límites de la Doctrina de la Ciencia. Aquí esta pregunta queda entre paréntesis. Como se dijo en la primera lección, la Doctrina de la Ciencia, como toda ciencia no se plantea la existencia real de su objeto, y en esta medida y en este sentido toda ciencia estricta es forzosamente problemática.

tal. Ustedes tienen que instalarse entonces en el punto de vista del presupuesto de que, según el debe en el primer significado, hay una imagen. ¿Qué dice a partir de ahí la ley? Digo: se contradice. Pues ahora, tras el primer debe realizado, aparece el debe en su segundo significado: como *infinito*, y como *como*. Si ahora tuviera causalidad como infinitud, entonces no se llegaría jamás a un como, ni siquiera a una unidad de la imagen, ni por tanto a una imagen en general, sino sólo a un flujo indefinido de *figuras*. Si, por tanto, debiera tener causalidad como *como*, entonces este flujo tendría que *detenerse y mantenerse estático*. Eso no lo puede por sí mismo, pues el principio de la infinitud está también ahí; y ningún debe en absoluto tiene causalidad bajo el presupuesto de la libertad. La *libertad* tendría entonces que detener aquel flujo para que se llegara a un como efectivo; tendría entonces que *poder* detenerlo y que tener una potencia para ello. Y entonces el debe, en el segundo sentido [–]la unidad sintética del *debe*, que en la facticidad deviene en como o en infinitud, los cuales se excluyen en la facticidad[–], determinando puramente la potencia y poniendo puramente en la libertad una potencia de la manifestación que se encuentra en un estado esquemático, tendría que, o bien detenerse, y entonces resultaría ahí el *como*, o bien avanzar, y entonces resultaría ahí el progreso hasta la infinitud[115].

Y entonces, según esta demostración, el asunto queda así: la libertad absoluta de la manifestación, que existe [/35aa] mediante el mero ser de la manifestación a partir de Dios, está determinada mediante este ser que, en síntesis con ella, ha devenido ley, y por consiguiente una potencia estática: primero, en general, para realizar un esquema del debe; luego, bajo esta condición (bajo la cual, sólo ahora, aquella potencia oculta se hace libre[)], *para detenerse* en este estado *o no*. Según cuál de ambos resulte, surge según la ley o bien un *como* de la primera imagen, en el modo como lo acabamos de considerar [–]acerca del cual [sc. de este modo] aún habremos de recibir un conocimiento más detallado[–], o bien un flujo progresivo e infinito de figuras en el que no hay ninguna detención en absoluto ni, por consiguiente, ninguna unidad. Qué pueda resultar a partir de esto último, no podemos concebirlo en absoluto, y por tanto lo dejamos estar. Quizá en una síntesis superior este principio se vuelva de nuevo instructivo. A partir de lo primero se sigue una conciencia, y una conciencia de la conciencia, en una vinculación, nuevamente según leyes estrictas, que queremos examinar inmediatamente. La manifestación no *tiene por qué* detenerse, sino que esto lo hace con libertad: pero caso de que deba haber una imagen o un ver[,] entonces ella tiene [que detenerse], y ahí donde los hay, con toda seguridad lo hace: y así, este detenerse no tiene una necesidad incondicional, sino condicionada.

---

[115] [*en el margen de la página, sin anotación:*] Una potencia de la manifestación para mantenerse puramente en el curso infinito.

Consecuencia: Ser, debe como; también este *como*, en oposición con el debe[,] una potencia para *detenerse* (nuevo principio), *potencia* bajo la *potencia principal*: posteriormente determinada. *Detenerse como ser esquemático*.

Esta potencia [es:] 1) auténtico fundamento del Yo, que no es en absoluto enteramente esquema; 2) del detenerse[,] del aferrarse en el tiempo. 3) [Procedo] inmediatamente a una unidad sintética que resulta de aquí y a la justificación de nuestra exposición todavía en otro sentido.

Lunes, 18 de marzo

[Nuestro tema es:] *ver el ver, conciencia de la conciencia*.

Según el debe de un *como*, la manifestación tiene que tener una potencia para retenerse a sí misma en su estado esquemático en general. Eso es lo primero. Y tan cierto como que hay conciencia, *esta capacidad está efectivamente realizada*: es *in facto*, y no en la mera posibilidad. Nuestro ascenso hasta la deducción de la pura potencia a partir de la forma del debe puramente en la facticidad, es por mor del sistema entero. Para explicar la conciencia no teníamos por qué haber ido tan lejos. De esto se trata: el *nervus probandi* es el presupuesto de una conciencia./ Más aún, tan cierto como que este *factum* es, así [es] su *reflejo*; pues éste aporta el *como* de la manifestación, y para nosotros se trataba de explicar éste; el *factum del retenerse* es por tanto sólo por mor del reflejo; y para la auténtica tarea, el *como*, o la autoconciencia de la manifestación, no precisaba tampoco ser sino en el reflejo, y en éste al menos será, con arreglo al *debe* de un como de la manifestación. (Esta advertencia, dicha aquí de modo accesorio, sólo en el futuro se volverá bastante clara y significativa.)

¡Reflexionemos con más precisión, y ésta es la próxima tarea, qué hay en este *factum* del retenerse en el *estado esquemático* y en el reflejo de éste! En el *estado esquemático*, decimos; así hemos desarrollado la demostración: la libertad en general está realizada, y es un esquema. ¿Cómo es ahora éste respecto de la forma (haciendo abstracción entre tanto de que *es un debe*)? *Piensen ustedes*: el debe para el factum, la causalidad de aquél sobre este factum es simplemente infinita. Por consiguiente, ahí donde –poniendo entre tanto nosotros aquí un límite– la manifestación, en todo el flujo progresivo infinito, se ha retenido, y de este modo ha engendrado un producto que, si bien se refiere en tal medida a toda su potencia infinita, en cambio es finito –asimismo, en tal retenerse en este [/35ab] límite bien puede estar bajo una ley, pero de esto no hablamos ahora–, ahí donde[, digo,] ella se detiene y puede de tal modo dar a la imagen un límite externo, ésta [imagen] es sin embargo en sí misma ciertamente infinita, pues la ley respecto del factum es absolutamente infinita, y la manifestación, por expresarme así, tampoco puede realizar un mínimo que en sí mismo no sea infinito. (Los términos intermedios en los que la imagen está *terminada hacia fuera* (lo expreso así provisionalmente sólo para darle a la imaginación de ustedes una cierta guía), siendo sin embargo infinita *hacia dentro*, bien pueden ser distintos, y en el futuro querremos mostrar estos términos medios. Ahora [se sigue:] el producto es *interiormente infinito*.[)] Esto sería lo primero.

Ahora, este retenerse trae consigo su reflejo, y en el reflejo no es en modo alguno una retención, pues, en la finitud del producto, ésta permanece oculta e invisible como resultado, sino justamente sólo el esquema[,] es decir, la *potencia* para retenerse. Ahora, este reflejo acompaña la auto*rrealización*, el configurar mismo, pero en modo alguno el *retenerse* del configurar[,] siendo él mismo, *como factum, el resultado* de él, y permaneciendo esto oculto en él. Por consiguiente, sobre todos los puntos infinitos que hay en la imagen realmente producida, se reproduce una potencia para retenerse; si la potencia pudiera hablar, lo cual aquí todavía no puede [–]pero más adelante debe poder[–], entonces diría: ciertamente que he realizado toda esta imagen que hay presente; pero podría haberme retenido hasta el infinito en *esta* parte, y en *ésta* y en *ésta*, y de este modo no haberla realizado. Este esquema de la potencia para poder retenerse también en el contenido infinito del configurar es el *primer reflejo* de la imagen misma[,] es aquí la unidad sintética de la multiplicidad infinita, que sólo ahora está enteramente determinada. La cosa está así: hasta ahora, tan pronto como la potencia absoluta se determinaba para la facticidad, era captada por la ley, y su libertad quedaba totalmente aniquilada: la imagen se hace a sí completamente sólo según la ley. Ahora: ¡En modo alguno! Tampoco bajo esta condición la libertad se aniquila, sino que perdura a lo largo de toda la realización infinita de la imagen, caso de que se realice la imagen, como un positivo entregarse a la ley: pudiendo igualmente no entregarse, sino detenerse ahí donde hallara inmediatamente un final con el configurar[116]. La imagen, en todo el círculo de su existencia, no es en modo alguno producto de la ley, sino *producto de una causación conjunta de la ley y de la libertad que se entrega*. Lo primero aporta ciertamente el *qué* (was), para lo cual la libertad no contribuye en nada;

---

[116] Hasta ahora se había dicho que la potencia era libre para actualizarse o para no actualizarse, pero que tan pronto como se actualizaba, su acción, por ser ejercida en el mundo exterior, caía bajo el imperio de las leyes objetivas, su eficiencia era apresada por la legalidad y, en tal medida, dejaba de ser libre. Ahora vemos que, en virtud de que la potencia es capaz de retenerse en una realización concreta y mantener esta realización a lo largo del flujo temporal indefinido, en la medida en que tal realización no sucumbe a la legalidad del tiempo, la potencia tampoco, y en esa misma medida su acción exterior, su actualización, pese a todo, no está determinada en exclusiva por la legalidad objetiva. Por eso dice Fichte pocas líneas después que la potencia es libre para entregarse a la ley o para retenerse.

ésta [aporta] el *que* (daß), estando condicionado esto por el *entregarse* de aquélla bajo presión del posible cesar, del detener. Ahora bien, esta potencia para retenerse y para entregarse es, frente a todos los puntos de la infinitud, formalmente la misma[117]; y así es la *unidad sintética* que acompaña a la multiplicidad y que en este acompañamiento permanece una, y que justamente *es* ahí; hasta ahora no hemos dicho más sobre ella; y en nuestra serie es justamente el primer reflejo del ser de la imagen. Esto sería lo segundo.

En este primer reflejo había meramente una potencia para retenerse, la cual[,] tan cierto como que se llega a una imagen, no se actualizó; la potencia efectivamente realizada, o la acción de retenerse, a través de la cual se llega a una imagen exteriormente finita[,] quedó oculta en ella. También con ésta tiene que llegarse a un *como*; tiene que llevar consigo su reflejo. El esquema de un retenerse no del factum, sino de la potencia < >.

1) Por cuanto [concierne] a la demostración aquí, donde es más fácil de desarrollar: estos dos reflejos tan distintos son puramente de un único golpe, están unificados sintéticamente. Si no se hubiera efectuado la detención de la manifestación, entonces no se habría llegado a una imagen exteriormente clausurada; tampoco entonces se habría llegado a un reflejo de lo que no existe, ni a una unificación sintética de ambos. El factum de la detención y el primer reflejo eran entonces ciertamente de un golpe, pues la posibilidad del último está condicionada por el primero. Pero el factum trae consigo inmediatamente su reflejo, y éste es simultáneamente con aquél. De este modo, también ambos reflejos son puramente de un golpe. 2) ¿Qué tipo de esquema es éste? En primer lugar[118]: evidentemente, merced al retenerse, la manifestación se cierra [/36a] por completo a la causalidad inmediata del debe, y la supera puramente. En este estado, por tanto, la manifestación tendría que manifestarse en este nuevo esquema. Capten ustedes esta diferencia estricta. Conforme a la primera consideración, el contenido de la imagen se constituye mediante la causalidad inmediata de la ley, causalidad a la cual se entregó la libertad; y sin esta causalidad no se habría llegado a ninguna imagen. Ahora esta causalidad no está, pero la imagen engendrada mediante ella sí que está y permanece, mediante el retenerse de la manifestación, en este estado figurativo. La imagen no es precisamente mediante la manifestación, pero una vez que es, perdura y es retenida por la manifestación. *Adviertan ustedes*: esto muestra justamente la naturaleza del esquema como *potencia*: no el factum del *retenerse* ahí donde llega a su fin, sino la potencia del retenerse en general, como siendo efectivamente intuida, un

---

[117] Siguiendo con la anotación anterior, la potencia tiene una libertad doble, o bien la potencia es ella misma doble, sintética: en primer lugar, potencia para realizar una configuración o no realizarla; en segundo lugar, potencia para retenerse en esa configuración o pasar a una nueva.
[118] [*en el margen, sin anotación:*] potencia para (?) detenerse: Reflejo. Reflejo del deber.

retenerse efectivo que justamente por eso tiene que extenderse sobre la imagen entera, tal como antes un *entregarse* efectivo [se] extendió sobre la imagen entera. Ésta es la diferencia. Potencia junto con y coactuando [con] la ley; potencia *independiente de la ley*, estando el acto entero del retenerse, como de una potencia general, extendido sobre todo el contenido de la imagen.

[El acto de la potencia del retenerse,] no acaso de la acción de retenerse, pues ésta desaparece en el producto, en la finitud de la imagen, sino de la *potencia* en general para retenerse. Ésta reside en el esquema y es por tanto *intuida* como un factum por este ver que se disuelve en sí mismo. Ahora, este retenerse tiene que estar expuesto en algo; la manifestación tiene que ser intuida como reteniéndose en algún estado. Ahora no hay ninguno sino el de la imagen presente; por consiguiente, como reteniéndose en éste.

Reflejo *del reflejo*: [éste es] un absoluto retener y portar la imagen sin un entregarse a la causalidad y enteramente independiente de ésta: el estado explicado de *cierre* del sentido externo, que sin embargo conserva imágenes; imaginación retentora, merced a la cual se vuelve posible representar el objeto aun sin su presencia. Allí, un discurrir de la manifestación con lo plural; aquí, un mantenerse por encima de ello, sin curso alguno, que [es] justamente merced al cerrarse a la causalidad.

3) En la unificación sintética con este retenerse de la manifestación en la imagen, el resultado del primer reflejo, el poderse entregar o no a lo múltiple, obtiene ahora un significado enteramente distinto: a saber, obtiene igualmente su reflejo. El reflejo completo del reflejo está compuesto a partir de los dos reflejos del *retenerse* en la imagen, según está dada, y del *poderse entregar* o no.

Poderse entregar o no: ¿a qué? Antes, a la causalidad del debe a la que, sin embargo, se entrega sólo para poder llegar a una imagen; aquí, a la imagen que ya no discurre, sino que se mantiene en toda su determinación[119]. La última potencia, según lo he expresado, se halla expresamente en este reflejo, y es contemplada. Es ante todo claro que esta potencia no puede reproducirse sino en la imagen estática de lo que efectivamente debe ser: que, por consiguiente, su representación está condicionada por lo último, de modo que, como dije, lo uno no es sin lo otro, y de este modo, sólo en su unidad sintética configuran ambas partes el entero reflejo del reflejo.

---

[119] Antes se ha hablado de una doble potencia para detenerse: o bien la capacidad de abstenerse libremente de todo configurar, o bien la capacidad de detenerse libremente en una figura concreta sin pasar a una nueva. En correspondencia con esta doble potencia para detenerse, y puesto que la potencia es capacidad tanto para hacer algo como para no hacerlo, aparece ahora una segunda doble potencia de realización, o como dice aquí Fichte, de «entregarse a la causalidad», de activar la propia capacidad de causar: o bien configurar una serie indefinida de figuras a lo largo del flujo temporal infinito, o bien configurar una figura para luego retenerse en ella deteniendo la propia capacidad de causar. De esta manera se acaba de desentrañar la quintuplicidad en el seno de la potencia.

[/36b]
Viernes, 19 de marzo

Investiguemos ahora en primer lugar la *forma*, y luego el contenido de esta potencia que aquí se expone. Es una potencia de la manifestación para entregarse ella misma a sí misma, para entregarse efectivamente o no a aquella misma manifestación que sostiene la imagen. Adviertan ustedes: la manifestación *es*, y es y se retiene en el estado esquemático; esto es, y permanece, y se mantiene fijamente. Pero, *además de esto*, ella misma tiene la potencia para *entregarse* o no a ésta, pero no respecto del retener, pues éste se mantiene estático. ¿Cómo pues? Ella puede no realizarse; por tanto, si ella se realiza, crea puramente de la nada esta misma autorrealización en la forma, junto con todo lo que reside en ella. Ella es entonces un principio para crearse puramente a sí misma en la manifestación, y a través de sí misma, algo distinto. Esto sería lo primero.

Ahora, al contenido. ¿Qué potencia se refleja en ella? ¿Acaso la que aporta el material de la imagen? (Cómo pueda llamarse ésta, se verá enseguida.) ¡No! Ella sólo podría retenerse en la vinculación. El enlazamiento de las partes era entonces resultado de su entregarse. Su reflejo es por tanto la potencia para la composición absoluta de las partes y para lo que está condicionado por ella: el fragmentar absoluto. Por tanto, la potencia se manifiesta como pudiendo hacer lo siguiente en la imagen retenida: 1) *fragmentar* progresivamente hasta lo incondicional. Pero toda parte posible, ¿qué será? O bien imagen, o bien no. Si no [es] imagen, entonces la potencia no se ha realizado; si [es] *imagen*, entonces es mediatamente producto de la causalidad absoluta del debe, y por tanto infinito. Todo posible producto de la fragmentación es por tanto infinito. (La fragmentación alcanza hasta lo incondicional, no hasta lo infinito: hasta ahí alcanza sólo la potencia para la fragmentación, pero jamás fragmentación alguna.

Pero la parte, incluso pensada tan pequeña, sigue siendo infinita: 1) Continuidad del espacio. ¿Consta, pues, la línea de puntos? 2) *Materia*; justamente la concreción de la infinitud, que siempre y constantemente permanece sobrante[120].) 2) Enlazar estas partes de otro modo[.] 3) Sin duda que ahora esta potencia también puede a su vez componer la imagen tal como efectivamente se vuelve real y es retenida merced al entregarse a la causalidad del debe. Según esto último, ¿esta imagen es la misma o no es la misma? Según el contenido [es] completamente igual, pero no según la forma. La última [imagen] es retenida justamente conforme a la composición efectiva de las partes en ella. En la primera [imagen], todas las partes que vienen a conciencia como tales pueden estar y están acompañadas de la *conciencia* de que igualmente podrían estar o ser ordenadas de otro modo. Ahí, el orden de las partes *está* dado, y es por tanto válido; aquí, se contempla como contingente.

En la potencia descrita, ustedes reconocen fácilmente la imaginación libremente reproductora, a la que se le enfrenta un configurar que se retiene (que ustedes pueden considerar como el fundamento de la memoria.)[121-122]. 4) Hemos visto que la misma manifestación es ambas cosas: reteniéndose y siendo capaz de reproducirse, lo que son estados opuestos. Pero ella es ambas cosas *necesariamente de un solo golpe*. [Es] *potencia para la reproducción* sólo respecto de la *manifestación fija y estática*, y ésta es estática sólo en oposición a una potencia para la reproducción: en esta [oposición] oscila la imagen. Estos dos estados opuestos sólo pueden unificarse en un ver, como síntesis de una multiplicidad y como un mediante[123]: por consiguiente, este mediante viviente, que ya se ha mostrado en nuestra exposición, sería el vínculo sintético. A su vez, la unidad formal de esta unidad sintética sólo podría ser aquella [/37a] potencia, como el ver y de tal modo lo vidente, a saber, *como* aquello que abajo está reproducido objetivamente en sus dos significados y que transita libremente de una determinación a la otra. Por tanto tendría que aparecer aquí el Yo, la autoconciencia. (Sé que, sin embargo, esto no es claro, pero no pretendo presentarlo como tal, sino que [aquí] sirve sólo como *preparación*.)

Caso de que esto se confirmara[,] tendríamos aquí un punto donde la *conciencia misma* se manifiesta en la deducción como necesaria[,] aquí en

---

[120] Porque la concreción resulta de la detención de la potencia en una imagen, la infinidad potencial de imágenes no se agota, sino que de ella queda siempre un excedente no actualizado.

[121] [*en el margen:*] reteniéndose la manifestación, reproduciéndose la imagen en la imagen como reflejo del deber.

[122] Anteriormente se ha dicho que, merced a la potencia de la imaginación reproductora para retener una imagen, ésta se reproduce con independencia de toda intuición efectiva.

[123] En tanto que el mediante designa el tránsito entre dos posiciones, es síntesis de una multiplicidad.

un *ver* donde ciertamente se ha deducido en todas sus partes... Hasta ahora, sirviéndonos de nuestro pensamiento, más que construir interiormente, hemos descrito más bien según partes externas. Por eso es necesario comprender este punto con la mayor agudeza y en su absoluta profundidad. Basta para ello el agudo análisis de lo que se acaba de exponer.

Digo: 1) Toda imagen posible que entre tanto presuponemos como dada[,] en sí misma es puramente infinita. Pero la potencia de la manifestación para fragmentarla es igualmente infinita. Pero esta potencia de la fragmentación infinita nunca se realiza, se queda por tanto en una mera potencia hasta lo incondicional, y jamás deviene acción. Que esta *potencia* tiene su reflejo significa que es una *potencia* de la potencia; se representa por tanto una potencia que es sólo *potencia*, una pura potencia absoluta. Pero esto, evidentemente, puede serlo sólo en el *esquema*, no en la *realidad*; es por tanto un esquema que se penetra como esquema, o un *ver*. Resultado: sólo la potencia para el infinito es mera potencia. Si ésta debe ser, entonces sólo puede serlo en el esquema: es decir, en el ver. El ser de una potencia infinita y el ver son por tanto lo mismo, [y] son sólo en la visibilidad absoluta, jamás en la realidad. La posición de su ser hace al ver necesario (éste es entonces deducido)[;] y al contrario, a partir del *ver se sigue* esto: puesto un ver absoluto, aquél es puesto mediante éste y en éste. No se habla de la realidad: esto sería *contradictorio*: se habla del ver puro y absoluto, el cual, mediante sí, contiene en sí mismo a aquél y lo proyecta desde sí mediante su factum. (El idealismo está expuesto aquí de un modo tangible, en la *divisibilidad infinita*.) El ver es la *potencia* y la *impotencia* real en síntesis absoluta. En el ver absoluto que se acaba de describir, la potencia es capaz de *describir*, y efectivamente describe su potencia, y esto le otorga al ver la parte formal, la luz; luego, su *impotencia fáctica*, que, no obstante, es idealmente potencia. Lo último aporta aquello en lo que el ver formal se fragmenta y se limita. Por consiguiente, el objeto del ver absoluto es la impenetrabilidad de la manifestación para sí misma, a causa de la imposibilidad de una fragmentación infinita. Aquí comienza el ver, y es absoluto y puro (no menesteroso de su ser), y es totalmente necesario.

Todavía [añadimos] esto para *hacer convincente* la demostración: la manifestación intuye su *potencia infinita*. Pero esta potencia infinita no está dada jamás en un factum; surge por tanto mediante el mismo ver, y es intuida. Aquí está el reflejo inverso: la infinitud no se refleja en una unidad[124], lo cual sería simplemente imposible, sino que la unidad del ver se refleja en la infinitud, porque sólo bajo esta condición aquélla es un ver; y todo parte del ver como lo absolutamente primero. [Aquí hay] *in-*tuición.

---

[124] [*en el margen:*] como si el movimiento partiera de ella.

La materia absoluta, en la cual se fragmenta el ver absoluto[,] es justamente la infinitud penetrada, pero entonces no por la potencia. La materia se intuye entonces a partir del ver. Todo lo que hemos admitido hasta ahora como encontrándose fuera del ver, es sólo en el mismo *ver*, pero éste es el factum absoluto. Que él mismo es sólo merced al *debe*[,] es bien claro; [aclarar] de qué modo, haría necesaria una investigación más elevada. Brevemente[:] el ver absoluto puede ser él mismo reflejo de algo; de qué, se averiguará [más tarde][125]: no es reflejo del infinito[,] *si es que aparece en él* [,] sino que éste es *inmediatamente* el suyo. Esto sería lo primero. Inmediatamente, he dicho. [/37b]

2) La forma del ver tiene su sede en la contemplación de la potencia incondicional de la manifestación para dividir hasta el infinito. Es por consiguiente condición de todo ver que esta potencia se contemple. En este ver se encuentra el reflejo que ayer se describió en sus dos partes; tiene que estar presente al ver, y éste, ser fragmentado en un *infinito fijo*, la imagen retenida; y una potencia, que en las partes infinitas de esta imagen concibe a voluntad, compone de un modo diferente, etc., todo[,] según describimos antes. Aquí hay que añadir únicamente: este ver aporta primero la forma de la luz a la visión de la materia infinita que se describió antes: lo último no es sin éste; todos están unificados sintéticamente; y el punto de origen del cual parte todo el estado sería ahora la intuición de la potencia para dividir hasta lo incondicional, donde ahora está contenido lo incondicional e infinito mismo. Por tanto, el retener y la potencia para la división estarían ahora proyectados, como anteriormente la *infinitud*, e intuidos por el ver absoluto, y ésta sería su reflejo, pero en modo alguno el ver [es] el reflejo de ésta, como antes parecía. Esto sería lo segundo.

3) La potencia divisora no se puede ver si no se ve simultáneamente y en el mismo acto único la retención del todo en el que se divide. Una parte sólo es una parte en relación al todo; de igual modo que el todo es un todo, es decir, una multiplicidad, sólo en relación a las partes que en él se distinguen. El ver el principio divisor, y el ver la totalidad que se divide[126],

---

[125] [*en el margen, con advertencia:*] podría darse en un resumen.
[126] «*Das Sehen des theilenden Princips, und das Sehen des Ganzen*». Más elegante es en castellano «la visión del principio divisor y la visión de la totalidad», pero hemos preferido traducir *das Sehen* literalmente como «el ver», y no como «la visión», *das Gesicht* –un término que, por lo demás, el propio Fichte emplea y eleva a concepto filosófico en obras como *Sobre la esencia del sabio* (1805) o los *Discursos a la nación alemana* (1808)–, para dejar bien patente que se trata de la actividad de ver, y no del objeto visto, y en este sentido el término «visión» es equívoco. Con el mismo propósito de claridad hemos renunciado al uso del genitivo objetivo – «el ver de la totalidad»– para indicar inequívocamente que la totalidad es objeto y no sujeto de la visión: «la infinitud no se refleja en una unidad, lo cual sería simplemente imposible, sino que la unidad del ver se refleja en la infinitud, porque sólo bajo esta condición aquélla es un ver; y todo parte del ver como lo absolutamente primero».

presuponen entonces un ver común, único y abarcador, en el cual ambos son vistos, y son vistos como ver. (En la división se tiene manifiestamente presente el todo y la parte en la misma conciencia; y que se mantiene a ambos sólo en el ver, es claro si se considera que cada uno es consciente de poder intuirlos a ambos, la parte o el todo, como más grande o como más pequeño.) Sí, y es más: la potencia debe verse como una potencia libre para dividir así o así hasta lo incondicional; por consiguiente, en esta conciencia, como una, tienen que aparecer diversas partes hasta lo incondicional, expresándose la potencia como tal sólo en esta diversidad y en la indiferencia hacia ellas de la libertad para dividir. Por tanto: un ver el todo, y un ver distinto que a su vez contiene en sí veres diversos de partes diversas, justo hasta donde alcance la división, se captan en un único ver común.

¿Qué tipo de ver es éste? Todo ver es imagen de una potencia; el objeto, el portador, aquello en lo que este ver uno se fragmenta[,] sería entonces ciertamente la *potencia* de la manifestación. Bien entendido que, ahora, este ver es el ver del ver múltiple que subyace, y este último es su objeto; él mismo se fragmenta en él, y él es su límite. Por consiguiente, si en este ver se expresa la potencia[127], si bien es vista mediante el ver uno como su objeto, en cambio no es vista en él, no es proyectada ni intuida mediante este ver uno. Por tanto, esta potencia es *pura potencia*, potencia para nada de lo que subyace, y es intuida: una, pura, reposando en sí misma, pura potencia y nada más. La manifestación, puramente proyectada desde sí, pero sólo como potencia en general, no para esto o para aquello. Ahora bien, la manifestación debe ser, entre otras cosas, visiblemente la misma. Mediante esta síntesis [ella manifiesta] el carácter del retenerse frente a lo múltiple en ella misma y del *determinarse*.

[Para inteligir] cómo a partir de ahí surge ahora el Yo, [necesitamos] fuerzas frescas, 1) ¿Qué es? 2) [Es] puramente *a priori*, producto del ver y *nada más*: [ésta es] su génesis. Ven ustedes entonces, y verán, qué cabe conservar de la opinión habitual sobre la D[octrina de la] C[iencia][128].

---

[127] Como la potencia para retener el todo; la potencia para dividir este todo hasta lo incondicional.

[128] [*en el margen, junto al último párrafo, sin anotación:*] En lo profundo está la claridad[.] En el reflejo del reflejo: potencia doble, y recuerdo de qué es ahora ésta [potencia] una.

[/38a]
Miércoles, 20 de marzo

En lo profundo está la claridad. Es un único ver: si es uno respecto de la pluralidad que se opone, tal como, por ejemplo, el ver de la potencia para dividir es también uno; si lo es respecto de las diversas partes [pues también tiene que ser uno respecto de la totalidad]; o si es *uno* absolutamente, el ver uno puro en su forma absoluta, propiamente no lo sabemos a partir de lo precedente; pero que nosotros tendremos que llegar allí una vez, lo sabemos. No puede representar entonces perjuicio alguno si ya en este presupuesto, que quizá es oportuno, investigamos este ver uno y puro.

1) Hemos visto que el ver, puramente como tal, se fragmenta en sí mismo; su objeto original, que sólo es aportado por aquél, es la *impenetrabilidad* de aquél para sí mismo, según hemos visto a propósito de la posibilidad de división hasta lo incondicional junto con la imposibilidad de una división efectiva hasta lo infinito. Aunque este ver, respecto de la infinitud, puede ser ahora el ver fáctico absoluto, no es sin embargo el [ver] uno y puro, sino, según vimos, un ver que multiplica incondicionalmente: todo ver *algo*; en cambio, el ver puro no [es] en absoluto un ver algo, lo cual indica siempre una nueva determinación, sino que tiene que ser justamente sólo puro ver y nada más, y si ustedes quieren[,] un ver nada.

2) A causa de su necesaria limitación interna, sólo mediante la cual se constituye en ver, este ver se fragmenta puramente en sí mismo, puesto que ahí no existe nada más: mediante su mera forma se constituye él mismo en objeto; mediante su ser como ver[,] y por mor de su forma, se aporta a sí mismo como objeto, se hace a sí mismo objeto, etc. [,] y sólo a sí mismo. La objetividad del ver no está dada acaso por un factum que se sostiene a sí mismo (es claro el sinsentido)[,] pues entonces el ver del ver

sería el reflejo, sino a la inversa. Merced a su forma esencial, el ver absoluto se constituye en un ver el *ver* como algo objetivo. [De ahí la deducción de la autofragmentación absoluta del ver mismo en subjetivo y objetivo, y la identidad de ambos a partir de la *esencial* limitación interna del mismo ver./ Bien ven ustedes que hemos expresado una proposición importante. Espero que, además, sea clara.

3) Esto lo decimos ahora *nosotros*, que no somos el ver uno absoluto presupuesto, sino que, de una manera tan inexplicable para nosotros mismos, oscilamos sobre él y le dirigimos nuestra mirada. La D[octrina de la] C[iencia] no llega de modo correcto hasta su comienzo hasta que no resuelve esto y deviene una intuición que se entrega puramente; y en la presente investigación, éste es el lugar para ello. Este ver absoluto se nos evidencia como generando puramente por sí mismo su figura objetiva; pero, en su realidad disuelta en sí misma, no gusta de manifestarse así. Éste [es] el punto adonde hay que dirigir la atención.

El *ver es*, dice el presupuesto, disolviéndose en sí mismo, y en este ser se fragmenta a sí mismo; por tanto, en el *ver efectivo inmediato* se fragmenta él mismo a sí mismo: por tanto, se ve *efectivamente a sí mismo*. El ver uno y puro es una autointuición inmediata del ver; porta puramente en sí mismo la forma del Yo. Adviertan: se *ve* a sí mismo, y nada más; el ver se pone su objeto justamente como *siendo*, sin más, y por tanto con la expresión de la mera facticidad pura; y esto se debe a que este ver es justamente un mero ver y nada más, y se disuelve en este su fáctico verse a sí mismo. Si él mismo fuera visto a su vez, según hicimos nosotros anteriormente, y penetrado por consiguiente como una potencia absoluta, entonces se manifestaría como creador respecto de esta objetividad suya. Pero como ahora intuimos meramente el factum, esto queda ahora postergado[129].

4) El ver se intuye *a sí mismo*[,] es decir, no a algún ente en general, sino a sí[,] el *ver*; por tanto intuye, encuentra un factum del ver, y a sí mismo como lo que es en este ver, es decir, como lo *vidente*. Éste es el contenido de la intuición. (Por el amor de Dios: ¿encuentra un *factum* del ver? ¿Acaso

---

[129] «El *ver es* [...] disolviéndose en sí mismo [...] se *ve* a sí mismo y nada más.» El ver se ve a sí mismo. Que este ver se disuelve en sí mismo significa que se agota ahí, a por tanto no ve nada más. Como no ve nada más, no ve la génesis de su objeto, que es él mismo, es decir, no ve cómo él mismo se configura en imagen (de la imagen), y por consiguiente toma su objeto como un factum absoluto, como algo que él no ha constituido sino que sencillamente es y existe con independencia de todo ver: «Por consiguiente, este ser del Yo se contempla como enteramente independiente de todo ver; es, aunque no sea visto[.] (Ya sabemos que esto no es del todo cierto, que este ser es producto del ver, aunque no del ver *visto*, sino del ver absoluto vidente y, por tanto, invisible.)] Por consiguiente tenemos que limitar la proposición de este modo: es *con independencia de* todo *ver visto*. (Si lo que se acaba de establecer se constituye alguna vez en *visto*, según parece ahora, se tratará en su momento.)»

tal factum es con independencia del encontrar, y el encontrar se le agrega sólo posteriormente? Todo esto son malentendidos ante los que no se pueden tomar precauciones en el discurso, sino que [esto sólo puede hacerlo] el contexto. Sabemos que todo es a partir del ver absoluto, que lo que aquí es el puro factum, está proyectado.[)]

Como es manifiesto, ambas determinaciones están unificadas de modo sintético pura y simultáneamente: todo el contenido inmediato de la intuición. Se [ve] como un *ser absoluto*; por tanto, según se manifiesta el objeto en todo ver la forma absoluta, como existiendo con entera independencia del *ver en el cual* es visto. Ahora, este ver es el ver absolutamente uno y puro, y el fundamento de todo ver. [/38b]

Por consiguiente, este ser del Yo se contempla como enteramente independiente de todo ver; es, aunque no sea visto[.] (Ya sabemos que esto no es del todo cierto, que este ser es producto del ver, aunque no del ver *visto*, sino del ver absoluto vidente y, por tanto, invisible.[)] Por consiguiente tenemos que limitar la proposición de este modo: es *con independencia de* todo *ver visto*. (Si lo que se acaba de establecer se constituye alguna vez en *visto*, según parece ahora, se tratará en su momento.)

Un *ver* acontece como factum en el mismo momento en el que éste se encuentra a sí mismo. Ambos [son] lo mismo: por tanto, lo que existe en el ver [es] sólo esto: ver el ser. El ser es con independencia del ver; también podría entonces no ver; en cambio, unificados *in facto*: ve. [Aquí tenemos] *substancia, accidente*, [y] unificación en un único ver fáctico (intuido) y en su unidad sintética. [Aquí tenemos un] *ser independiente*, no un [ser] que sólo deviene merced al factum; en cambio, unificado in facto. Ve, digo, y así se encuentra *in facto* b ª c. Este ver establecido como un ver tiene que establecerse justamente como fragmentándose en un objeto, como teniendo su objeto. ¿Cuál? Justamente éste: se ve a sí mismo; es simultáneamente *sujeto y objeto*. Es lo vidente y lo visto[,] intuye el ver absoluto[.] Sólo ahora se pone de manifiesto claramente la escisión. Toda la síntesis no es *en sí*, sino que es sólo el contenido del *ver absoluto*, como ver con arreglo a su forma. ¿Se puede ir más allá de este ver? Si estamos más allá, entonces se manifiesta de otro modo: a. Aquí sin embargo hay duplicidad: *principio, fragmentación*: sólo en esta última es b c.

5) He dicho: el ver absoluto *se* ve; pero no es un mero ser fáctico, sino que es, según sabemos, un principio absolutamente creador. No se ve, por tanto, si no se ve como tal; y la expresión objetiva de sí mismo está omitida. Pero ésta no puede ser omitida, pues aquél es absolutamente lo que es, y absolutamente según la ley. Es intuido objetivamente y hallado como principio. No acaso [como] principio de *su* ser, pues éste es ya fácticamente, sino [como principio] dentro de *su ser*. La unidad [es aquí] por tanto *multiplicidad*. Aquí hay división, principio de una multiplicidad dentro del

principio uno y absoluto: por tanto hasta el infinito. El b estático se intuye por tanto como principio incondicional [de posiciones creadoras], lo cual no sucede si no se intuye a sí realizando esquemáticamente una diversidad, lo que a su vez está condicionado por la intuición de algo fijo y estático: d - e. Esto, a su vez, está unificado absolutamente con lo anterior[130].

Tenemos por tanto el ver absolutamente *uno y puro*. Esto puede ser incluso reflejo de algo hasta ahora desconocido. Supuesto esto, se fragmenta en sí mismo y surge puramente *en uno esta* quintuplicidad, *proyectada* desde ella y hallada en la intuición. [(]Tres *principios*: *génesis absoluta*, la totalidad; *facticidad*, en la cual a no es lo visto, sino el ver absolutamente invisible. Dos miembros. Principialidad dentro de la facticidad[:] nuevamente dos miembros. La unidad así compuesta de la intuición.)

[Éstos son] *productos* absolutos del mero ver puro, y nada más.

Para [guiar] la intuición hasta algo más profundo: ¡más hacia abajo! Hasta ahora, ustedes han considerado sin duda el fundamento objetivo de la infinitud como una imagen de un momento temporal único, y, según mi exposición, no podían considerarlo de otro modo. Ahora esto queda claramente suprimido. El ver del que acabamos de hablar es el ver absolutamente uno y puro. Sin duda que éste no puede repetirse ni acontecer en un tiempo. En el tiempo sólo podría acontecer el principio de la multiplicidad que resulta de este ver. Por tanto, lo que hemos considerado como fundamento objetivo ustedes lo pensarán del mejor modo justamente como todo el mundo presente divisible hasta el infinito, es decir, el mundo material.

Por buenas razones, incluso este ver absoluto, frente a otro principio de la facticidad, podría convertirse en *visibilidad*, por tanto no en un factum realizado genéticamente, sino sólo en una ley fundamental de tales realizaciones. Todo esto [son] sólo unos esbozos.

---

[130] [*en el margen sin anotación:*] Lo existente e intuible simplemente por sí es un accidente: pero más aún, unificación fáctica, que justamente es.

[/39a]
Viernes, 22 de marzo

1) Suplemento. 3) [el] ver uno y absoluto: 3 principios, 5 puntos. *Substancialidad*: un ver puramente sin más, clausurado e independiente de todo[,] con el cual se unifica, mediante la unidad sintética de un ver puramente fáctico, un *dato*[,] expresión esquemática de una pura potencia. I. 1) El ser [es] puramente la substancia, y sólo en esta oposición de la independencia. 2) El *dato* no [es] puro ser, sino esquema de la potencia. En *dato*, en *factum* se constituye sólo mediante la forma del ver. 3) [Eso es] enlazamiento en una conciencia meramente fáctica: no acaso: *tiene que*, necesariamente, principio: todo lo cual excede del factum; sino sólo: es justamente *así*, sin fundamento. 4) Yo veo: añadido: *a mí*; a partir del ver. II. [1)] Principio: [tiene] *causalidad*: *yo divido*, puramente. 2) Que sólo se divida en general es contingente, pues el principio, como principio absolutamente mediante sí[,] podría igualmente no dividir. La causalidad en general [es] accidente. Pero que si está el principio lo principiado resulta tal como resulta, no es contingente sino necesario; el principio le da a este ser la ley. Lo causado no es *accidente*, es <sólo> la relación; pero ambos sólo son posibles y comprensibles cada uno mediante el otro. *Causación recíproca*. [Esto son] categorías, cuya unidad sintética [es] el *Yo*, es decir, el ver absoluto mismo, que es necesariamente un aplicar la mirada.

2) Es claro que, pese al aparente desvío, no nos hemos desviado. Queríamos la unidad de ambas partes d - e. Resulta que nuestro a[,] la unidad puramente absoluta del ver, es tal unidad junto a los miembros b - c que aún tienen que añadirse.

3) Regresemos a nuestro principio capital, y orientémonos para ver qué ha cambiado en nuestras concepciones. La manifestación (justamente la absoluta) se da a sí misma la ley mediante la autorrealización; aquí, en concreto, en la determinación de un *como*; y mediante la causación conjunta de ambas

surge algo. ¿Dónde está ahora el punto de incidencia de este entregarse, y cuál es en el resultado, y desde este punto, el producto de la libertad, y cuál el de la ley? ¿Se entrega inmediatamente a un principio de la *infinitud*, detiene su curso, y cosas semejantes como antes parecía? Oh, no; todo esto no está en la manifestación tal como ésta es en sí, tal como es mediante su ser en Dios (fijen ustedes este concepto)[;] sino que [todo esto] está exclusivamente en el ver. Tan pronto como la manifestación se entrega, surge el *ver a*, [y] sólo mediante éste se engendran en su totalidad las partes componentes que hemos señalado, y son sólo en él. El fundamento de *que* el ver en general es y de que aparece como factum, reside en la libertad de la manifestación; el fundamento de *cómo* es así, reside en la ley absoluta. [El fundamento de] que[,] lo que aparece en él, se manifiesta como existiendo fácticamente (puesto precisamente sólo mediante el factum del ver, y no siendo capaz de aducir para su ser otro fundamento dentro del ver sino que precisamente es visto)[,] que es un Yo, determinado así y así, etc. [reside igualmente en la ley actuante]. Sólo aquí[,] en este punto[,] comienza todo desarrollo de la manifestación.

4) Todavía esta advertencia: lo descrito es la visibilidad absoluta, por encima de la cual no alcanza ver alguno, sino que todo ver múltiple d. sólo se desarrolla dentro de ella. Este ver conlleva, entre otras cosas, e[,] la *infinitud detenida*. Ustedes no tienen que pensar de ningún modo e como una infinitud y un tiempo en ella, a lo cual podría inducirles el primer presupuesto que ahora se acaba de refutar. Tal multiplicidad en la serie temporal podría ser sólo posible, a saber, d. Pero éste presupone al menos e como estático. e es por tanto el mundo dado de un solo golpe por el ver absoluto, simultáneamente con su infinitud.

5) No advierto sobre graves malcomprensiones de la D[octrina de la] C[iencia] acerca del Yo.

De hecho, sólo hemos establecido lo que resulta a partir de la ley, pero no nos hemos referido en absoluto al factum de la libertad (pues a nosotros, como D[octrina de la] C[iencia,] esto no nos concierne en absoluto, y acerca de ello remitimos fuera de nuestra ciencia)[;] de hecho no tenemos acaso un factum del ver (*que* hay un ver), sino que hemos deducido cómo, caso de que sea, será necesariamente, y por tanto haremos mejor en llamarlo *visibilidad*, posibilidad de ver única y absoluta[131].

---

[131] Recuérdese la primera lección. A la Doctrina de la Ciencia, como a toda ciencia, no le compete la existencia efectiva de su objeto, sino el concepto de este objeto, para obtener a partir de él, mediante una deducción, sus determinaciones. De la existencia del objeto se considera, pues, sólo la posibilidad. Por consiguiente, no es pertinente un ver efectivo, sino la posibilidad de todo ver efectivo, esto es, la «visibilidad», que, frente a las múltiples visiones concretas, es «única y absoluta». Tal deducción de las determinaciones de un concepto de cuya existencia fáctica no se considera su efectividad sino meramente su posibilidad, es precisamente una deducción trascendental.

6) Hasta este punto estamos, pues, determinados. ¿Cómo seguir? ¿Según la ley? La pregunta natural es: ¿de dónde [procede] esta ley misma? Sabemos: es la ley de un *como*, de un mero esquema de algo que queda en el trasfondo; la pregunta ahora dice así: ¿qué es esto que queda en el trasfondo y que se expresa mediante la ley de la visibilidad? Lo mismo que antes expresamos así: todo esto, lo que hay en ella y que reflexiona a partir de ella, es ello mismo un reflejo. ¿De qué? ¿Qué hay a la base de este reflejo? [/39b] Naturalmente no puede ser [nuestro] propósito comenzar ahora en serio esta investigación, pero será preciso prepararla para darla a conocer.

[A la base yace] evidentemente la manifestación misma en su ser original a partir de Dios, tal como también antes se dijo que todo *como* se encamina a ella. Por tanto, la manifestación en su *infinitud*; pues en la visibilidad[,] según vemos[,] ella se transforma en un Yo dado fácticamente, como principio, etc. [,] y ella no es esto, sino que esto es su esquema. Esto sería lo primero. Pero en la medida en que fue posible decir lo que así dijimos, ella tiene no obstante que devenir visible, justamente como prototipo: el dominio presente del ver tendría entonces que poderse ampliar. Esto sería lo segundo.

El *ver* tiene que poder ampliarse; el ver deducido antes es ahora el uno absoluto: éste no podría modificarse mediante la ampliación, pues entonces se eliminaría todo ver; sino que la forma fundamental expuesta antes, en la medida en que es forma fundamental[,] tendría que permanecer en toda ampliación. Esto sería lo tercero.

En caso de una ampliación tal, [¿]cuál podría ser el principio fáctico *ampliante* (el fáctico, pues se entiende que, caso que haya factum, aparecerá la ley)[?] Evidentemente la manifestación misma en *libertad absoluta*. Aquí ella era *entregándose*, y de este modo [quedaba bajo la ley]. Pero ella no tendría que ser *eso*. ([Hay] aquí una duplicidad.) Esto sería lo cuarto.

¿Qué podría ser, pues, ella ahora? Reflexionen *ustedes*: el ver que se acaba de describir ahora, según su contenido (y no según su forma absoluta[)], debe ser reflejo del verdadero ser de la manifestación en el trasfondo. ¿Acaso hay algo ahora en el esquema de esta manifestación (en el Yo que aquí aparece) que no esté realizado en este ver? Digo que sí[:] b. ¡[Un] ser puramente independiente del ver, y como principio! Pero no es esto. Por tanto, la manifestación tendría que poder ser *realiter principio*, no para un ver, sino para un ser; eso es justamente aquello de lo que todo este ver, según su contenido, es reflejo. Por consiguiente, no se entregaría al mero reflejo de su principialidad real, sino que sería aquello mismo. Esto sería lo quinto[132].

---

[132] a, b, c, d, e, son los cinco elementos de la quintuplicidad deducida a partir de la automanifestación de la manifestación, o dicho más escuetamente, del «como» de la manifestación.

Pero su ser no trae consigo reflejo alguno. Permanece [la] forma fundamental Yo; pero en c, etc., se encuentra la modificación: se intuye como *actuando*. A partir de su causalidad ya no surge meramente una división en el e dado, sino una nueva creación en él.

[Esto resulta] nuevamente de un modo doble: o bien es principio práctico en la región de la visibilidad, o bien en la de la invisibilidad.

En este último caso, esta invisibilidad podrá ser hecha nuevamente visible.

Y así, pues, tendríamos aquí una *multiplicidad* dentro de la forma fundamental una de la visibilidad. El fundamento absoluto es la modificación del *ser fundamental* de la manifestación absolutamente libre. Por ejemplo, A en α, β, γ. El ser original de la manifestación trae ahora consigo su reflejo; en cuanto aquél se modifica, se modifica éste, [aunque] no según la forma general (el esquema sigue siendo siempre el Yo, aunque se vuelva invisible y permanezca en el trasfondo) [;] pero la intuición de este Yo se modifica, al igual que el ser. El ver es a partir de los factores de su propia forma, los α, β, etc. Pero estos mismos factores son a partir del ser de la manifestación que se ha determinado libremente: el dominio de esta libertad [es] a partir de la ley: la ley [es] a partir de la síntesis del manifestarse de Dios con la libertad; y de este modo, en nuestra manifestación ustedes no echarán en falta la unidad sistemática.

[/40a]
Lunes, 25 de marzo

Se ha descrito el ver uno y puro, ver de nada, fragmentándose en sí mismo, aportando un Yo. La síntesis [y] las leyes [son] conocidos.

Éste [es], decimos, el *reflejo* absoluto de la manifestación; *vemos*, por tanto el *ver tiene* que trascender fácticamente el reflejo y seguir siendo no obstante un ver, es decir, seguir siendo el *ver uno*; [tiene que] determinarse posteriormente/ no ser ya un *puro* ver y un ver nada. Más allá de esta reflexión fáctica también se halla en nuestro sistema: la manifestación debe manifestarse como manifestación de Dios. Aquí ni siquiera se manifiesta ella misma, sino sólo en un representante[,] en un Yo./ ¿Cómo es posible *esta determinación posterior del ver*? Nuestra tarea es ahora [responder esta pregunta]. [Doy ahora] una visión general: que hay una multiplicidad, y cuál es aproximadamente. Esta aproximación tiene que transformarse en seguridad. Aquello es *reflejo*; esto *reflexividad*: reflejo realizado libremente y colmado de vida; aquél, en cambio, es *muerto*.

1) El ver puro es un mero reflejo. [Hay que] ver en qué medida lo es, y qué significa esta expresión.

El ver es el fragmentarse en sí misma de la potencia *infinita*, condicionado entonces por una limitación de esta *infinitud*. Pero la potencia, mediante *sí misma* y *su esencia*, es infinita, y no puede por tanto limitarse a sí misma. Si está limitada, entonces lo está por otro principio. Pero debe haber un ver[;] por consiguiente tiene que estar limitada: pues el ver es un fragmentarse de la potencia en su limitación. Antes lo demostramos a la inversa: el ver está limitado en sí mismo necesariamente, por tanto se fragmenta e intuye su objeto. Antes supusimos el ver como absoluto. Ahora no: ahora debe explicarse en su posibilidad: tiene que explicarse entonces la limitabilidad interna como el auténtico factor del ver, como aquel principio que disuelve la potencia real en ver. [Buscamos una] reducción de la infinitud a la unidad.

[Para ello se necesita] otro principio. ¿Cuál? La ley. La manifestación *debe manifestarse puramente* como tal, es decir, debe *verse*, debe fragmentarse en sí misma como en su objeto[133]. Esto es posible sólo bajo la condición de la limitación: por tanto, según la ley, es puramente limitación. El ver se *hace* a sí mismo en la manifestación conforme a la ley absoluta; la *libertad* de la manifestación no hace ahí nada, pues lo que debería [hacer, a saber], limitarse, no puede [hacerlo]./ Es reflejo de la manifestación necesario y conforme a ley: a saber, bajo la condición de que ésta se manifieste.

Enseguida reconduciremos esto a nuestro principio fundamental. [Hago] provisionalmente esta advertencia: el ver es *unidad* de lo infinito en la forma del *ver* mismo, en lo visto[,] por ejemplo, d o e, multiplicidad incondicional o totalidad. ¡Cómo podría hacerse jamás en nuestro ver libre una síntesis semejante! Y no obstante, ella *es*. Ella es en el ver absoluto, en el ver que justamente *es*, y no *deviene*; y en éste está dada ella, en virtud del ser del ver según la ley. La unidad absoluta de lo infinito (esto tienen que reconocerlo ustedes conmigo en la intuición inmediata)[,] lo propiamente objetivo, en lo que la potencia se fragmenta absolutamente, aquello sobre lo cual no tiene poder alguno, que es inconcebible y no reconstruible, es la *cualidad*; es decir, la cualidad no es otra cosa que esto, y lo es sólo en virtud de esta ley del ver. Pero ahora la *potencia* –hay que completar la expresión de la fragmentación y de la potencia– es *material*, divisible hasta lo incondicional.

El resultado último del ver, con el que se concluye toda la síntesis y en lo que ella misma se fragmenta[,] es e; la multiplicidad una y permanente de la división incondicional a partir de d, la cual, puesto que esto es el ver absoluto, puede ampliarse pero jamás ser eliminada, y asimismo permanece absoluta: el *mundo uno*, el universo de las cualidades en la materia. Exteriormente está terminado y clausurado, porque reside en un ver que se retiene, pero interiormente es divisible hasta lo incondicional./ Sólo el espacio vacío es exteriormente infinito, en modo alguno la materia real cualitativa[134]; pero el primero es una abstracción de la última, posibilitada desde d. El [mundo] está sólo en el ver y no fuera de éste, [es] una mera visión y nada más. El mismo ver es en virtud de la ley, luego aquel [mundo]

---

[133] [*en el margen junto al párrafo:*] manifestarse de la manifestación como manifestación a sí misma, <   >.

[134] Supresión de la configurabilidad a partir de una <   >. La noción de «materia cualitativa» es característica de la filosofía trascendental, frente a la materia como exclusivamente cuantitativa que aparece en diversos tipos de filosofías, y que la filosofía trascendental, pese a todo, también reconoce. Sólo la materia como cantidad es infinita en el sentido de indefinida, de potencialmente divisible hasta el infinito. La materia como cualidad es la «magnitud», *Größe*.

también. (¡Sólo en el ver! Es decir, no un [mundo] en tanto que en efecto es visto fácticamente, tal como ciertas cabezas triviales interpretan la D[octrina de la] C[iencia]; podemos, pues [/40b], hacer abstracción de esto; si ahora, por un azar, todos hicieran abstracción por una vez, ¿se *desvanecería* entonces, pues, el *mundo?* ¿Dónde está, pues, [el mundo]? En la ley, por tanto, en el ver ideal absoluto, en la visibilidad, no en el *factum* del ver; aquél no surge a partir del factum[135]. En la ley se dice sólo *que* aquél es, y que es en general un cierto *qué* determinado (cualidad). [De] cuál *qué* se trate,] se revela ahora como enteramente indiferente (el opuesto es la infinitud[136]). De paso: la cualidad está dada puramente mediante el *factum del ver*, y está sostenida por la ley en general, no por alguna ley determinada. Por toda la eternidad sólo se podrá conocer mediante la entrega al ver fáctico, es decir, mediante experiencia, y acerca de ella no hay ninguna filosofía de la naturaleza *a priori*. Ella es según las leyes del ver[,] ahí donde éstas son: lo primero es la divisibilidad; a partir de ahí, el espacio y la geometría. Con ésta comienza la filosofía de la naturaleza *a priori.*)

2) Ahora [queremos reconducir esto] hasta el principio. La libertad de la manifestación está determinada mediante la ley, y en esta *determinación* es justamente una potencia determinada. *Debe,* por tanto puede. El debe es infinito respecto de una autorrealización efectiva de la libertad, respecto de una génesis. La potencia es por tanto una potencia infinita, y su producto [–]supuesto éste[–] es entonces un producto infinito. Pero este producto no es un ver, pues la infinitud contradice el ver: la potencia infinita y el producto infinito son entonces invisibles, y éste es el ser uno puro y autónomo de la manifestación. Pero ahora debe llegarse además a un ver; pues la manifestación debe manifestarse *como* tal, en virtud de esta figura del debe absoluto, y en la medida en que este debe es ley la infinitud está limitada. Por tanto, este límite y todo lo que resulta de él es meramente ley del ver, ley fáctica, es decir, una [ley] cuya causalidad en general está condicionada mediante otro factum, justamente el del ver, y si éste no tiene lugar, aquélla tampoco. La manifestación y su libertad están bajo esta ley sólo en la medida en que aquélla ve; es la ley fundamental de la visibilidad; ella no está bajo ésta en la medida en que [se limita a] ser puramente, y si nosotros sólo podemos determinar esto mediante el opuesto, es *invisible* (meramente *idealiter* e inteligible; y sobre esto último tenemos

---

[135] Sería tema de un estudio específico el establecer las semejanzas y las diferencias entre el idealismo trascendental de Fichte y el empirismo de Berkeley. Los datos sensibles particulares son desde luego sólo perceptibles empíricamente (frente a Schelling), pero la posibilidad de la existencia del mundo es inteligible a partir del debe (puede haberlo porque debe haberlo), y las leyes generales trascendentales a las que obedecen los fenómenos particulares (no las leyes de las ciencias empíricas) son igualmente deducibles *a priori.*

[136] En el sentido de indefinición, puesto que toda cualidad, todo qué, es determinado.

todavía que rendir cuentas) [.] Por tanto, la ley tiene una doble causalidad sobre la manifestación: por un lado, en la medida en que ésta queda más allá de todo ver; por otro lado, en la medida en que *ve*. Invisibilidad y *visibilidad* se escinden estrictamente una de otra, y la última *es penetrada* merced a su *ley fundamental* y es construida a partir de ella (lo cual es más que aquello de lo que muchas filosofías pueden gloriarse, las cuales alcanzan en su conjunto este factum, pero no lo ven generarse, lo que hay que exigir en justicia a una Doctrina de la Ciencia).

Es[,] digo, una ley fundamental del ver para la manifestación, se entiende que en el caso de que ésta *vea*, en el caso de su autodeterminación para ver. Y así se hace cada vez más claro que en el ver descrito no puede describirse ningún factum, sino sólo una ley de ciertos facta; que este reflejo, en el que la manifestación no debe hacer nada en absoluto, puede ser él mismo sólo reflexividad/ ley de una reflexión libre, en la esperanza de que nosotros, merced a este descubrimiento [, nos veamos libres de falsas representaciones]. El ver no es *hecho*, sino que *es*, caso de que *sea*. Es un factum absoluto. Absoluto: la manifestación es *necesaria*, caso de que Dios sea. ¿Y el *ver*? ¡En modo alguno! [Con esto] se contradice 1) la falsa opinión acerca de la D[octrina de la] C[iencia] 2) el *schellinguianismo*: ser deviniente penetra mundo y ver = un golpe. II. No se limita a ser, sino [que es] posteriormente determinado. III. Éste es el factum presupuesto por la D[octrina de la] C[iencia].

Esta [manifestación] tiene ahora su *ley fundamental*, y la tarea es investigar qué reside en ella.

[/41a]
Viernes, 26 de marzo

Distinciones sutiles[137]: La ley [tiene] una doble causalidad sobre la manifestación: I) por un lado, en su ser como mera potencia, es decir, una libertad enteramente determinada, no acaso *indeterminada y vacía* (semejante concepto, por lo demás sin significado alguno, queda totalmente excluido de aquella región)[)], *infinitud* del hacer; II) por otro lado, en *su verse a sí mismo*, en la forma del como: el opuesto estricto: *limitación* absoluta de la potencia infinita, por tanto límite, y lo que se sigue de ella, cualidad, exclusivamente a partir del ver, y concretamente en virtud de la ley, que aquí se convierte en una causalidad fáctica, deviene un tiene incondicional del ver.

$$A \text{ da} \qquad a$$
$$b \qquad c$$
$$d \qquad e\,[.]$$

Ahora bien, parece que en la continuidad de la deducción se nos ha abierto un hueco que de inmediato tendremos que señalar con precisión y rellenar. Este ver debe ser por entero un producto de la *ley*. Pero tal producto, según nuestra ley principal formal que hemos demostrado ya muchas veces y por todas las vías, no es posible, pues la ley es solamente un *debe*, y la libertad absoluta tiene siempre que entregarse a él, si es que [debe] llegarse a algún producto. Todos los productos son productos de una *causación conjunta*, de la consecuencia de una ley[.] Por tanto tiene que haber un

---

[137] [*en el margen superior:*] son válidas, y son en la < >. El objeto de nuestra investigación [es]: la libertad, determinada por la ley.

cierto acto de la libertad a partir de A, bajo cuya condición exclusiva se realice la síntesis. ¿Cuál es éste? La ley da la limitación, por tanto la posibilidad del objeto en el que el ver se fragmenta. ¿Qué aporta, pues, la *forma del ver*? Justamente el esquema inmediato de la potencia, que se fragmenta en la limitación de sí misma. Esto sería entonces lo que la libertad tendría que aportar. ¿Cómo? (Recuerdo sólo que la investigación, por muy insignificante que le pueda parecer a alguno, es, a causa de sus consecuencias, infinitamente importante, según verán ustedes pronto, y aquí, más que en ningún otro sitio[,] se requiere de la sutileza de la distinción.)

1) A, según se ha expuesto, es *potencia* infinita en la *forma pura y simple* del ser, sin duplicidad alguna. La descripción *no* se dirige a esta forma simple, sino que se dirige a su esquema, a la *reduplicación*, y la *limita*. Esta reduplicación misma, el estado esquemático[,] tiene primero que ponerse[: él] sería por tanto la condición de la aparición de la ley, y el tránsito en ella desde la forma una y simple hasta la esquemática[,] el acto de libertad de la manifestación A/A[.]

¿Es posible en general un tránsito semejante? ¿Se basa en la potencia de la manifestación? ¿Y cómo demuestras tú eso? Respuesta[:] la manifestación *debe* manifestarse *como* tal, devenir un esquema de sí misma: ella lo puede: esta determinación corresponde a la determinación de la *potencia* (y ahora se manifiesta como una [determinación] doble: mediante el debe en su forma simple para el ser infinito; y mediante el debe en la forma del *como* para el ser esquemático).

Pero el debe, a este respecto, determina exclusivamente la potencia: la manifestación *puede*, pero no tiene-que; el ver permanece también aquí un factum absoluto, separado por completo del ser en Dios.

Por tanto: la manifestación puede esquematizar su potencia, tal como ésta es; pero ésta es infinita. Suponed que lo hace: ¿qué surgirá de ahí? *Yo digo[:] absolutamente nada*; el *ser* se ha perdido: el ver no aparece, pues la potencia es infinita, ni por tanto se activa en sí misma ni tiene reflejo alguno[138]. No se llega a imagen alguna, la cual presupone puramente un estar retenido de la potencia infinita.

La continuación es fácil: ahora debe llegarse simplemente a una imagen *in facto*. El debe deviene fáctico, fundamento del factum, por tanto aparece la condición: la infinitud se limita simplemente en el esquema, pero no mediante la manifestación, la cual no es capaz de esto, sino mediante la ley.[/41b]

¿Qué se sigue ahora de esta *causación conjunta*? Esto no es tan fácil, pero es importante, y por tanto lo tomamos estrictamente. A un primer vistazo, cualquiera dirá: se sigue la síntesis a; ésta sólo ahora se ha deducido

---

[138] *[en el margen inferior:]* el ver como esquema[.] Pensando todos estos miembros, ellos < >. Aquí tenemos de hecho un ver infinito[.]

por completo según sus dos partes. Pero yo digo: a quien le parezca que se sigue de este modo, no lo ha intuido con suficiente agudeza; se sigue algo compuesto y todavía muy elevado. Para inteligir esto conmigo, reflexionen ustedes lo siguiente.

A se encaminó a describir su potencia original, tal como ésta es puramente, en su *ser original y esencial*. Éste era el carácter propio y formal del esquematismo. Ahora bien, un esquema tal no fue posible; ¿pero fue así por mor de la forma? No, sino por mor del contenido, no captable en lo finito. Esta dificultad se ha superado: en efecto, puede surgir la visión que reside en A. ¿Cuál es su contenido? Pura potencia absoluta, incondicionalmente como tal; ahora, el límite del cual requiere por mor de la forma del ver tiene que *ser puesto* mediante esta potencia: justamente mediante una reconstrucción, que sólo *ahora* es posible, y un esquema de la limitación efectiva (uno meramente posible; el prototipo está dado). [Esto] se rige en general según la ley de la síntesis[,] de este modo[:]

$$\begin{array}{cc} & \alpha \\ \beta & \gamma \\ \delta & \varepsilon \end{array} [.]$$

Sólo puedo aclararlo mediante el opuesto, comenzando con esto: ¿qué es lo que retiene, el esquema de la limitación? ε, materia cualitativa como mundo *clausurado*; su pura imagen [es] el *espacio* infinito vacío[139]. Por tanto, respecto de éste (respecto de *ésta*[,] digo, indicando que la ley general, que más tarde se manifestará igualmente en su generalidad, yo la empleo aquí en un caso determinado), lo que retiene es la *intuición* del espacio. δ, el Yo *libre*, tal como β [era] lo que *existía* fácticamente. Ahí no se intuye a sí mismo, como en δ, sino [que intuye] el espacio, y, en δ, amplía éste hasta el infinito, sin ninguna limitación en absoluto. Adviertan ustedes δ. 1) La forma de la intuición es *potencia*; por tanto, se intuye sólo como una potencia, dentro de la limitación, *dividiendo* hasta lo incondicional *la materia*, la d dada, pero construyendo progresivamente el espacio incondicional hasta el infinito, sin límite alguno (caracterizado mediante cualidad) de la materia[140].

La siguiente proposición es fácil: la *limitación* mediante la ley es posible sólo en la medida en que la libertad se entrega a su manifestación A mediante su ingreso en general en el estado esquemático. Actuar, un esquema de la potencia original, es posible sólo en la medida en que su infinitud se fragmenta mediante algún esquema que surge de la limitación.

---

[139] [*en el margen con anotación:*] ε contingente[.]
[140] [*en el margen sin anotación:*] El exponente, el rayo de luz, es aquí la libertad; allá, el ser.

Ambas síntesis están por tanto unificadas sintéticamente de un modo puro; lo uno no es posible sin lo otro.

Es más: esta forma se dirige a un esquema de la potencia absoluta, tal como ésta es en sí misma; pero esto es lo mismo, y aquella [forma] es entonces también la misma, y sigue siendo eternamente igual a sí. Pero que con ella se llegue a un factum, está condicionado mediante una imagen que hay que obtener mediante la ley a partir de la *limitación efectiva*. Ahora, *la limitación* con la que *aquí* nos las habemos es *en particular* solamente la de la potencia en general, que propiamente entrega un ver sólo de la forma general del ver, y de tal modo, propiamente, [un ver] de nada[141]. Sabemos bien que debe haber aún otros tipos de ver, por ejemplo [el ver] la manifestación efectivamente como tal, y [el ver] su simplicidad como una imagen de Dios: aes determinados de otro modo[,] que tendrán en común que la limitación de la infinitud se fundamenta en una ley fáctica. Según la ley expuesta en general[,] ninguno puede tener lugar sin la forma α; pero una limitación diferente produce en ella una imagen retentiva diferente. Por tanto, este α está determinado mediante la síntesis en la que se encuentra. Si vemos la modificación de un punto, vemos entonces la de los demás.

---

[141] La visión que ve el ver no ve ningún objeto, sino la condición de posibilidad de la visión de todos los objetos. Por consiguiente, en términos de objeto, la visión que ve el ver no ve nada. La visión del ver es, pues, estrictamente trascendental.

[/42a]
Viernes, 29 de marzo

[Tomemos la] siguiente proposición importante: el debe, como ley del factum de una imagen, no puede aprehender la manifestación salvo si ésta se entrega con libertad a aquélla. No cabe pensar otro entregarse si no es transfiriendo ella por sí misma su potencia infinita al estado esquemático, tal como puede hacerlo. De ahí no surge ahora *imagen* alguna, pues el esquema es infinito; pero ahora está entregado a la ley fáctica: esto da el límite, y en virtud de esta condición que ahora aparece surge simultáneamente, además de la imagen inmediata del factum, en la que el primer producto era un Yo existente, una [imagen] de la *potencia* justamente como tal, como enteramente elevada por encima del límite determinado que se nos plantea aquí en la imagen, y que *de este modo* retiene la intuición en la mera imagen. Ambas intuiciones están unificadas sintéticamente, y una no es posible sin la otra, merced a la ley fundamental puesta en el vértice supremo. Esta ley la aclaramos en la intuición que ya conocemos, cuyo elemento concluyente es la cualidad; y el miembro opuesto vino a ser el espacio vacío. Pero no hemos ocultado que esto era sólo una ejemplificación unilateral, que, en la deducción, nosotros procedíamos únicamente a enlazar con la intuición sintética, pero que mediante ésta pretendíamos exponer una ley enteramente general, que recorriera el saber entero como uno y todo. Nuestro propósito es ahora elevar la ley expuesta hasta esta generalidad. Por tanto, hablamos simplemente de *una*[.]

1) ¡Consideremos de nuevo con más precisión la manifestación en su absoluto ser en Dios! Ella es *libertad determinada* mediante la imagen de Dios, que en ella deviene ley. Esta libertad, *pensada* respecto de su *autorealización*, es un autoconfigurarse fáctico, desde sí, por sí[,] mediante sí mismo, y respecto a *este configurar*, la ley es infinita. La manifestación es

por tanto en su autorrealización un configurar *infinito*, y como tal ella es efectivamente la imagen de Dios tal como éste es en sí mismo. *¡Adviértase que esto es claro!* Esto[,] digo, es la manifestación: este ser no puede por tanto extirparse jamás de ninguna *forma posible* de la facticidad; es, y permanece. La manifestación es efectivamente un configurar infinito; como tal ella es imagen de Dios. Pero ahora la infinitud excluye enteramente el *ver*, como algo cerrado en sí. La manifestación es por tanto aquel configurar infinito más allá de toda visibilidad; pero ella es esto; y puesto que ella es lo vidente, aquel configurar infinito, puramente como tal, es el *fundamento y portador de todo ver*, y permanece tenazmente en todo ver. Esto no debe omitirse ni faltar en nuestra explicación del ver, pues entonces el ver quedaría sin fundamento. La pregunta por tanto es acerca de un tránsito continuo sin salto desde este configurar infinito hasta el ver, y este tránsito aporta la verdadera deducción del ver en general.

2) El ver da una imagen finita y clausurada (por ahora decimos sólo que esto se debe a su esencia formal; aún no se pregunta por la condición fáctica de esta clausura). El ver absoluto tendría por tanto que dar una imagen de aquél *configurar infinito* mismo, pues no hay otra cosa. [(] Una imagen de aquél, digo [–]su mero esquema[–], pues, según se mostró, aquel configurar infinito en su inmediatez no es en absoluto ningún ver)[142]. El ver se fragmenta en él; aquella vida se transforma entonces para él en un ser objetivo y estático. ¿Qué tipo de ser, según la forma, es el esquema inmediato? Evidentemente un ser retenido y, de este modo, impelido a [ser] el ser de la vida de la imagen = *principio* de un configurar. La *forma del principio* es el esquema de la *vida*. En el ver y mediante el ver, y exclusivamente mediante él, el *configurarse* infinito se transforma en el principio enteramente nuevo de lo infinito./ *a)* Más allá discurre la vida sin retención: ella no es principio, sino pura acción. ¿De dónde, pues, este [principio]? ¡A partir del ver! *b)* El *principio* no es nada en sí, sino que es la forma de la visibilidad del ver; y el principio surge en el verse a sí de la manifestación como un configurar infinito[143]. [/42b]

3) Ahora [tratamos] *la posibilidad fáctica de tal ver*, que antes postergamos. La manifestación debe verse a sí como principio de un *configurar*. Pero según la demostración que desarrollamos anteriormente, el *ver absoluto*, según la forma, es simplemente un *ver fáctico*, un encontrar. Por consiguiente, aquel primer ver [:] a [–]en la generalidad suprema[–] tiene que encontrar un ser efectivamente principio [:] a./ Más brevemente: el ver absoluto no se puede ver a sí inmediata e incondicionalmente *a priori* como principio (más adelante se mostrará que efectivamente

---

[142] [*antes de la línea y sin anotación:*] [¿]qué es eso[?]
[143] [*en el margen, junto a las dos últimas filas:*] ella está inmediatamente aprehendida por la ley.

puede hacer esto, pero sólo bajo la condición que hay que captar ahora), sino que tiene que encontrarse *fácticamente*. Encontrar, como principio, en la medida en que éste es unificable con el encontrar. Pero el ver es fáctico: por tanto tiene que encontrarse como viendo justamente en una intuición dada, que debe haberse realizado pura y exclusivamente mediante el límite fáctico[144].

Lo primero de lo que aquí partimos como lo absoluto no es posible sin lo último: éste [es] la condición. Lo último está enteramente puesto por lo primero. Así tienen ustedes que considerar aquí el asunto hasta que se encuentre una nueva ley coordinada y con ella el asunto quede más determinado.

4) La manifestación debe verse a sí no sólo en general como *principio*, sino como *principio hasta el infinito*; esto es claro, pero no hay que dejar de atender a ello: en la medida en que se ve en general *como principio*[,] por tanto en el puesto de a. Digo: esto no es posible a partir de las proposiciones expuestas hasta ahora; en a, el principio es meramente vidente de algo que se hace a sí mismo según la ley[,] y está *agotado* y *atrapado* en este ver; esto es una unidad cerrada del ver objetivo [–]en el que el principio se agota y queda atrapado, y del que no puede liberarse ni modificarlo[–] e incluso infinito.

Ahora se queda en esto: debe verse como principio en *este* ver, y en general en un [ver] *infinito*. Reflexionemos: ¿qué sucede en realidad? Aunque todo el contenido de la visión a procede de la ley fáctica, ¿es sin embargo la manifestación realmente y de hecho *principio de su ser*? En efecto, no del *qué*, sino del *que* en general, y esto merced a que ella se entrega. Lo buscado sería una imagen de esta potencia, en concreto como potencia infinita para entregarse o no. Como principio *de su autodeterminación*, ella es potencia infinita.

Esto es ahora una imagen de la *potencia*, algo por tanto puramente *a priori*, tal como también el *principio* lo era. Pero ésta es posible sólo respecto de una limitación fáctica, de algo *a posteriori*. Sólo intuyéndose como configurada libremente hasta lo *incondicional* conforme al mismo principio y respecto de una intuición momentánea dada, se intuye como potencia, [y] únicamente en este [elemento] objetivo se fragmenta aquella imagen.

Y así pues, mediante [una] *síntesis dentro del ver*, aquí se ha vuelto posible una imagen de la infinitud que por sí misma era enteramente imposible. La infinitud *concreta* es invisible y sin imagen. Pero se vuelve visible como serie incondicional de intuiciones cerradas. Justamente estos momentos estantes constituyen el trasfondo en el que su imagen se fragmenta.

---

[144] [*en el margen sin anotación:*] Ustedes no saben esta proposición; y ahora no se la conceden en absoluto a la D[octrina de la] C[iencia].

a
a
a   *in infinitum.*   *El uno ha aportado así todo mediante la*
a.   *visibilidad absoluta de la manifestación.*

5) Por tanto, la manifestación se contempla como principio determinante para entregarse ella misma a a[,] y, según esto, como un principio incondicional de entrega a a. Les pregunto: la potencia para el determinarse a sí mismo al entregarse, ¿se agota ahora en esta intuición del entregarse? Si se agotara, entonces sería un *ver*, no algo *visto*. La manifestación no se vería como principio *existente*. Esta mirada tiene que fragmentarse; por consiguiente, en el principio tiene que haber como existente todavía algo más que ahora no está expresado. La forma a es una *infinitud* fáctica. Entregándose, el flujo discurre adelante. Lo contrario de esta potencia superior que se fragmentara en ella sería una multiplicidad clausurada, otras formas[:] opuestas a a. El principio es también infinito en estas formas, sólo que no [es] una [infinitud] fáctica, sino libre. También esto [es así] a partir de la visibilidad del principio.

Proposición: el principio se contempla necesariamente, por un lado como principio múltiple (quíntuple), por otro lado como principio infinito. La visibilidad del principio es principio de la disyunción. La disyunción no se encuentra en absoluto en la cosa, sino sólo en el ver, y no en el [ver] puro, pues éste es ver el principio uno, sino sólo en la condición fáctica de este ver, el mismo ser principio.

Lunes, 1 de abril

El prototipo de la manifestación = principio de un configurar infinito. Éste no se agota en este configurar infinito (la serie de los a)[,] sino que se ve también a sí mismo, fragmentado en su *potencia* para la *infinitud*, es decir, en su poderse entregar o no a la infinitud. Por tanto, se ve también como principio de un *no entregarse* a la infinitud. El no entregarse es un objeto del ver, algo en lo cual es el ver fragmenta. Si fuera sólo un [objeto] simple (si solamente hubiera la oposición *infinitud* o *no* [/43a] *infinitud*, es decir, unidad)[,] entonces el ver se agotaría en esta unidad y no se fragmentaría: el no entregarse al flujo de la infinitud tiene que ser entonces ello mismo *una multiplicidad*: fragmentándose en sí mismo el principio en un modo del no entregarse, tiene que haber en él *aún otros*, que en tal momento son sólo posibles, no efectivos[145]. Por tanto, en el principio del no entregarse tiene que haber aún una oposición y un principio de disyunción, pero no infinito, pues el [principio] es [precisamente] lo opuesto a ello [sc. a esa infinitud], sino finito. Exponer este principio es ahora nuestra verdadera tarea aún no resuelta.

A tal fin, tenemos que introducirnos de nuevo, pero aún más profundamente, en el auténtico punto de transición de la manifestación desde su ser en Dios hasta su ser esquemático.

1) A partir de todo lo dicho hasta ahora, esto es claro: la manifestación no puede agotarse jamás en su imagen, pues ella es infinita; la imagen es finita. Por tanto, es clara la contradicción entre una imagen dada fácticamente, y la manifestación tal como es en sí misma[,].

2) Pero ahora, sin embargo, la manifestación debe manifestarse puramente tal como es en sí misma. ¿Cómo solucionar la contradicción? Ella no puede transitar a una *imagen*; si transitara, si se transformara en un principio que debiera configurar la manifestación infinitamente, tal como ella es, y la pudiera configurar, entonces la *contradicción* se habría superado. La imagen original de la manifestación no es por tanto una imagen estática, sino que es un libre poder configurar, y un principio que debe configurar la manifestación, tal como ella es, en la imagen estática (según dijimos en la lección anterior, pero aquí queremos explicarlo más detenidamente).

3) He dicho y demostrado: es un principio *libre* que *puede y debe* configurar la manifestación, y que, si realiza su potencia, la configurará; pero, merced a su mero ser, no es en absoluto una imagen inmediata de ella. La imagen inmediata, ella la tiene sólo en su potencia, absolutamente sin ninguna realidad fáctica; por tanto, merced a su mero ser, el principio sólo puede ser llamado esquema 3.[,] imagen de la imagen de la representación, y está absolutamente escindida de esta imagen.

4) ¿De dónde [resulta] este principio? De que debe haber en general una imagen de la manifestación, pero ésta sólo es posible de este modo. Por tanto, es un producto del debe absoluto de un factum en general, que se

---

[145] La potencia no sólo es libre para actuar o no actuar, sino que además es libre para escoger de entre una pluralidad de acciones posibles aquella que quiere llevar a cabo. Es lo que Reinhard Lauth, en *Die transzendentale Naturlehre Fichtes nach den Prinzipien der WL* (Hamburgo, Felix Meiner Verlag, 1984, pp. 85-92), denomina posibilidad de declinación, que abre los mundos pluripotenciales y la posibilidad de circunflexión. Las posibilidades de actuación son plurales, pero finitas, acotadas. Sin embargo, de entre todas ellas, cada vez sólo puede ser actualizada una sola. Aquí entran, pues, en juego tres categorías, entre las que se establece una doble relación de oposición: la unidad de la acción efectivamente realizada, que se corresponde con el momento presente único; la infinitud de las acciones que, una a una, se irán haciendo reales en el futuro, y que se corresponde con la indefinición del tiempo por el lado del futuro; en tercer lugar, la pluralidad finita de las acciones que en cada momento temporal presente único son meramente posibles.

orienta a la manifestación y le da a ella esta forma del principio/ pues la manifestación misma es este principio. Ahora, el debe mismo es el ser divino original en la manifestación: esto determina a la manifestación en un ser. Adviertan ustedes la proposición importante, que acaba con un mundo de errores generales y de malinterpretaciones particulares de la D[octrina de la] C[iencia]: la manifestación es *efectiva* y *realmente* principio de una configuración de ella misma, de un intuirse tal como ella es, en virtud del manifestarse de Dios en ella, lo cual se constituye en su ley para autointuirse; ella, como principio, no es acaso producto de un mero intuir, siendo y pudiendo ser en esta forma productora de todo verdadero ver, sin que sea ninguno[.] De qué modo se comporta ella respecto de otro ver, cuyo principio ella, como este principio mencionado, no es, lo veremos luego con más profundidad.[)]

Hemos ganado algo muy significativo: un principio, es decir, la manifestación en la forma del principio, que existe absolutamente y con independencia de nuestro ver y del pensamiento de nuestra D[octrina de la] C[iencia][,] un objeto real verdadero. Antes: tan pronto como estamos seguros de no introducir nada mediante nuestro pensamiento, nuestro propio pensamiento se fragmenta visiblemente en el objeto, pues sólo entonces [/43b] estamos seguros (cuando el pensamiento deviene *intuición*). [Éste] es aquí el caso.

A se disuelve en el *debe*, es por tanto una pura potencia y nada más; un mero ser *ideal*; no llega en absoluto a factum alguno. Pero ahora *debe* llegar a un factum, y en concreto a lo único que es factum, a una imagen. *Debe*[,] digo: nada lo mueve; en modo alguno debe conforme a la ley *absoluta*[146]. No puede [llegar] a una imagen, pero [sí] a un principio de la imagen, tal como ahora lo *es*. Es el miembro intermedio entre el mundo fáctico y el ideal: el miembro mediante el cual el último se transforma en creador absoluto. (Principio del factum; también él mismo factum, según veremos más adelante.) Resultado: la manifestación es puramente principio (bien entendido que) en virtud de su ser a partir de Dios (en primer lugar: luego vendrá además un segundo miembro). Pronto se hallará que este principio es el conocido Yo. Por tanto[:] la manifestación, en virtud de su ser a partir de Dios, es puramente Yo.

5) Mediante el *debe* de un factum en general, esto es, en su unidad fáctica absoluta[,] se realiza el principio. Este principio mismo debe *verlo* ahora la manifestación, según ésta es en sí misma. Esto, tan cierto como que ella meramente lo debe, no lo hace mediante su mero ser[,] sino que este segundo debe se orienta en aquél, en el principio mismo, a una libertad inmanente a él, que se puede realizar o no. Por lo tanto tenemos aquí el debe fáctico en un doble significado: por un lado, como engendramien-

---

[146] De nuevo la distinción entre el deber, *sollen*, y el tener-que, *müssen*.

to del principio mismo; por otro lado, orientándose al principio ya existente en su ser. La causalidad del primero es la condición del ser del segundo. El primero tiene que consumarse si es que el segundo debe ser posible. [Ésta es] una distinción que en el futuro podría ser de importancia.

6) Retornemos al debe fáctico en su primer significado, y considerémoslo más detenidamente. En todo lo que hemos dicho sobre él, es solamente un *debe*, no un *tiene-que*; y, en concreto, el debe de un factum en general. Pero la manifestación, en su puro ser a partir de Dios = A, no es en absoluto fáctica, sino una pura potencia. Por tanto, la manifestación tendría que entregarse mediante algún ser fáctico a la ley fáctica. Esto, evidentemente, sería ahora mediante el ingreso absolutamente libre en la forma fáctica en general, la esquemática. Sólo bajo esta condición, A sería arrebatada por la ley e ingresaría en la *forma del principio*, sería un principio real efectivo.

Por tanto, en primer lugar: si bien hemos dicho que el principio es efectivamente, éste no es sin embargo un ser real incondicional y puramente ideal, sino un ser condicionado y meramente fáctico, es decir, uno tal que podría igualmente no ser; en cambio, A no puede no ser. Es un producto de una causación recíproca de la libertad absoluta más allá de toda facticidad y de la ley en la forma como en este caso aparece. Es simultáneamente factum, el [factum] *absoluto*, y el fundamento de toda otra facticidad. Aquí, los límites de ambos mundos, el meramente inteligible [–]el de Dios y su manifestación tal como ésta es en aquel[–] y el fáctico, que es meramente mediante expresión de la libertad, caen bajo la ley.

Pero es más[, en segundo lugar:] A es el ingreso en la forma esquemática, y por consiguiente en el ver. Caso ahora de que se cumpla la condición formal del ver, que la infinitud esté limitada, entonces tiene que verse en virtud de este ingreso. Aquélla se cumple sólo mediante el debe fáctico: la manifestación es principio. El principio tiene entonces que verse, y que verse como el único objeto posible del ver que aquí surge.

Todo depende de inteligir la relación entre este ver formal y su objeto. Manifiesta y visiblemente, ambos están recíprocamente condicionados y se mantienen en causación recíproca. El ver según la forma[,] es decir, el ingreso de la manifestación en A[,] condiciona el ser del principio, pero no adviene a él, sino que permanece A[,] según hemos visto. Por su parte, el ser del principio condiciona el ver, como factum, pues sólo éste le da el objeto limitante. Podemos entonces decir: tan pronto como se ve está el principio, del ver absoluto [/44a] se sigue un ser fáctico; y a la inversa, tan pronto como está el principio[,] se ve. Ambos están unificados en un factum absoluto, y sólo ambos, en esta su unificación absoluta, son un factum. El ver absoluto tiene un objeto real, y por consiguiente no es una mera apariencia, la cual no es en absoluto posible: realismo serio, no nihilismo;

por otro lado, el ser absolutamente fáctico es puramente visible (no acaso una cosa en sí contemplada[):] idealismo.

Digo que el ver absoluto tiene como objeto un objeto real[147]; esto no se seguiría en absoluto a partir del mero factum: entonces no podríamos llegar jamás a un ver; así se entiende bien que éste se fragmente en sí. Pero justamente a él no pudimos llegar, pues ahora hemos descubierto el ver en su lugar de origen, y no lo hemos hallado como fragmentándose en sí mismo, sino en un *objeto real*. Nosotros[,] mediante el pensamiento. Lo auténtico reside en el principio, y de este modo se demuestra su ser también en la intuición.

No hay aquí relación de causalidad, de modo que uno sea el principiado del otro. No es que el principio sea principio de este ver, pues él sólo es principio simultáneamente con este ver. Será principio de aquel ver que engendra en virtud de la libertad que hay en él, y en éste será también lo vidente. ¿Pero qué es aquí lo *vidente*? La manifestación puramente en A. ([Esto] podría ser muy importante: el ver general, que no ve ningún Yo, sino en el cual todo Yo es visto, y para ver el cual el Yo tiene primero que elevarse por encima de sí mismo: lo cual acaso pueda hacer como consecuencia de una ley que aún desconocemos.) En tan poca medida es el ver principio de este principio, como si fuera una intuición. (Malcomprensión de la D[octrina de la] C[iencia.]) Es mediante la ley.

La relación es por tanto así: el ser está acompañado absolutamente por un esquema, y no es sin este esquema. (Esquema 4.) Pero este esquema es sólo un *esquema*, no la cosa misma. El ser convierte la fuerza viviente en causa para el devenir de una imagen. Aquella [fuerza] no se encuentra en el mismo esquema: el esquema es por entero reflejo paciente; sino que se encuentra en el ser[148].

7) Por lo demás, hay que considerar que el esquema es sólo esquema y no ser, y que absolutamente todo lo que hay en el ser, lo hay en el esquema: aquél, inmediatamente mediante el factum mismo, sin intervención alguna de la libertad[,] es la reproducción completa del principio.

---

[147] «*das absolute Sehen hat zum Objekte einen realen Gegenstand*»: Fichte emplea los dos términos *Objekt* y *Gegenstand*, que nosotros hemos traducido por igual como «objeto».

[148] [*en el margen:*] principio, ver este principio.

Martes, 2 de abril

Se trata de describir esta intuición más detenidamente.

Según la forma: un ver que es fácticamente y que expone todo su contenido como siendo de un modo puramente fáctico. Es el primer ver, y más allá de él no hay otro ver en el cual pudiera verse éste mismo en su devenir o bien esta unificación con el objeto. (Hemos atendido a este devenir, pero no sorprendiéndolo en su acción mediante intuición, sino mediante el *pensamiento*, cuya posibilidad y realidad hemos aún de demostrar.)

Según el contenido: 1) ¿Qué no [es ella]? El principio debe hacerse imagen de la manifestación tal como ésta es realmente en *Dios*; ella no lo es *mediante su ser*. En su imagen aparece meramente su ser, y por consiguiente nada de aquel ser verdadero. Puesto que éste es ahora el único ser, en esta imagen no se ve nada; es una imagen enteramente vaciada de toda verdad. Sólo mediante la realización de la libertad a partir del principio se llegaría a un *ver* la verdad; la verdad aparecería en aquél sólo si éste se viera a partir de la imagen fundamental que hemos descrito ahora. Se puede repetir la fórmula anterior: es un mero *ver el ver*, la *forma del ver*, el ver general, impelido objetivamente hacia un principio, y nada más; no el ver algo verdadero. Todo esto acerca de este punto, que a ustedes ya les es sobradamente conocido a partir de los *Thatsachen*, pero que nunca se acaba de perfilar suficientemente.

Lo vidente en él es la manifestación misma, en modo alguno el principio. El principio es mero principio, y se limita a ser, sin expresión alguna de libertad: la manifestación, determinada mediante la ley fáctica. Ahora esta intuición aparece también como algo simple, quiescente y estático; y así, esta intuición no encuentra contradicción alguna. Pero en una determinación posterior bien podría mostrarse como una [intuición] múltiple, disyunta en sí misma, y por lo tanto cambiante.[/44b]

¿Cuál podría ser ahora, con arreglo a nuestros planteamientos, el principio de tal cambio? Evidentemente no el p[rincipio,] pues éste permanece en una quietud completa; por tanto, el *debe fáctico* que determina este ver. Este mismo no tendría que ser tan simple como hasta ahora lo hemos considerado, sino [que tendría que ser] él mismo un principio de disyunción y [un principio] de un cambio. Un cambio no en la imagen de la manifestación, pues ésta no la hay todavía en absoluto, sino en el ser absolutamente fáctico *y dado*: naturaleza, ley natural, ley natural genética dentro de la naturaleza; en el sentido ampliado que la D[octrina de la] C[iencia] da a esta palabra: visibilidad absoluta, abarcando por tanto al

Yo mismo[,] la cual, según nosotros, es nuevamente la mera visibilidad, es decir, nada *real,* lo cual sólo por la libertad del principio se disuelve en la imagen de lo suprasensible[149].

8) Ahora debemos encaminarnos a desarrollar el contenido de esta intuición; pero esta observación que se acaba de hacer puede hacernos recordar que, para tal desarrollo completo, nos falta todavía un principio coordinado. ¡[Vayamos] sin más demora al asunto! Mediante la configuración del principio, la manifestación debe manifestarse tal como es en sí. Hasta ahora, esto se ha comprendido de modo enteramente correcto a partir de una imagen de A. Pero les pido que reflexionen: supuesto que el principio actualiza su libertad, surge inmediatamente un ver la manifestación tal como ella es. Este ver, como todo ver, será fáctico, y así el principio se ocultará en él. Y entonces[,] al menos según la forma[,] la manifestación no se ve a sí misma tal como *es,* pues ella es en este caso principio, y no se ve a sí como tal. A partir de este ocultamiento del principio pueden resultar igualmente otras divergencias de la imagen respecto del ser real de la manifestación. A saber, aquel ser engendrado mediante la realización de la libertad traerá sin duda consigo su limitación, que resulta de la forma del ver: por tanto, expondrá el ser de la manifestación sólo parcialmente. Pero ahora la manifestación debe exponerse por entero: lo que falta, tendría que añadirse mediante un nuevo acto de libertad; pero también en éste desaparecería el principio, y la primera intuición [también] desaparecería; y así se llegaría a la imagen del todo en unas partes discretas y recíprocamente ajenas, pero no a la unidad de la imagen. En cualquier caso, por consiguiente, por los fundamentos primero y segundo el principio tendría que poder hacerse visible como tal; sin duda, puesto que en el primer acto el principio como tal se pierde, merced a un nuevo acto de la libertad que lo produce en el ver. Así, según esto, tendría que ser simplemente de modo que la manifestación debiera manifestarse tal como es; por tanto, en virtud del debe absolutamente fáctico. Una autointuición del principio de una intuición dada como tal se llama reflexión. Por tanto, según el debe, el p[rincipio] no es meramente tal como lo consideramos primero, principio de una intuición de la manifestación, sino, simultáneamente, principio que puede y debe reflexionar sobre sí en tales intuiciones. Hasta ahora lo hemos considerado unilateralmente. Tiene dos *relaciones*: una, con la manifestación absoluta: configurarse como manifestación, igualmente hacia afuera; una [sc. la otra], consigo mismo *como principio,* una [relación] intransitiva. Adviértase aquí: el principio se mostró como real en tanto que resultaba a partir del debe absolutamente fáctico, según su primera parte; pero también según su segunda parte surge inmediata-

---

[149] [*en el margen:*] con lo cual se indagaría que no el Yo, sino la naturaleza.

mente de este debe: por tanto, también en este sentido tiene realidad. Efectivamente, la manifestación, que tal como es es en Dios, es fundamento de *todo ver*, y de igual modo es de hecho fundamento del *ver nuevamente este ver*, como manado de ella.

a) Disyunción: en tanto que el principio es, no se ve a sí; no se descubre a sí en el acto del ser principio, lo cual va contra la forma fáctica de todo ver; y viéndose a sí como principio, no se ve inmediatamente[,] no es creador del ver; por consiguiente, ambos actos de libertad se excluyen necesariamente. Aunque el principio es uno, justamente porque como principio es uno, los actos no son uno. El principio *sigue siéndolo siempre*: si ve, de la reflexión; si reflexiona[,] del ver original; como principio es inagotable. Ésta es la verdadera sede de la disyunción: ella reside en el acto; pero el principio es la unidad para todos los actos, que permanece eternamente igual a sí misma, y así residen conjuntamente en ella la multiplicidad y la infinitud; y así pues, desde el principio, la multiplicidad y la infinitud pueden verse asimismo como uno.[/45a][150].

b) Evidentemente, el principio no se manifiesta en la reflexión inmediatamente, sino en un *esquema*: esquema 4, tal como debería serlo también la intuición fundamental del principio. Ambas consideraciones podrían modificarse.

c) En la reflexión, el principio se contempla como tal: aquello que en la reflexión se ve, en el primer ver es simultáneamente lo vidente; se fragmenta justamente en sí, como sujeto del ver: es por tanto Yo. La determinación posterior que prometimos: en la reflexión, el principio se convierte en Yo; el Yo es producto de la reflexión. El principio es puramente y en sí una potencia para reflexionar sobre sí, por tanto, una potencia para verse como Yo mediante el acto. Aquí ya no se sigue más. En el principio no se halla el *Yo*, sino sólo la potencia para una intuición [del] Yo.

9) En otro lugar necesitaremos del contenido de lo dicho; la proposición entera nos servía aquí sólo como tránsito. Sigo deduciendo así: el principio no es meramente principio de la intuición, sino también de la reflexión sobre sí mismo. Esto [lo es] mediante el debe fáctico. Con este factum está puramente unificado el ver el principio tal como es; también en este sentido se ha considerado aquél: como *reflexibilidad*. En la intuición general se halla también la [intuición] de la reflexibilidad./ Y de este modo se muestra de qué modo tan incompleto habríamos expuesto el contenido de esta intuición si hubiéramos omitido esta parte del principio; y de qué modo tan íntima y enteramente erróneo y falseado, lo mostrará una observación que viene enseguida.

---

[150] Recuérdese la doble oposición entre unidad, multiplicidad e infinitud de la que se habló antes.

La reflexibilidad[,] he dicho, no la reflexión. La reflexión que hemos descrito es posible sólo bajo la condición de que el principio realice efectivamente la libertad que hay en él. Pero aquí se presupone y se intuye meramente en su ser; es por tanto exclusivamente una potencia, y [se reflexiona sobre ella] meramente como tal.

¿Cómo, en qué orden y según qué leyes se mueve esta intuición? Les propongo un conocimiento muy abarcador.

Tal como la reflexión se comporta respecto del ser principio: activamente[,] así se comporta sin duda la reflexibilidad respecto del principio estático. Pero ahora, en la primera, el último no está de modo inmediato[,] sino en un esquema; de igual modo, aquí la reflexibilidad no es inmediatamente el principio mismo, sino sólo su esquema, y caso de que sea intuida, es intuida como su esquema. El principio es esquema 3; este mismo en la reflexibilidad, o la reflexibilidad de éste, sería entonces esquema 4. La intuición del principio, que *entre otras cosas* –digo ante todo– intuye la reflexibilidad, no puede intuirla sino tal como es; pero ella es reflexibilidad de aquél, [es] intuición de aquél sólo en el esquema; ella tiene que intuir entonces el principio primigenio tras de sí y esquematizado en ella, y fragmentarse ella misma inmediatamente en la reflexibilidad, y tenerla a ésta como primer objeto, pero el principio sólo [lo intuye] mediatamente a través de la reflexibilidad y fragmentado en ella, y lo que ve a través del principio, [lo ve] fragmentado en esta doble ruptura.

Brevemente: en esta intuición, y a través de la forma de la reflexibilidad y determinado mediante ella, es visto el principio y todo lo demás: esto es el exponente y el factor determinante de la visión entera. La reflexibilidad era el esquema 4. La intuición es a su vez, evidentemente, esquema suyo, es decir, esquema 5.

Y ahora vean ustedes de qué modo tan falseado habríamos dado el contenido de esta manifestación sin haber recurrido a esta ley: queríamos relacionar ya inmediatamente la manifestación con el principio en su primer significado, como configurando la manifestación, y de este modo convertirla en esquema 4. Pero ahora nos aparece además un miembro intermedio: la reflexibilidad; sólo podemos describir correctamente [la intuición] si la relacionamos inmediatamente con ésta [reflexibilidad], pero [considerando además que] mediante ésta [reflexibilidad] la ley fundamental determina [a su vez] la intuición.

[/45b]
Miércoles, 3 de abril

10) Nuestra tarea fundamental [es] aquí: ¿Qué reside en la reflexibilidad del principio?

El principio es visto como *viendo*; pero la condición de todo ver es la limitación de la infinitud; ahora bien, dentro de ésta [limitación, el principio] se ve como componiendo la multiplicidad dada y ordenándola con libertad absoluta. Esto sería lo primero. Ahora, en la intuición que hemos de describir, no se ve inmediatamente, sino a través de la reflexibilidad. A través de ésta, y dentro de la primera fragmentación, el ver tendría que fragmentarse de nuevo; es decir, tendría que ser de nuevo limitación dentro de una *infinitud* o *incondicionalidad*. En el principio, he dicho, tendría que fragmentarse el nuevo ver, por tanto, el primer principio tendría que devenir algo infinito e incondicional en lo que se fragmentara el ver el auténtico principio visto inmediatamente [–]el principio de reflexibilidad[–]. Esto se daría en la manifestación absoluta, tal como la describimos: por tanto, el principio se manifestaría como uno, como resultado de una limitación, dentro de un incondicional ser *principio*. El principio ya no seguiría siendo uno, como era conforme a nuestra intelección, sino que [sería] incondicionalmente múltiple, y sólo una parte de él sería el principio intuido inmediatamente, mientras que, no obstante, el resto seguiría siendo igualmente principio intuido, pero no ya inmediatamente, sino a través del primero y por él: individuo mediante la limitación dentro de la intuición del principio. [La] forma de la reflexión [es] Yo; también así [la] de la reflexibilidad: Principio del Yo; todo lo demás, en cambio, no-Yo./ Si ella fuera Yo, no lo sería en esta forma. ¡[Adentrémonos] en el interior de la limitación! El principio es visto como llenando y componiendo la multiplicidad con absoluta libertad de la secuencia. Esta libertad tendría que estar limitada mediante la limitación. *Así es*: en una captación absolutamente original, todo individuo capta lo múltiple en la intuición fundamental del espacio con arreglo a su posición [específica] en el espacio[151]; a partir de lo más próximo a él, etc. Cualquier otro habría captado lo mismo, sólo que en una secuencia diferente. En la secuencia se expresa por tanto la limitación del individuo[152]. Tan pronto como se libera de aquella captación original merced a una reproducción, gana entonces de nuevo la libertad general; pero él ha captado sin embargo así, y esto lo conduce a su límite individual/ merced a lo cual se evidencia que, en efecto, la reflexibilidad, la reconducción al individuo, se expresa de este modo. Otros, de otro modo; toda serie posible [representa] fácticamente una posición distinta de la *potencia de captación* general o principio; el cual ahora, ciertamente, tiene que tener siempre su posición determinada –esto es, en un mundo de individuos– mediante esta ley de la reflexibilidad[,] fragmentado en una secuencia dada fácticamente[153].

Un ver que no se sigue a partir de la libertad del principio, sino a partir de la causación conjunta de la ley de un factum en general con el ingreso de la manifestación en la forma esquemática, a cuya *base* no yace por consiguiente ninguna libertad fácticamente real de la manifestación en el principio, la cual, sin embargo, la hay. Que este ver general está *escindido* de la realización del principio[,] es claro sin más.

Hemos hallado: puesto que el principio es *reflexible* en su libertad, este ver se encamina ante todo a esta reflexibilidad, y [el] p[rincipio] se fragmenta en ella; éste es el primer factor de todo este ver, y es el esquema 5. Resultado: el *principio* no es visto por él como *uno*, sino como una *multiplicidad incondicional de principios*; y sólo una parte de esta principialidad fragmentada en el objeto visto se contempla inmediatamente como *uno*, individuo, Yo. Toda esta intuición parte de este hallazgo inmediato

---

[151] Es lo que comúnmente se llama punto de vista.

[152] Dada una única totalidad de elementos en un dominio espacial, según la posición que cada individuo, en virtud de su carácter corporal, ocupa en exclusivo, es decir, según cada punto de vista particular, la misma totalidad es vista por cada individuo de modo diferente, en tanto que la relación de proximidad y lejanía de los elementos –lo que Fichte llama «secuencia»– es distinta para cada uno. La secuencia espacial, el punto de vista, son por tanto cifras de la finitud.

[153] Dada una secuencia de elementos según su proximidad y lejanía en el espacio respecto del punto de vista del individuo que los intuye, el individuo puede hacer abstracción de su posición particular en el espacio y hacer una reconstrucción mental o una «reproducción», *Reproduktion*, de la relación de los objetos entre sí (y no para el espectador). Pero esta reproducción es ya una elaboración, es decir, una mediación, y que sea necesaria testimonia que, en principio, cada sujeto queda constreñido, «conducido a su límite individual». Porque esta abstracción del punto de vista o reproducción parte sin embargo de un punto de vista dado previamente de modo fáctico, el proceso de abstracción es materialmente distinto para cada individuo, en tanto que el punto de partida de la abstracción es fácticamente distinto.

de un principio particular dado fácticamente, así como [de un] Yo. Esto [es] una advertencia general acerca del conjunto.

Todavía he de hacer una segunda [advertencia], exclusivamente por mor de la claridad, pese a que la proposición en sí no corresponde a este punto.[/46a]

En A, el *debe, es decir, la infinitud, y la libertad*, se disuelven una en otra; cuando el principio se realice en una imagen de la manifestación, tal como ella es, ambos se disolverán también uno en otro: tal vez no fragmentará entonces la *infinitud absolutamente, por sí mismo y poniéndose por sí mismo fuera de sí* en ella, sino que la acogerá en sí mismo. Aquí es *a la inversa*: el ver se fragmenta en la infinitud, ciertamente que reunida; más allá de un punto de esta reunión, punto que antes llamamos cualidad, no puede ir mediante un concebir y escindir posteriores: entonces deviene mera intuición pasiva. Esto es por tanto la *materia*, y esta materia reina en el ver que estamos describiendo ahora; en modo alguno está en la visión *libre*, ahí es meramente una pura visión espiritual. (Cuán importante es esta conclusión, lo inteligirá cualquiera sin que haya yo de advertirlo.)

[Sobre el] *contenido de este ver.* [1)] En primer lugar, algunas proposiciones que pueden parecer difíciles, pero que extienden un mundo de luz y nos ahorran una enorme cantidad de explicaciones. 1) El ver absoluto se fragmenta en la forma individual, tan cierto como que llega [en] un factum a una intuición. Esto es su ley. 2) Por tanto, todo ver puede retornar y, caso de que configure la reflexibilidad, tiene que retornar a la forma individual; configurarse como fragmentándose en esta forma; engendrar la representación: Yo, individuo, y sólo *yo* veo esto. 3) Caso de que configure la reflexibilidad, he dicho; ahora tiene que configurarla, luego tiene [que retornar]. O esto es una *disyunción: a) estar fragmentado del ver* en la forma individual: en el ver mismo como lo determinante; *b)* la expresión inmediata de esta fragmentación, en un ver particular.

Resultado[:] el ver absolutamente fáctico reflexiona necesariamente sobre sí mismo para configurar la reflexibilidad. Una vez que sabemos esto, en vez de decir: ¿cómo se ve en general el principio?, podemos comenzar ya directamente: ¿cómo se ve el individuo Yo? (Que el principio entero se verá [–]según el contenido, no según la forma[–] distribuido entre individuos, se entiende de suyo.[)]

2) [Es] conocido: [es] ante todo como *siendo: materia*, algo en adelante incomprensible, que es tal como es; por tanto, como viendo justamente el mundo material y cualitativo; por tanto como libre potencia en este ver: un fragmentar y componer de otro modo; brevemente[,] como potencia de la reproducción. Esto es ahora luminoso y conocido.

Pero a esto se le suma un segundo punto[,] no tan conocido, pero que cabe aclarar con pocas palabras. El principio es principio real *de un ver absoluto*, creador de una imagen tal de A. Por eso, esto no lo es ahora efectivamente, sino sólo como principio; pero es visto justamente como principio; por tanto tiene que ser visto como tal en el esquema, y en el esquema que tiene lugar aquí. Pero el ver que aquí tiene lugar es un ver fragmentado absolutamente en un objeto, y en esta región no hay ningún otro. Que, en este contexto del esquematismo, el principio es configurado como principio de un ver[,] significa entonces: es configurado como *principio* de un objeto visible y que hay que ver sólo tal como es visto: como principio de la introducción de algo nuevo en el mundo objetivo de un ver general. Aquí no puede manifestarse como principio del ver inmediatamente, como acaso [sucedió] antes, sino sólo mediatamente, engendrando un objeto, porque aquí no hay en absoluto un ver inmediato. [Por consiguiente, mediante] *actividad* real *práctica*.

[Esto es] el yo que existe puramente mediante sí. Por tanto, esta actividad se comporta respecto de él, igual que el ver, como el accidente respecto de la substancia. Su ser no deviene primeramente de ese modo, ni esta actividad se engendra necesariamente a partir de él, sino que ella, si en la intuición está unificada con él, es sólo merced al factum de esta intuición. Es un principio libre, que puede ser activo o bien no.

¿En qué puede consistir ahora el *objeto engendrado*? Evidentemente, no en algo *cualitativo*; pues la actividad efectiva[,] caso de que ella deba ser configurada como enlazada con la conciencia, es decir, como actividad del principio vidente, tal como en efecto tiene que serlo, requiere evidentemente de un concepto del producto de la actividad, engendrado mediante reproducción, llamado concepto de fin; y tan lejos como alcanza la potencia de la reproducción, puede alcanzar la actividad: pero ésta se extiende sólo hasta el ordenamiento de cualidades dadas[;] [/46b] un ordenamiento efectivamente distinto es la actividad práctica. Que éste [ordenar] vincula sin embargo la intuición individual es claro, porque cada [ordenar] tiene su *serie determinada*; y si la secuencia objetiva le *es* modificada, también se le modifica la subjetiva. El mundo de la cualidad [es] inmodificable; el de la secuencia, modificable. [Aquí nos encontramos con] *vestigia hominum*.

De dónde viene ahora una realidad fáctica pura, e incluso una potencia fácticamente real para determinar tal realidad[,] es aquí bien claro. En principio no hay en esta imagen destello alguno de verdad. El ser es en Dios. La manifestación es enteramente imagen, ante todo de Dios, y luego de ser una imagen de Dios como tal, [es imagen] de sí *misma*, y en ello permanece. La intuición aquí descrita no es otra cosa que la *visibilidad* de esta manifestación como principio configurante; la *reflexibilidad*, para que pueda unificar la infinitud en sí como principio de unidad; una potencia determinada del Yo = individuo para ser causa real[154].

---

[154] [*en el margen:*] contenido de la intuición del principio [de la] reflexibilidad.

3) Nos hemos permitido tomar el Yo individual como principio, y la intuición del primero como la intuición del último. Evidentemente, esto es ahora un proceder unilateral y parcial. El Yo es la reflexibilidad, y la intuición del Yo efectivo tiene que manifestarse por tanto como *producto de una reflexión* (manifestarse, digo; que esta manifestación es ahora una mera apariencia, no verdadera, y qué es aquí lo verdadero, [se indicará] enseguida.) Pero a la reflexión se le enfrenta una intuición. Ambas tienen que manifestarse en esta relación, y como *escindidas*. ¿Qué es ahora esta intuición? Evidentemente la intuición del principio mismo, pero según la ley del Yo; por tanto, como un mundo de Yoes, como viendo justamente el mundo y fragmentándose en él, y éste de nuevo su fundamento[,] puramente juntos. Ella ve según la ley del Yo, por tanto *formaliter*, en *una serie determinada*: Yo y mundo, uno detrás de otro[.] El comienzo de la serie *es* él mismo, el Yo que ya no *sólo* es determinado y visible *mediante* otro, sino el [Yo] *inmediato*, del cual parte el ver los demás[155]: justamente el Yo de cada uno./ El Yo, como sujeto del ver, *está* fundido en esta intuición y se disuelve en el ver, dándole a éste la ley de la secuencia de captación. Si ahora se manifiesta la reflexibilidad como reflexión, entonces se manifiesta como retornando a sí misma y a la ley de la intuición, y *se* verá; y sólo ahora podrá ver todo lo que antes dijimos. [Ver] a través de sí misma y de su libertad. Ahora bien, en la intuición atribuye todo esto a los otros. Intuición externa, intuición interior. δ - ε.

4) No *es ninguna* reflexión. El ver general determinado mediante el principio fáctico, que ahí es ley, se constituye aquí en ley de una disyunción. El mismo es aquello que el ver determina por sí de tal o cual modo (incluso como ley última, y por tanto contingentemente, tal como ahora aparece). Precisamente por esto no es reflexión, sino meramente su *imagen*, por el influjo cambiante de la ley fáctica sobre A. En δ hay también otros [elementos] modificables, pero que no aportan una disyunción en la forma, sino que aparecen en la [forma] de la *infinitud*: meramente reproducen, o captan el concepto de fin, desarrollándolo y tratándolo. ¿Hace ahora algo el principio de todo esto? ¿Actúa, por ejemplo? *Jamás*, pues no *existe* efectivamente ningún Yo. Sólo existen imágenes de tal actuar[,] de tal modificar interior y exterior, en virtud de la ley fáctica de la visibilidad en general de un factum en general, es decir, de la mera forma del factum, que no es un verdadero *factum*. Esta ley se manifiesta también en una cierta aplicación distinta: como *impulso natural*. ¿Qué es ahora la naturaleza? El debe del factum. ¿Dónde deviene ella impulso? En A[.] ¿Por qué? Porque A tiene una tarea, en parte doble y en parte infinita, que no se puede cumplir de un

---

[155] [*en el margen sin anotación:*] reflexibilidad intuida: principio del Yo.

solo golpe[156]. Por tanto, A se mantiene entera e incondicionalmente bajo el impulso natural, y en él no hay Yo, ni libertad, ni nada parecido. La naturaleza no es en sí fáctica, *sino que es meramente el principio intemporal puramente uno de los facta*. ¿Pero qué son sus principiados, los facta? Imágenes, en la media en que son fácticamente imágenes vacías, sin contenido alguno. En ellos sólo *es* lo *no fáctico*[,] lo que en ellos no se manifiesta en absoluto, por mor de lo cual ellos existen: la posibilidad de la realidad.

Expresión del factum: principio. Reflexibilidad: captada unilateralmente.

---

[156] En este punto de la deducción trascendental se ha deducido ahora la naturaleza, pero no en sus leyes particulares y en sus fenómenos concretos, sino sólo según su forma general como obstáculo. Es decir, más que la naturaleza, se ha deducido la necesidad de la forma de la naturaleza.

[/47a]
Viernes, 5 de abril

Esto reside en la intuición del principio como tal deducida a partir del debe del factum en general. Después de haber terminado con esto, [sigamos] adelante: supuesto que el principio realiza su libertad para ser una imagen de la manifestación tal como ella es en sí, ¿qué resultará de aquí? 1) Para aclararlo, [procedo a] una rectificación en los principios, que ahora no viene al caso pero que luego será oportuna, y que ahora sólo podemos aclarar de modo fáctico. La D[octrina de la] C[iencia] arrancó del supuesto de *una manifestación de Dios*, y hasta ahora hemos ido deduciendo a partir de este supuesto. Ahora bien, la D[octrina de la] C[iencia] ha visto ella misma un objeto, lo ha pensado; por tanto, su ver se ha fragmentado en sí mismo y ha establecido un esquema de sí mismo, justamente la *manifestación*. Ésta, en esta forma, no es entonces nada verdadero ni real, sino justamente un esquematismo que hasta ahora sólo se ha ocultado. [(]Esto adoctrina también la *forma*: [tenemos] substancialidad, portador.) Lo verdaderamente fáctico y existente lo constituye aquí el *ver mismo*, justamente el de la D[octrina de la] C[iencia][,] del cual el concepto de manifestación es la mera escisión y el esquema proyectado de él. Lo que la D[octrina de la] C[iencia] ha dicho de la manifestación vale por tanto para el *ver*. Este ver absoluto y puro, que no se fragmenta en absoluto y ni siquiera en sí mismo, es puramente, tal como Dios es, y es imagen inmediata de Dios. (Fácticamente: en la evidencia inmediata del esquematismo en la reflexión; de dónde viene este esquematismo habremos de aclararlo cuando expliquemos la D[octrina de la] C[iencia] misma.[)]

2) ¡[Ahora queremos] aplicar [esto] aquí! Mediante la libertad, la manifestación se manifiesta tal como es: ella es ver *puro y absoluto*, sin fragmentación alguna, por consiguiente imagen de Dios. Mediante la realiza-

ción de la libertad, este *ver puro* tendría que devenir en *fáctico y efectivo*. Un mundo de luz enteramente nuevo, frente al ver descrito hasta ahora, que se fragmentaba en sí como principio material. Esto sería lo propiamente material de la intuición: puro ver, imagen de Dios.

3) Ahora debe manifestarse aquí en particular en la forma de un debe absoluto: pero este ver en la forma del debe es puramente infinito, y no puede fragmentarse *en sí mismo* ni devenir un *debe* finito y determinado[,] un *qué* del debe. Tan cierto como que el puro ver es visto, es visto en su infinitud y aparece en ella.

4) Un debe determinado y finito sólo podría constituirse en unificación con el ver presente, el cual, como es sabido, es el ver de un poder. En la síntesis con éste tendría que constituirse en ley para éste. Piensen ustedes esto con rigor[:] *Ley*, en modo alguno una ley *pensada*, según la cual el ver dado fuera hecho ahora de otro modo; sino una ley en el ver inmediato y mediante el ver inmediato mismo. Mediante la liberación del principio, todo el estado del ver se ha vuelto otro, y han aparecido un punto de luz y un ojo distintos: ¡en lugar del ver del Yo, el puro ver divino! Eso se constituye ahora en exponente y factor de todo el ver, *dándole* la ley; y de este modo, lo que por medio de la libertad del Yo se contempló anteriormente como poder, por medio de la ley se contempla como aquello que *debe* ser.

5) ¡Todo esto acerca de la transformación *de la forma*! Ahora surge aquí un nuevo ver, dentro del círculo de lo dado. Pero la forma del ver es limitación dentro del círculo dado. Por tanto, el debe es limitante para el puede.

6) El puro ver es un *debe* sólo en la síntesis con el puede. Pero el puede sólo puede contemplarse en la intuición interior, a través del Yo individual. Por tanto, la intuición fundamental del Yo individual es lo único mediante lo cual es determinado posteriormente el debe. *Yo debo*, dice el principio que se ha hecho libre... El debe [es] limitante para el puede; es más, es siempre una parte del puede[157]: ciertamente que yo puedo lo que debo; pero yo no debo todo lo que puedo.

7) Yo soy principio infinito del poder; pero absolutamente todo poder expresa el deber, y es meramente la materia de su visibilidad; todo poder, por consiguiente, puede contemplarse hasta el infinito a través del puro ver, y de este modo se convierte en *deber*. Sólo en esta contemplación obtiene el *debe* una infinitud realizada.

¿De dónde obtiene ahora el *debe* su contenido cualitativo, su algo, y su infinitud fáctica? Mediante aquello merced a lo cual se constituye en general en *debe*, mediante la síntesis con la intuición fáctica. En sí, el principio

---

[157] Tal como, según los desarrollos de Kant en el 6 de la *Crítica de la Razón Práctica*, la exigencia de la ley moral («tú debes») hace cierto el hecho de nuestra libertad («por tanto, tú puedes»).

es impelido por la libertad hacia el *puro ver*; pero viendo también de un modo fáctico[,] el ver, en esta unificación, se transforma y se limita en un *debe*[158] [/47b].

No es que *él* lo configure, sino que en él tal *debe* se configura a sí mismo en este estado del ver. Por consiguiente, mediante su ser configura lo divino en lo sensible, y esto hasta el *infinito*; su ser, como un infinito configurar progresivo, es en esta síntesis efectivamente imagen, esquema: de la imagen de Dios, y en el ver. *Una imagen*, en esta síntesis[,] digo: pues fuera de ella, como puro ver, es él mismo imagen.

8) El *debe* fáctico es meramente para que el *puro debe se manifieste*. Pero el puro *debe* está determinado mediante sí, es la expresión efectiva de la imagen de Dios en una facticidad infinita. Lo que hay en el debe fáctico está determinado entonces mediante el puro debe. Lo fáctico no existe meramente para que se vea en general: a tal fin sería [suficiente] cualquier mundo, y cualquier mundo de individuos; sino precisamente para que se manifieste lo que debe manifestarse. El mundo en la individualidad está determinado entonces de este modo. En cada uno y a cada momento se expresa un debe para una relación con el mundo sensible, con el mundo de individuos, con la infinitud, así como con el tiempo; cada uno debe a cada momento algo determinado. ¿Acaso es ahora esta situación lo determinante del *debe*, y se orienta éste conforme a ella? ¿O quizá también ambos se mantienen en causación recíproca, modificándose mutuamente? ¡En modo alguno! Sino que la situación está determinada mediante el debe[159]. Tal mundo sensible y tal comunidad de Yoes racionales son porque tal debe debe manifestarse y realizarse. No es el orden sensible del mundo el creador del orden moral, sino a la inversa. El prototipo fáctico de

---

[158] [*en el margen con anotación:*] Estas proposiciones son en su conjunto muy significativas, y extirpan errores de raíz.

[159] Esta tesis posee una relevancia enorme en nuestra era de las posibilidades técnicas disparadas. No se debe hacer aquello que se puede hacer por el mero hecho de que se puede hacer (la facticidad no determina la moralidad), sino que si se debe hacer algo, por eso mismo, *eo ipso*, se puede (la moralidad determina la facticidad). Esto no significa, como ya antes señaló Fichte, que *todo aquello* que se puede hacer, previamente y de modo inexcusable se debe hacer: de modo consecuente con un planteamiento trascendental –y no idealista–, la facticidad es irreductible a la moralidad trascendental, o dicho de modo más sencillo, existen actos moralmente irrelevantes, pero una moralidad que *a priori* es imposible de llevar a cabo es un puro absurdo. Significa simplemente que está garantizado que a la moralidad interior –lo que se debe hacer– le corresponde *la posibilidad* de una eficacia exterior –lo que se *puede* hacer–, que la moralidad no puede ser intrínsecamente frustrada. Pero que el deber tenga garantías de la posibilidad de su realización, tampoco significa que tenga asegurada su realización efectiva –porque se debe hacer algo, por eso mismo se puede hacer, pero no es seguro que efectivamente se vaya a hacer–, justamente porque el deber apela a la libertad del individuo para actualizar su potencia o para no actualizarla. Aquí reaparece la problematicidad moral: el mundo de las posibilidades no puede defraudar al mundo del deber, pero el mundo de las realidades sí que puede defraudarlo.

Dios es la *moralidad*, y el mundo sensible es meramente el reflejo de aquél, determinado mediante sus propias leyes, que ya hemos mostrado. Sólo de este modo el mundo y los individuos [ganan] realidad[.]

9) Sigamos adelante: El puro ver es *imagen de Dios*, aparece con su imagen, y ésta se ha manifestado en γ *como* tal. No necesito *recordarles* que el principio fáctico en general es el *debe* en la forma del *como*. Eso era el fundamento del principio; y a la inversa[,] todo cuanto hay en el *como*, lo hay en el principio. Y, así pues, es claro que no hemos agotado el principio en su esencia. El *puro ver* no debe manifestarse meramente [–]exponerse fácticamente[–], sino que debe manifestarse *como imagen de Dios*, con lo cual se corresponde que, ante todo, deba manifestarse él mismo como tal. La potencia para ambas cosas se halla entonces con toda seguridad en el principio. Ante todo[:] ¡que el ver absoluto mismo se manifieste como tal! El ver absoluto no es inmediatamente tal como él mismo se manifiesta, sino que es sólo *en su esquema*, pero su ser inmediato y el fundamento y portador de éste es el ser divino; éste desaparece, y aquél se queda en su forma vacía. Mediante este ser es arrastrado por el ser fáctico efectivo a lo largo de la infinitud; ésta desaparece también, y aquél deviene uno objetivo (β). Justamente el pensamiento de la D[octrina de la] C[iencia,] que antes hallamos en su facticidad, [es] ahora según su posibilidad: al menos aquel pensamiento que yace a la base de la D[octrina de la] C[iencia]. Ésta, con arreglo a toda su extensión, podría significar aún más. Esto [es así] para que se vea como un *ver a Dios*. Evidentemente, esto es una síntesis cuya consecución queremos reservarnos. Es inmediatamente claro que esta síntesis está condicionada mediante un ver a Dios = α. ¿Cómo se llega a éste? En β, merced a la libertad del principio, el ver se había liberado absolutamente de todo contenido, por tanto, se esquematizó y se fragmentó en este esquema. Aquí no se ve tampoco a sí mismo, ni puede verse. El ver vacío se fragmenta puramente en sí mismo; y de este modo surge un ser *puramente formal*, absolutamente indeterminado, y un *absoluto*, porque el principio, ahí de donde de hecho procede, el ver[,] no es visto.

Aún una observación importante: ustedes podrían decir, y deberían haber dicho ya todos en su pensamiento: la potencia para α y β[,] como potencia exclusivamente esquemática[,] se halla en el ser del principio[;] por tanto, en la reflexibilidad fáctica tiene que estar expresada justamente así, y hallarse ahí, tal como antes dejamos allí la reflexión sobre el principio en general. Respondo que efectivamente es así: los 4 puntos residen todos ellos en el mero ser del principio, y por tanto pueden aparecer también en la reflexibilidad; excepto γ. Éste reside absolutamente en su libertad. Estos puntos, como escindientes, estarían en transformación. ¿Cuál era ahora el principio del cambio, anterior a la libertad? El debe fáctico, el impulso natural... Así pues, β puede ser engendrado mediante el impulso natural. [Es entonces] abstracción del saber que ustedes conocen: ciencia, sin verdadera sabiduría. El impulso natural significa entonces genio. Que yo, después de que la he convertido en una potencia moral, no hablo con desprecio de aquélla, es bien comprensible. Todo esto es no sólo correcto, sino también bueno. α Dios, como concepto vacío, sin religión, exactamente tal como se estableció anteriormente; al cual, posteriormente, y porque sin nada de esto queda demasiado desnudo, se le reviste con accidentes.

La única manera correcta de inteligir todo esto es en su conexión. Pero el miembro fundamental de toda conexión, γ, aparece sólo merced a la libertad. Visto con este ojo[,] este mundo superior gana un aspecto enteramente distinto [–] exactamente igual a como antes mostramos a propósito del inferior[–], y éste es sin duda lo que la D[octrina de la] C[iencia] tiene que proponerse.[/48a]

Y ahora el asunto queda así[160]: Dios es el puro ver, o *luz*; y Dios[,] ahí donde es[,] se manifiesta en la luz conforme a su esencia. Nosotros no podemos *realizar* esto en modo alguno; si hablamos sobre ello, entonces no lo somos, sino que estamos fuera de ello. Para nosotros[,] respecto de la facticidad, [es] *visibilidad* absoluta *de Dios*. En él no [hay] libertad alguna, ni devenir, ni debe; sino puro ser.

En esta primera forma, esta luz no es *como* tal, sino que debe ser como tal: justamente debe *verse* a sí, y de este modo fragmentarse en sí misma. De este modo se corresponde con ella un ser no absoluto y una mediación de éste[,] un *debe*.

Debe puramente conforme a su ser en Dios: por tanto *puede*[161]. El debe es factum absoluto, se hace su *puede*. La luz es *principio absoluto* de su verse a sí. Esto lo es en la luz absoluta; por consiguiente, es visto puramente como tal por el ver determinado mediante su propia ley fáctica. Lo fáctico circundante [es lo] absolutamente no libre, - δ - ε, y también, en cierto modo, α y β.

Nota bene: mediante este *debe* fáctico, en la relación con el otro *debe*[,] su forma está ahora completamente separada de su contenido. Aparece una disyunción[162]. *Debe* verse a sí: el contenido debe entrar de nuevo en la forma estática: γ, síntesis.

Debe ver este contenido como lo que éste es: *imagen de Dios*; tiene que separarlo así de nuevo: α, β.

– Han visto ustedes lo que aún se sigue. Reflexibilidad en general ampliada también sobre γ, e introducida en la libertad, y lo que está en estrecha conexión con esto: *voluntad*.

---

[160] [*debajo:*] tal como es Dios (en todos los sentidos).
[161] [*debajo:*] El debe es un ser y ley de un ser[,] no acaso un pensamiento. Por eso, a menudo, no se entiende lo más claro.
[162] [*en el margen:*] La idealidad, en la cual permanece, [es] aquí ver.

Sábado, 6 de abril

1) El debe fáctico es por sí mismo fundamento de un ver; *tal como* él es, así es este ver. Ahora bien, él mismo es *absoluto*, luego también este ver es absoluto, y el primer factum absoluto. Pero este ver, por sí mismo y por su esencia, es un mero *esquema* (a saber, del puro ver, en el trasfondo)[,] que, desde su esquematismo conforme a ley, refleja un mundo material, un mundo de Yoes, un Yo particular, en el cual se fragmenta de un modo completamente determinado[,] etc. Apenas preciso decir la proposición que si no se ha dicho ha sido por puro azar, y que es comprensible de suyo: no es verdad que el Yo *ve*, pues no hay ningún Yo, sino que éste sólo es reflejado como viendo a partir del ver fáctico general. Por lo demás, este debe fáctico es también principio de un cambio, interno y externo.

2) Sin embargo, todo el *debe* fáctico, fácticamente absoluto, *no es absoluto respecto de lo ideal* [–]del debe; no debe ser en absoluto[–], sino que *existe sólo* para convertirse en expresión del *debe* absoluto, de la imagen infinita de Dios. El principio puede elevarse hasta el ser de esta imagen. El puro debe está por tanto en la facticidad de un individuo como en una potencia del ser fáctico de sí mismo.

3) El debe absoluto[,] caso de que devenga fáctico[,] recibe un contenido cualitativo, así como infinitud, exclusivamente a partir de su síntesis con el *esquematismo fáctico*. En sí mismo es enteramente *puro* y uno. El principio puede elevarse entonces a unidad; y sólo mediante esta elevación del principio idéntico surge la mencionada síntesis con la facticidad.

4) Todo el puede del principio como tal [–]la esfera de la libertad[–] consiste entonces en que, o bien puede entregarse a la determinación mediante el debe fáctico (y así surge en él un ver absolutamente esquemático y, por tanto, ciertamente invisible[,] oscuro y enturbiado); o bien puede entregarse al puro ver; y así, en este estado, la esquematicidad y la impenetrabilidad se han suprimido.

5) El debe fáctico es, según se ha dicho, puramente merced a la ley divina en el ver; por tanto, no puede suprimirse por entero, y la libertad [que hay] en el principio para entregarse a ella no puede tampoco extirparse por completo. Por tanto, la entrega a la unidad sólo puede eliminar por tanto la *efectividad* de este entregarse a la facticidad, pero en modo alguno la *potencia*. Por consiguiente, esta potencia tiene que aniquilarse fácticamente mediante la pura potencia hasta el infinito y para la infinitud. ¿Qué queda del principio en este estado? Meramente su *forma*; justo la fuerza y la energía frente a la propensión fáctica, [pero] absolutamente nada de lo que resulta de la facticidad, porque no está entregado a ésta.

Este entregarse a la *unidad* mediante la fuerza del principio para no entregarse a la facticidad[,] es ahora la *voluntad*.

En sí [la voluntad] es puramente una, e igual a sí y sin cambio para toda la infinitud. Tal como se manifiesta, se manifiesta como un retenerse frente [/48b] a la propensión fáctica. ¡El principio fáctico reprimido por el principio fáctico! [Esto] es la *naturaleza* por encima de la naturaleza. La voluntad es ella misma el principio fáctico, a saber, el [principio] que se penetra a sí mismo viéndose[.]

Una voluntad tal es absolutamente posible: pues el *debe* fáctico es sólo el principio del puro debe, y eso es efectivamente cuando se realiza completamente como principio y obtiene su realidad independiente del esquematismo.

6) Mediante esta elevación a la voluntad, ahora se ha superado completamente todo ver fáctico. El principio está en el *puro ver*, pero éste, considerado fácticamente, es un *ver* nada, ningún ver en absoluto. Ahora debe verse justamente el *puro ver*, en virtud del debe fáctico. Esto es posible sólo en la medida en que éste se fragmenta en el *poder fáctico* y se refleja en él. El [principio] volente debe por tanto reflejarse; o mejor aún: puesto que el debe se disuelve en su ser, lo refleja; y así, en esta reflexión, se le manifiesta no *lo que debe*, sino justo lo que debe ser en general, [lo que] debe hacerse efectivamente. En virtud del debe, se entrega al ver fáctico.

7) Supuesto que el principio puramente volente aún se entregara más allá, ¿qué se seguiría? Digo: se seguiría la manifestación de un actuar efectivo del individuo con arreglo *al concepto de fin* expuesto en aquella imagen, hasta una realización completa de este concepto. Les exhorto a prestar toda su atención a la demostración, pues con ésta desaparece la última oscuridad que acaso se le pudiera extender a alguien sobre nuestra teoría.

Que no hay en absoluto ningún actuar, porque no hay ningún Yo, sino que todo esto lo refleja sólo el debe fáctico esquematizante, ustedes [ya] lo saben, y yo no pienso reiterarlo. Queremos traer a la memoria sólo este esquematismo de las leyes. Ante todo es claro: si en el esquematismo se refleja una voluntad efectiva del individuo, entonces hay en él asimismo un actuar, y a la inversa; pues ambos se relacionan como la intuición interior y la exterior, pero ambos son inseparables en este ver fáctico: es la relación de la reflexión respecto de la intuición. Esto sobre la forma. ¿Pero cuándo se llega en general a la imagen de una síntesis tal? La ley fáctica, ¿todavía sigue sin quedar sujeta a ley alguna? No; está bajo el debe absoluto, para exponer el esquema de éste. Por tanto: el *querer* y el *actuar* del hombre sensible representan siempre para él la potencia comprendida de su determinación moral. Todas sus manifestaciones a este respecto, que siempre están bajo la ley superior e invisible para él del debe, le exponen esta [determinación moral] para llevarlo a la autodeterminación y a la libertad.

Por tanto, la ley fundamental es: *un actuar del individuo es configurado necesariamente mediante el debe fáctico si con ello debe expresarse el puro debe.*

Pero esta expresión es evidentemente doble: por un lado, para el hombre sensible (que aún no es en absoluto, sino que primero debe llegar a ser), [es] la expresión de la forma en general; por otro lado, para el hombre moral, [es] la *expresión* del debe determinado cualitativo.

¿Sucede en nuestro caso esto último? Lo que, en esta situación, él deba hacer, le ha sido manifestado ya en una intuición, y no requiere para ello de una nueva revelación por medio de una imagen externa. Pero yo les pido: ¿es, pues, este debe *todo* el [debe] *infinito*?... Le aparecerá nuevamente una segunda manifestación. ¿En qué? En la reflexión sobre su *poder* actual. ¿Mediante qué estará condicionado éste? Mediante la previa manifestación de su fuerza efectiva en el actuar. Por tanto, la futura segunda manifestación está condicionada por la manifestación del actuar efectivo; por tanto, este principio fáctico condicionado mediante el anterior debe uno, tiene que engendrar esta manifestación del actuar, y la engendra necesariamente[163].

De este modo, por consiguiente (¡adviertan esto de paso!), los momentos están condicionados y seriados en el tiempo verdadero y eterno. A la manifestación del puro ver en cada momento tiene que darle primero lo que le corresponde en todos los aspectos: ella hay que aparecer en el mundo material. Ésta es la condición de una *nueva manifestación*, etc. [,] en tanto que la nueva tarea sólo puede resultar con la fuerza que se acaba de desarrollar[.] En cambio, en el mundo sensible no hay un verdadero tiempo (así como tampoco él mismo es verdadero)[,] sino que se mantiene estático, y a las manifestaciones les reprende[:] debes conseguirte una voluntad.

¿Qué *hace* ahí ahora el *principio volente*? Nada más que entregar su ver al principio fáctico, que con toda certeza hace lo mismo conforme a la ley moral. No mira a nada, sino que intuye la visión que se abre para él. ¿Actúa, o cree actuar? Sabe que no es en absoluto. Se entrega a la manifestación que, sin su participación, se hará de un modo enteramente correcto.

No *es* nada y no *quiere* nada[,] y lo sabe: en él discurre la *imagen de Dios* que se hace a sí misma, se manifiesta como un postulado al mundo, se manifiesta como realizando este postulado en el mundo, se manifestará, cuando llegue su momento, en un nuevo postulado, y así por toda la *eternidad*. El mismo[,] el principio[,] no puede sino conservarse como tal espejo puro e inmaculado, [/49a] y esto sucede justamente merced a no hacer *otra cosa*. Si quisiera hacer otra cosa, entonces tendría que entregarse de

---

[163] [*en el margen:*] Por tanto: el puro <   > individuo debe entregarse a la manifestación[,] pues éste es el orden de aparición de todo el debe.

nuevo al debe *fáctico*; pero no, como ahora, como a un principio subordinado[,] sino como a un principio supremo, pues con ello se habría suprimido todo.

8) Por tanto en el querer, y en la intuición desde el punto de vista de aquél, las otras posiciones δ - ε están puramente unificadas y fácticamente fundamentadas por un *debe* del entregarse; en cambio, para el [punto de vista] sensible sólo tiene lugar un estar fácticamente constreñido, sin libertad. Este último es él mismo esquema, oscuro en su interior, y él mira desde esta oscuridad. El libre, mira a través del esquema que para él es transparente y conocido como tal. El esquema no le confunde, pero él lo respeta y se entrega a él, justamente porque no le confunde, porque sabe que es esquema absolutamente conforme a la ley del puro ver[,] un puro *prius*; que sólo mediante la fragmentación en él puede verse fácticamente[164].

9) ¿Qué [sucede] con las [posiciones] superiores δ - β? Digo: si el principio deviene voluntad sólo mediante el entero cumplimiento del debe fáctico que reside en él y mediante la realización de la potencia, de modo que ya no está más en sí mismo sino que es puramente el espejo de Dios, entonces, en nuestra descripción dada a partir de la posición γ, no es aún voluntad completa. Pues todavía persiste el *debe* de que vea el ver como imagen de Dios; y sólo cuando este debe se haya cumplido, estará cumplido todo debe.

Digo además: sólo en esta posición aparece este debe en su fuerza apremiadora efectiva. Sólo aquí *es* el ver, el puro, que es efectivamente imagen de Dios y que puede considerarse como tal. Asimismo, sólo aquí aparece una *inconceptuabilidad* que tiene que resolverse:/ el ver las cosas [es] ahora el ver las cosas que también satisfacen; pero [aquí se trata] de ideas suprasensibles, de nada[165], a las cuales debo sacrificar mi vida y mi naturaleza[166]. ¿A qué se debe eso, cuál es el fundamento? Esta pregunta tiene que resolverse. La voluntad no puede permanecer tranquila, fija e inconmovible en sí misma sin concebirse a sí misma y a su *objeto*, el objeto del ver.

Esto lo puede el principio por la vía señalada: sólo mediante la síntesis de ambos puntos se resuelve la pregunta. El ver, que aporta todo esto, se

---

[164] El punto de vista trascendental no desdeña el mundo sensible, sino que precisamente lo fundamenta, en el sentido de que establece sus condiciones de posibilidad. La intuición sensible sólo es posible mediante la fragmentación del ver en un esquema, puesto que lo sensible ha de ser plural, frente a la unidad (sintética) del punto de vista trascendental. El punto de vista trascendental, que no desdeña atender a lo sensible, intuye el esquema, pero lo intuye justamente *como* esquema, esto es, no se deja confundir y no lo toma por un ser real.

[165] [*en el margen inferior:*] puesto que, en el ver, estoy habituado a exigir un objeto[.]

[166] En términos de objeto (sensible), el puro ver trascendental no ve nada.

manifiesta como un ser *fáctico*: esto no resuelve nada, lo cual ya sabía antes, sino que esto mismo me apremia a la pregunta. Se manifiesta algo *absoluto*. Esto [es] lo único; el ver es entonces meramente su manifestación. Así, mediante esta síntesis, surge la *D[octrina de la] C[iencia]*. Ella es merced a un *debe absoluto*, y es el verse a sí mismo absolutamente del ver, fundamentado en el ser divino; y así está ella deducida y justificada. No [la hemos justificado] nosotros, sino que ella [se ha justificado] a sí misma[167].

Una vez que se ha inteligido esto, ya no se precisa volver a inteligirlo, ni meditar sobre ello, ni culminar con ello su *hacer* (lo cual sería igualmente un hacer inferior y fáctico)./ Esta intelección se unifica con la intuición pura en el punto de vista de la voluntad, que ahora se comprende y que en esta comprensión se entrega tranquilamente; y en esta aplicación la ciencia se llama *sabiduría*, y el pensamiento de Dios, religión[168], es decir, todo aquello a cuya eterna reproducción nos entregamos y en la que nos aniquilamos y disolvemos[169].

En la imagen de nuestra ciencia, el *puro ver* ha entrado por entero en lo fáctico. El ver es uno, bien que sintético, pero esta síntesis está culminada en un golpe de vista; *bien que discurriendo infinitamente*, pero esta infinitud está anticipada y captada en uno, en la voluntad. Esta voluntad es *formaliter una*, suprimida la individualidad, pues todos son el mismo ver puro; la *infinitud* [está realizada], pues la voluntad se mantiene invariable e inmodifica-

---

[167] Si la Doctrina de la Ciencia requiriera de una justificación extrínseca, sólo ilegítimamente podría reclamar el rango de sistema.

[168] En el último capítulo de las exposiciones de la Doctrina de la Ciencia de 1804 se procede igualmente a la deducción de los cinco estadios del saber: la sensibilidad, la legalidad, la moralidad, la religión y la ciencia. El estadio de la religión es la visión inmediata de la manifestación de Dios en el Verbo. El estadio de la ciencia es la expresión conceptual de lo captado en dicha visión inmediata. En esto se distingue la religión del pensamiento de Dios, así como la sabiduría de la ciencia: en que las primeras son vivenciales, inmediatas, y exigen que «la voluntad [...] se entregue tranquilamente» y que nosotros mismos nos «entreguemos, [...] nos aniquilemos y nos disolvamos». Recuérdese la distinción hecha en la primera lección entre pensamiento y saber: «La ciencia es *pensamiento*, es decir, un salirse de la intuición, un pensamiento que se ocupa del mero contenido, pero en modo alguno de la forma fáctica; esto se presupone por tanto como demostrable por otra vía, pero en sí mismo [permanece] problemático» (lección del 30 de enero); «El pensamiento es una forma peculiar del saber» (lección del 1 de febrero). Bien entendido que aquel elemento al cual la voluntad se entrega y en el cual nosotros mismos nos aniquilamos no es Dios o el absoluto, el cual está encerrado en sí mismo, sino su manifestación o Verbo, su «reproducción», *Abbild*. De esta entrega sin mediaciones se distingue su posterior elaboración conceptual o «reconstrucción». Sin embargo, aquí no se afirma una oposición entre vida y pensamiento, sino que el pensamiento se sostiene y se nutre de la vida misma, al tiempo que la esclarece. Sobre este asunto, véase Reinhard LAUTH, «*Der «Traum eines lächerlichen Menschen als Auseinandersetzung mit Rousseau und Fichte*», en *Dostojewskij und sein Jahrhundert*, Bonn, Bouvier Verlag, 1986, pp. 125-139.

[169] Sobre esta «autoaniquilación», *Selbstvernichtung*, véase *La exhortación a la vida bienaventurada*.

ble por encima del eterno cambio. [Así sucede] con la imagen *de nuestra ciencia*. Saliendo fuera de esta imagen, ella termina; ahora ve y transfórmate en el *prototipo*. Si ya tienes ciencia, transfórmate en sabiduría. Así, ella termina, suprimiéndose como esquema y como medio en el postulado de un factum[170].

Esta circunstancia corresponde todavía a la caracterización de la D[octrina de la] C[iencia]. Ésta era la imagen de la *síntesis* de todas las disyunciones desde el punto de vista de la voluntad. Por consiguiente, ella es la unidad de toda la *reflexibilidad*; por tanto, habiéndola culminado, ve la entera legalidad del saber.

---

[170] De manera genial, Fichte termina su ciclo de lecciones sobre la Doctrina de la Ciencia de 1811 con la misma idea con que lo inauguró: a la Doctrina de la Ciencia, en tanto que ciencia, no le incumbe la existencia real de su objeto, sino que meramente trabaja a partir del presupuesto de su existencia como premisa, esto es, a partir del «postulado de su factum». La Doctrina de la Ciencia, como ciencia, no pretende más ni tampoco lo podría. La intuición intelectual de su objeto, su visión o captación real, ya no incumbe a ciencia alguna, sino, si se recuerda lo dicho hace poco, a la «sabiduría».

APÉNDICE
LA PROBLEMATICIDAD, RASGO FUNDAMENTAL DEL SABER COMO IMAGEN EN LA DOCTRINA DE LA CIENCIA DE 1811
por
Alberto Ciria

Para complementar la presentación de Reinhard Lauth, en la que se explica la disposición «externa» de esta edición de la Doctrina de la Ciencia dentro del *corpus* ficheano, y en concreto en su filosofía tardía –bien que esta disposición «externa» obedezca asimismo a principios sistemáticos–, parece oportuna una exposición del núcleo filosófico interno del texto.

Es el convencimiento profundo de Reinhard Lauth que la «forma literaria» que forzosamente ha de adoptar la exposición de un pensamiento crítico es la deducción, concretamente la llamada «deducción trascendental». El pensamiento trascendental, dice Lauth, procede en dos momentos, que él denomina constitución *(Konstitution)* y deducción *(Deduktion)*. En primer lugar establece un término, pero no un término simple, sino sintético, «constituido»; en segundo lugar, explicita los elementos que lo constituyen. La forma lógica de toda deducción es a b, «si a, entonces b». Toda deducción consta de tres términos: uno primero que se establece como premisa, el proceso de explicitación de una determinación contenida intrínseca y necesariamente en la premisa, y la determinación explicitada. En tanto que sabemos que b es necesario a partir de a, pero no sabemos si efectivamente a está puesto, b es una determinación obtenida necesariamente a partir de un postulado que se establece de modo provisional. Esta síntesis de necesidad e hipoteticidad se llama problematicidad. Fichte vio al final de su vida que la problematicidad es la categoría lógica que conviene al pensamiento trascendental. Esto no significa que la filosofía ficheana quede aquejada de provisionalidad como si pudiera ser superada por un desarrollo ulterior, sino justamente que el pensamiento, y aun el trascendental, no se basta a sí mismo en orden a su realidad efectiva; que el pensamiento, en su culminación, apunta hacia un término exterior, el absoluto o Dios, que lo fundamenta al tiempo que lo aniquila (en tanto pensamiento). Fichte dijo que el saber es una imagen, en el sentido de que es un elemento que, sin ser falaz, es sostenido por algo de naturaleza distinta.

La Doctrina de la Ciencia de 1811 es la deducción de todas las determinaciones que se encierran de modo necesario en un término postulado que actúa como premisa de la deducción: la automanifestación de la manifestación *(Sicherscheinen des Erscheinens)*. Automanifestación de la manifestación no significa exposición de sí mismo en tanto que afirmación de sí mismo (como parece ser el caso en el primer Fichte). Significa que, en primer lugar, la manifestación manifiesta algo otro, y en segundo lugar, que se manifiesta a sí misma en tanto que manifestando algo otro: que se manifiesta como manifestación, y no como ser o como contenido. Como se observa, en la automanifestación de la manifestación hay encerrados varios elementos, en concreto cinco: el ser en tanto que distinto de la manifestación, el ser en tanto que manifestado, la manifestación del ser, la manifestación que explicita su carácter de manifestación, y la unidad de todos ellos en la automanifestación de la manifestación. La Doctrina de la Ciencia de 1811 es la deducción de los cuatro primeros elementos por explicitación a partir del quinto. No tiene, pues, dos vías, ascendente y descendente, como la de 1804: toda ella es un proceso deductivo que procede de lo superior a lo inferior. En lo que sigue, se intentará exponer la forma concreta a la que obedece esta deducción y en virtud de la cual se va articulando y desarrollando, esto es, lo que en su formulación lógica es simbolizado con la flecha (→), el «entonces», y se tratará de mostrar que este «entonces» cumple la función de conversión desarrollada de lo hipotético en necesario, en un desplazamiento progresivo de la hipótesis hacia miembros cada vez más inferiores, hasta topar con un elemento que, merced a que es intuido fácticamente, ya no es hipotético sino tético, de tal modo que su facticidad fundamenta la deducción entera. Se ha dicho que el pensamiento trascendental primero constituye y luego deduce. Esto conduce a un círculo, como asimismo advierte Fichte al comienzo de esta Doctrina: explicitamos a partir de lo que nosotros mismos hemos puesto. Precisamente por este motivo, hay que confirmar que eso que hemos constituido existe *de facto*, y eso sólo se confirma en la llamada «intuición fáctica». Esta sustitución de lo hipotético por lo fáctico como fundamento de la deducción es, por fin, lo que conviene a la «automanifestación de la manifestación», en tanto que la manifestación es, ante todo, manifestación de algo otro, y no manifestación de nada.

A) LA PROBLEMATICIDAD COMO CARÁCTER FUNDAMENTAL DEL SABER EN LA FILOSOFÍA DE FICHTE

En Fichte se parte del presupuesto de que el saber tiene una existencia autónoma, independiente de la vida. La filosofía es la deducción de todas las determinaciones del saber, según leyes necesarias, a partir de su misma esencia. Esta deducción es la Doctrina de la Ciencia misma.

Que el saber es autónomo respecto de la vida, tiene las siguientes consecuencias:

1) Si el saber tiene una esfera independiente, el comienzo de la filosofía exige una ruptura con la vida inmediata. Éste es, por lo demás, un rasgo característico de todo idealismo: la negación como punto de partida del filosofar. Para Fichte el saber se desarrolla a sí mismo, según leyes necesarias, a partir de su propia esencia, y este desarrollo, que es por tanto propiamente una «deducción del saber», se plasma en un sistema. Pero justamente en tanto que tal desarrollo es autónomo, se verifica a espaldas de la realidad inmediata, de eso que la fenomenología posterior llamará el «mundo de la vida». El saber tiene, pues, una vida autónoma, independiente de la experiencia, de la facticidad. Ahora bien, este sistema que autónomamente se ha construido a sí mismo, tiene asignado un último paso: retornar a la vida inmediata, al mundo de la experiencia, a la historia, y «penetrarla» *(durchdringen)*. Aquí se ve bien la diversa postura de Fichte ante la vida respecto de Hegel. En Hegel, la substancia de la historia es racional, *la historia es ella misma razón*, lo histórico se disuelve en lo espiritual, por así decirlo, y si hay acaso un residuo de historia que se resiste a su transmutación en razón, justamente lo «particular», se desecha. En Fichte, es la filosofía la que tiene que pugnar por penetrar en el mundo de la experiencia, en eso que él llama el mundo sensible *(Sinnenwelt)*, o empiría. Pero esta «penetración» de lo histórico y sensible por el pensamiento tiene un límite, justamente el límite que tiene un saber constituido por sí mismo a espaldas de la experiencia, del mundo de la vida, es decir, *a priori*: enteramente penetrables por este saber trascendental son sólo las formas fundamentales dentro de las cuales acontecen los fenómenos, esto es, las categorías. El contenido particular de los fenómenos no es, pues, asunto de una filosofía trascendental (el proyecto fichteano es más modes-

to que el hegeliano). Fichte reconoce la existencia de lo particular irreductible al saber filosófico, pero en vez de desdeñarlo, establece para él los marcos generales.

En resumen, para empezar a hacer filosofía hay que romper con la vida inmediata, pero para terminarla, hay que cumplir un último paso: la recuperación de esa vida inmediata, su «penetración» por un saber ya constituido.

[Con arreglo a este planteamiento, las obras de Fichte adoptan formas características. Unas obras son la descripción completa de todo el itinerario que debe realizar la filosofía: el camino de ascenso *(hinaufsteigen)* que va eliminando progresivamente toda la facticidad (en términos de Fichte, que hace abstracción de ella), y el camino de descenso *(herabsteigen)* que, fundamentándola, la recupera. La típica obra que se articula según estas dos vías es la *Doctrina de la Ciencia* de 1804. En otras obras, Fichte da por ya sabido todo el sistema del saber, y encara su último paso: la recuperación de la historia. Aquí se enmarcan sus exposiciones populares: *Los rasgos fundamentales de la época contemporánea* (1805), *La esencia del sabio* (1805), *La exhortación a la vida bienaventurada* (1806) o los *Discursos a la nación alemana* (1808). En otras obras, por fin, se desentiende de la ruptura inicial y de la recuperación final de la experiencia, y de un modo meramente problemático (es decir, provisionalmente, sin demostrar la realidad del saber) desarrolla la deducción del saber: es el caso de esta *Doctrina de la Ciencia* de 1811. Por fin, algunas obras, como las *Introducciones a la Doctrina de la Ciencia*, son como una exhortación a romper con el mundo de la experiencia.]

2) Si el comienzo del filosofar es una ruptura, en el instante mismo del rompimiento existe un riesgo: habiendo saltado fuera de la experiencia, no alcanzar a «conectar» con el verdadero saber. Así explica Fichte la existencia de otros sistemas idealistas –justamente aquellos que comienzan con la negación– falsos, en particular el de Schelling.

Por otra parte, en tanto que se trata de una ruptura, no puede venir urgida por aquello mismo con lo cual se rompe. Dicho de otro modo: esta ruptura no es necesaria, es absolutamente libre, puede ejercerse del mismo modo que puede no ejercerse: la filosofía, ya en su mismo comienzo, es un acto de libertad. He aquí otra diferencia con Hegel, para quien la negación del estado inicial de indeterminación absoluta es estrictamente necesaria.

3) Si el saber es independiente de la vida, le debe corresponder un tipo peculiar de existencia, y he aquí un principio fundamental de la filosofía de Fichte: el saber no es una realidad en sí, sino que es imagen *(Bild)*, copia *(Kopie)*, reproducción *(Abbild)*, esquema *(Schema)*, reflejo *(Widerschein)*, o con otra metáfora, visión *(Gesicht)* de una realidad que

existe fuera del saber. ¿Pero cuál es esta realidad? No la realidad sensible, el mundo o la historia, sino el absoluto o Dios. Así, dice Fichte, el saber existe, pero, en rigor, no es.

Desde la interpretación del saber como reflejo, y en conexión con el anterior punto, Fichte explica la génesis del nihilismo: el nihilismo resulta de un movimiento de negación de la inmediatez vital que no alcanza a tomar contacto con el absoluto; y como el saber, por su propia esencia, no puede ser sino imagen, pasa a ser imagen de nada, esto es, apariencia, reflejo vacío.

Así pues, el itinerario del filosofar en Fichte es como sigue:

Una vez desprendido el mundo de la facticidad, se contempla el absoluto. Ahora, en el absoluto, Fichte distingue el ser interior y la manifestación *(Erscheinung)*. El ser interior del absoluto es cerrado y oculto para nosotros (en *La exhortación*, Fichte hace a este propósito una exégesis de ciertos fragmentos del Evangelio de San Juan: «a Dios nadie lo ha visto jamás».[1]) Pero Dios, tal como es en sí mismo, se manifiesta. Todo lo que hay en Dios, lo hay en su manifestación, pero la manifestación de Dios no es el mismo Dios. (En la obra citada, Fichte sigue con su exégesis: «al Padre nadie lo ha visto jamás», pero «el Padre está en mí, y quien me ve a mí, ve al Padre». Tomando prestado de Heidegger el ejemplo del azul celeste y el firmamento[2] : el firmamento es vacío, y por tanto, invisible para nosotros. Nosotros vemos el azul celeste. En el azul celeste, el vacío invisible se nos manifiesta. Nosotros no vemos el vacío del firmamento, vemos su manifestación en el azul del cielo: el cielo es la manifestación del vacío, pero no es el vacío mismo). Nosotros no vemos de modo inmediato el ser interior de Dios, pero vemos su manifestación *(Erscheinung)*, y en su manifestación vemos, juntamente con esta manifestación en cuanto tal, el ser interior de Dios, simultáneamente en tanto que manifestado en la manifestación y en tanto que de suyo oculto[3]. Nuestro saber –filosófico– o ciencia, es nuestra visión *(Gesicht)* de esta manifestación, el reflejo de esta manifestación en nosotros, o como igualmente dice Fichte, es la imagen *(Bild)*, el esquema de la manifestación (Fichte lo llama, enseguida se verá por qué,

---

[1] Jn, 1, 18. J. G. FICHTE, *Die Anweisung zum seligen Leben*, Hamburgo, Felix Meiner Verlag, 1954, pp. 97 ss.

[2] M. HEIDEGGER, M. *De camino al habla* Barcelona, 1987, p. 93.

[3] En términos de 1811, y como se indicará luego, en el esquema se manifiestan simultáneamente y sin confundirse el esquema y lo esquematizado. Que no se confundan significa que cada uno no se hace pasar por el otro: el esquema se expone a su vez como esquema, y lo esquematizado a su vez como esquematizado, esto es, cada uno de los dos términos se expone en primer lugar en lo que en sí mismo es, y en segundo lugar, pero simultáneamente, en lo que es en relación con el otro. Estas dos exposiciones dobles, juntamente con la simultaneidad de todas ellas, da lugar a la quintuplicidad.

esquema 1), *la manifestación de la manifestación*. La manifestación divina (¡no el ser divino, que nos es inaccesible!), por tanto, es el prototipo, el modelo original *(Urbild)*. A su vez, nuestra ciencia se despliega en un sistema, justamente la Doctrina de la Ciencia: ésta es, por tanto, como una nueva imagen, un segundo esquema (esquema 2 del esquema 1), *la manifestación de la manifestación de la manifestación*. Y finalmente, en la medida en que el mundo de la experiencia es penetrable por nuestro saber, este mundo es de nuevo como una imagen en tercera potencia de la manifestación divina, un esquema 3.

Así pues, en términos generales, a la filosofía, según Fichte, le corresponde el siguiente itinerario:

1) Ruptura con la facticidad, historia o mundo de la experiencia.

2) Ascenso gradual a Dios, que tiene tres etapas o estadios: estadio de la legalidad, estadio de la moralidad, y estadio de la religión.

2) Visión de la manifestación del absoluto –no del ser del absoluto–, merced a la cual ganamos el saber o la ciencia, que es como una imagen o reflejo de aquella manifestación. Esto corresponde al estadio de la ciencia.

3) Desarrollo sistemático de este saber, por medio de una deducción según leyes a partir de la esencia o el concepto del saber: Doctrina de la Ciencia, que es como una segunda imagen de la manifestación divina.

4) Camino de descenso: fundamentación racional de la religión –*Exhortación a la vida bienaventurada o Doctrina de la Religión* (1806)–, de la moralidad –*Doctrina de las costumbres*– y de la legalidad, hasta llegar al último paso.

5) Penetración filosófica de la facticidad, mundo de la experiencia o historia –*Los rasgos fundamentales de la época contemporánea* (1805), *Discursos a la nación alemana* (1808)–, y, en esta misma medida, un retorno a él.

Todo esto cabe sintetizarlo en dos puntos:

1) Al saber le corresponde una esfera exclusiva y autónoma (por eso, para alcanzarlo hay que comenzar haciendo abstracción de las esferas previas), pero su exclusividad, su especificidad y peculiaridad consiste en existir no como un ser en sí, sino en existir como manifestación, en tener la naturaleza de imagen, a saber: la imagen de Dios.

2) A partir de aquí, el saber debe esforzarse por «penetrar» el mundo de la experiencia (recuperar, fundamentándolas, las esferas antes desprendidas).

B) LA PROBLEMATICIDAD COMO CARÁCTER FUNDAMENTAL DEL SABER EN LA DOCTRINA DE LA CIENCIA DE 1811

a) La problematicidad como carácter de toda ciencia

A partir del presupuesto de la existencia autónoma del saber, la Doctrina de la Ciencia es la deducción completa de todas (y por consiguiente finitas) las determinaciones en las cuales el saber se configura según leyes necesarias. La Doctrina de la Ciencia es entonces en principio problemática: presupone que el saber existe autónomamente y, por tanto, con independencia de ella misma. Ella es un sistema completo, válido según las leyes del pensamiento, pero la existencia fáctica de su objeto no le incumbe en cuanto ciencia. Esto no es exclusivo de la Doctrina de la Ciencia, sino de toda ciencia en general. Pero, frente a cualquier ciencia particular, ésta tiene dos propiedades:

1) *Presupone* que el saber es cognoscible en sí mismo, es decir, que no es un miembro derivado a su vez a partir de un elemento incognoscible. Sólo que el conocimiento del saber no se alcanza en la Doctrina de la Ciencia misma, sino sólo en una intuición inmediata, en lo que Fichte llama a veces «vida».

2) Por tanto, la Doctrina de la Ciencia remite *desde sí misma* hacia afuera de sí misma, expone necesariamente su propio carácter problemático, y apunta hacia donde esta problematicidad se supera. Pero esto sólo se desvela al final. Hasta entonces, la Doctrina de la Ciencia es un intento gratuito planteado arbitrariamente por unos individuos particulares, vale decir, por unas conciencias empíricas. Al final, cuando desde este mismo ensayo particular brota la exigencia de una validez objetiva (supraempírica, trascendental), o dicho de otro modo, cuando esta construcción problemática apunta desde sí a su fundamento, se muestra como una autoexposición del fundamento mismo. Por eso dice Fichte que la Doctrina de la Ciencia es circular, porque su fundamentación es simultánea de su culminación. En esta culminación, el saber cognoscible en la intuición inmediata y su desarrollo esquemático se penetran mutuamente, vida y concepto se sintetizan sin disolverse ninguno: en el saber existe originariamente una dualidad, o

bien, el saber es sintético. Esta dualidad o carácter sintético es recogida en expresiones tales como «autoexposición del absoluto» o «autoexposición de la conciencia trascendental».

Por ser sintético, el saber se constituye según un juego entre lo uno y lo múltiple. Con arreglo a esto, la Doctrina de la Ciencia es un camino, un proceso entre una multiplicidad de miembros que al mismo tiempo se capta como unidad y como totalidad: desde cada parte pueden reconstruirse todas las demás, y por consiguiente el conjunto entero, y viceversa. Es, en suma, un «sistema completo organizado y articulado» (*«[...] organisirte[s], u. artikulirte[s] vollständige[s[System»*, p. 2b). Este hacer surgir el todo a partir de los miembros componentes, es la llamada vía genética ?la «forma genética» (*«genetische Form»*, p. 4b)?, y el camino inverso, la deducción trascendental (en términos de 1804, las vías ascendente y descendente).

El vínculo entre lo uno y lo múltiple es, como se ha dicho, la relación entre una serie deductiva problemática y el término categórico exterior del cual ella depende. Tal vinculación sólo se logra habiendo llevado la reflexión hasta su final. Hasta entonces, la serie deductiva permanece dudosa: la reflexión queda bajo sospecha de ser mera apariencia, esquema vacío, un fantasma. Cierto que esta duda tampoco se plantea ahí donde no se reflexiona en absoluto. Quien no reflexiona, no duda: la reflexión abre la posibilidad de la duda. Sólo que en un estado natural irreflexivo la verdad queda entregada al oscuro instinto (de razón), y no alumbrada en una certeza categórica. Schelling advierte que la reflexión posibilita la sospecha de apariencia, y entonces opta por eliminar radicalmente la reflexión. La Doctrina de la Ciencia sólo supera la duda llevando la reflexión hasta su final consecuente[4].

Antes se dijo que el saber es una libre creación problemática, que encuentra su fundamentación fuera de sí misma. Esto puede decirse también: el saber es manifestación. ¿De qué? De Dios, tal como éste es en sí mismo, conservando siempre el saber un mero carácter de manifestación. De este modo, el saber se sitúa entre el ser del absoluto y el no ser. A él le corresponde el ser de la manifestación. «La palabra *es*, dicha de ella [de la manifestación], no significa sino que ella se manifiesta, y si no se manifiesta, entonces no *es*»[5]. El ser de la manifestación *qua* manifestación se fun-

---

[4] Pero entonces tiene que entrar en conflicto con el sentido común. Lo que para el sentido ordinario se da como junto, la Doctrina de la Ciencia lo separa y escinde. Este conflicto se revela ya en el uso trascendental del lenguaje: originalmente el lenguaje designa cosas, con las que se corresponden impresiones sensibles. Para hablar del conocimiento hay que hacer entonces un uso simbólico de ese mismo lenguaje.

[5] «*Das Wort ist*, von ihr [der Erscheinung] gebraucht, bedeutet durchaus nichts mehr, als *sie erscheint sich*; und erscheint sie sich nicht, so *ist* sie nicht.» (p. 8b.)

damenta en el ser del absoluto, pero esta fundamentación o conexión sólo se cumple habiendo llevado la manifestación hasta su final, y este proceso es la Doctrina de la Ciencia. Con la doctrina del ser de la manifestación –que Fichte llama igualmente ser ideal o potencia–, se salvan dos errores que brotan de la constatación de la diferencia entre la reflexión y el ser absoluto: el de asimilar, desde la instalación en el ser absoluto, la reflexión con el mero no ser (Schelling), y el de asimilar, a partir de la instalación en la reflexión, el ser absoluto con el no ser (nihilismo). Sea repetido una vez más: sólo reconociendo el ser peculiar de la manifestación –ser ideal, potencia– puede fundamentarse la reflexión.

La manifestación es lo exterior al ser absoluto. Dicho al revés, el ser absoluto mismo no es la manifestación, es oculto. La conciencia ordinaria confunde la manifestación con el ser, es decir, no capta la manifestación *como* manifestación, y desemboca en la creencia de la cosa en sí. La conciencia trascendental, en cambio, capta la manifestación *como* tal.

A partir de la esencia del ser absoluto no se sigue que éste tenga que manifestarse, pues entonces habría que introducir en él la génesis, el devenir, y además la autodeterminación para pasar del no ser (de la manifestación) al ser (de ella). No hay deducción de la manifestación a partir de la esencia de Dios. Por consiguiente, la manifestación, sólo una vez que es, puede inteligirse como tal y como necesaria: su necesidad está supeditada a su facticidad –lo que Fichte llama unificación de concepto y fáctum[6]–, por encima de la cual ella no puede elevarse. Frente a la necesidad incondicional del ser absoluto, la manifestación, sólo si es, es necesaria. He aquí la problematicidad del asunto de la Doctrina de la Ciencia.

El fáctum de la manifestación, o bien la manifestación en su facticidad, es captada en una intuición. Fichte distingue entonces entre el pensamiento absoluto, que conoce el ser absoluto –a veces habla de concepto del ser–, y la intuición, que conoce el fáctum. Ahora no se trata de una manifestación particular, que habría de ser captada mediante una intuición particular, sino de la manifestación como tal, con la cual se corresponde la intuición absoluta. La Doctrina de la Ciencia es un saber que es en parte pensamiento y en parte intuición[7]. De este modo unifica a Kant, quien niega la validez del pensamiento más allá de los fenómenos que se captan en intuiciones, y a Spinoza, quien admite la existencia de un ser absoluto en sí. La Doctrina de la Ciencia unifica idealismo y realismo. Ella es, en términos de 1804, real-idealismo e ideal-realismo.

---

[6] «Vereinigung des Faktums mit dem Begriffe», p. 8b.
[7] p. 9a.

Con el idealismo comparte el rechazo de todo ser fuera del ser absoluto. La manifestación, que es lo dado fuera del absoluto, justamente no es ser, sino sólo una segunda forma del absoluto. Con el realismo comparte la admisión de un ser fuera de toda manifestación y, por consiguiente, más allá de toda visión e intuición, que en cambio se manifiesta en la manifestación, de modo que tal diferencia entre ambos persiste (la manifestación es manifestación del ser, y no de nada: de este modo elude la Doctrina de la Ciencia el nihilismo).

La manifestación no es, pues, un segundo ser fuera del ser divino, sino una segunda forma de este ser absoluto, en la que éste se manifiesta tal como es en sí mismo interiormente. Como aquél, ella no deviene, ni hay en ella existencia propia alguna. Sólo que, para captar la manifestación como manifestación, es preciso que ésta se muestre *a sí misma* y *por sí misma* como tal, pues este *como*, o bien la génesis de este como, no puede, según el presupuesto, residir en el ser absoluto, del que queda excluido todo devenir (Fichte eleva a rango de noción filosófica la partícula «como», *als*). Por tanto, la manifestación tiene que contener en sí misma el principio (no ya de la manifestación, el cual es —en cuanto al contenido— el mismo ser absoluto, sino de la) automanifestación. Esta última proposición no es fáctica, pero se concluye a partir de un fáctum: si (*puesto que*) hemos captado la manifestación como tal (y excluido que la fuerza de exposición del como yazga en el ser absoluto), esta fuerza automanifestante *debe* entonces residir en la manifestación. Esta proposición expresa la naturaleza problemática de la Doctrina de la Ciencia.

Esta vida interior y propia de la manifestación, este ser el principio de la activación de su exposición es, ante todo, libertad. ¿De dónde esta libertad? ¿De la manifestación misma? Pero ella misma no es por sí misma, sino por el ser del absoluto. Luego entonces habrá que intentar deducir la libertad a partir del ser del absoluto (hasta ahora sólo está deducida, en sentido inverso, a partir de la facticidad de la manifestación como tal)[8].

La deducción en que consiste la Doctrina de la Ciencia es entonces una derivación de la libertad, no fácticamente a partir de la presencia de la manifestación, sino genéticamente a partir del ser del absoluto, que consiste en ser puramente mediante sí mismo (*durch sich*).

El primer paso es, pues, pensar enérgicamente el mediante sí divino. Hay dos vías:

---

[8] Esto es la problematicidad invertida: en vez de una necesidad dependiente de una hipótesis, una libertad deducida necesariamente de un término previo.

1) Representarse primero el ser divino como un objeto dado exteriormente; luego, pensar este objeto ya dado como devenido, y como devenido mediante sí mismo; y en tercer lugar, unificarlos ambos, estar dado y devenir, principiado y principio. Esto sería una síntesis post-fáctum.

2) Introducirse y disolverse en el mismo mediante sí divino, convirtiéndose en tal mediante sí, e intuyendo de un modo inmediato la vida divina. Ésta es la verdadera vía trascendental.

Partimos, pues, del concepto del absoluto, una noción establecida como premisa cuya existencia real no interesa de momento. El absoluto es, por definición, mediante sí mismo. Ahora hay que pensar este mediante. En tanto que el *mediante* significa una actividad de transición, Fichte lo identifica con la vida[9]. Si esta vida se manifiesta, se manifiesta como vida (no como muerte, que sería su opuesto). Es decir, se manifiesta como mediante, pero ya no un mediante del ser absoluto, sino un mediante de la propia manifestación. ¿Por qué? Porque la manifestación es imagen *completa* de Dios. En tanto que es completa, debe ser viviente (si fuera muerta, como a Dios le corresponde ser pura vida, entonces no sería completa). El concepto del absoluto es el de ser puramente mediante sí mismo. La manifestación debe reproducir este «mediante sí mismo», y tal reproducción es la vida de la imagen. Ahora bien, este mediante sí y vida propia de la manifestación, en tanto que los tiene por ser imagen completa de Dios, están fundamentados en el mediante sí y la vida propia originales divinos.

Pero la manifestación no se limita a «ser» (en el sentido en que este término puede tener atribuido a la manifestación), sino que (justamente porque ser para la manifestación es manifestar) se manifiesta como tal. ¿En qué se muestra este manifestarse de ella como tal? En Dios no hay devenir alguno. La manifestación, en tanto que es imagen de Dios, tampoco guarda devenir alguno: es imagen completa *de una sola vez*. Pero si en ella surgiera un devenir, una génesis, esto ya no lo sería mediante Dios, sino mediante sí misma. Así pues, respecto de Dios, o como mera imagen, la manifestación es potencia. Si esta potencia se actualiza, tal actualización ya no opera mediante Dios, sino mediante sí misma. Ésta sería la vida propia de la imagen[10].

La deducción llega sólo hasta esta *potencia*. Si ésta se actualiza o no, es constatable únicamente mediante percepción fáctica. Aquí se muestra nuevamente el carácter problemático de la Doctrina de la Ciencia.

---

[9] En la *Exhortación a la vida bienaventurada* había dicho que el absoluto, el ser y la vida son lo mismo.

[10] NB: Tal actualización, *inmediatamente* es debida al mediante sí de la imagen, pero en tanto ésta resulta por reproducción del mediante sí divino, *mediatamente* es asimismo por Dios.

Se ha deducido que, mediante el ser divino, la manifestación es potencia. Ésta es la *forma* de la manifestación. Que esta potencia se actualice o no, no depende del ser divino. ¿Pero cuál es el contenido de esta potencia? Una potencia, ¿para qué?

La potencia expresa una capacidad para hacer algo o no hacerlo. En tanto que la manifestación es mediante el ser divino, no se resuelve si la potencia se actualiza o no. La vida propia de la manifestación se pone de manifiesto mediante la actualización de la potencia, realizando algo que bien podría no haber realizado. Así pues, la vida propia de la imagen es, ante todo, un hacer algo que antes no era y que bien podría no haber sido: esto es, un puro *devenir*. La potencia es potencia para devenir.

¿Qué es lo que, actualizando la potencia, la manifestación puede engendrar? Ante todo, algo que tenga su misma naturaleza, es decir, una manifestación, una imagen: una manifestación de la manifestación, una imagen de la imagen, o un esquema del esquema. Fichte habla de esquema 1 y esquema 2.

ser interior divino –(mediante el ser divino)–>manifestación [esquema 1] –(mediante la manifestación)–>manifestación de la manifestación [esquema 2]

La libertad puede decidir realizar el esquema 2 o no realizarlo, pero el contenido material de esta realización, esto es, que sea justamente un esquema y no otra cosa, es absolutamente necesario. «El configurar es precisamente reproducción necesaria del ser de lo configurante en el configurar, y justo así se vinculan el ser y su imagen»[11].

¿Qué hay en la nueva imagen o esquema 2? De momento, podemos decir qué no hay: la manifestación o esquema 1, de igual modo a como Dios mismo no estaba en la manifestación. Por tanto, la actualización de la potencia (potencia=manifestación), ni se identifica con la potencia (=manifestación) ni con la imagen (=esquema 2), sino que daría un esquema 3.

La manifestación es vida, luego *tiene que* esquematizarse como vida. Pero no es la vida absoluta, sino manifestación de ella, luego tiene que esquematizarse como manifestando vida en una manifestación, «mostrándose como vida en un producto»[12]; y este producto, como apareciendo sólo merced a tal manifestación.

---

[11] «Das Bilden ist eben nothwendiger Abdruk des Seyns des Bildenden im Bilden, und so eben hängt das Seyn u. sein Bild schlechthin zusammen», p. 12a.

[12] «sondern als Leben sich erweisend an einem Produkte», p. 15a. Aquí se empieza a ver por qué la Doctrina de la Ciencia es ideal-realismo y real-idealismo, tal como se demostró en 1804.

En la potencia (de la manifestación para realizarse o no) yace el *principio de* la división (en tanto que potencia, no todavía una escisión efectiva), pues de ella, si se actualiza, resultan los esquemas 2 y 3.

Hay ahora que plantear la pregunta de si el absoluto se manifiesta en el esquema 2. Ante todo debe distinguirse un doble sentido del término «manifestarse», tal como anteriormente había un doble sentido del término «ser»: son respectivamente los sentidos genético y fáctico (en términos de 1804, se corresponden con las vías descendente y ascendente[13]).

a) Sentido genético o punto de vista descendente: La imagen es manifestación de la manifestación. Pero la manifestación lo es de Dios, de modo que, mediatamente, el ser de Dios se reproduce nuevamente en la imagen, si bien es una exposición en segunda potencia.

b) Sentido ascendente o punto de vista fáctico: El esquema 2 es «una imagen enteramente simple, cerrada y disuelta en sí, en la que no hay nada más que ella misma, la imagen»[14]. Ni siquiera se presenta a sí *como* imagen, es decir, como reproducción de algo otro, de un trasfondo. Ella es opaca, «imagen de nada»[15], y por tanto, a su través, el ser divino no se muestra ni siquiera mediatamente.

¿Cómo resolver esta contradicción? El ser divino se manifiesta efectivamente en el esquema 2, sólo que no lo hace explícitamente, no se manifiesta que se manifiesta, o no se manifiesta *como* tal. Así pues, el esquema 2 no es una mera repetición del esquema 1, sino un nivel verdaderamente nuevo en la serie deductiva.

La Doctrina de la Ciencia tiene que deducir el esquema 2, y no limitarse a constatarlo de un modo meramente fáctico. Toda deducción es según leyes o principios necesarios. A partir del ser divino, cabe deducir necesariamente la manifestación o esquema 1, que, nuevamente, cabe pensar necesariamente como potencia absoluta. Como tal potencia absoluta, puede *indistintamente* actuar o no. La actuación de la potencia es el engendramiento del esquema 2. Pero no es necesario que la potencia se actualice. Si lo hace, es por entera libertad. Sólo cabe, una vez que ha actuado depositando el esquema 2, *constatar fácticamente* que lo ha hecho, a saber, libremente. Pero entonces, ¿cómo deducir el esquema 2? ¿Cómo deducir el producto de una acción libre?

---

[13] En el sentido de que la vía ascendente procede eliminando lo fáctico, y la descendente, recuperándolo en tanto que da cuenta de su génesis.

[14] «Es ist dies ein ganz einfaches, in sich gerundetes, u. aufgehendes Bild, in dem gar nichts ist, denn es selbst, das Bild», p. 16b.

[15] «es ist in sich eben Bild von *Nichts*», *ibid.*

b) El debe como expresión de la problematicidad específica de la Doctrina de la Ciencia frente a toda otra ciencia

Para desenredar este nudo hay que distinguir aquí un doble sentido de la necesidad: el tener-que y el deber. El deber, en efecto, no es incompatible con la libertad. Para designar este imperativo cuyo cumplimiento efectivo queda sujeto a mi albedrío, Fichte emplea la forma substantivada de la tercera persona del singular: *das soll*, «el debe»[16]. El debe es síntesis de necesidad y de libertad, de ser y de manifestación: «El debe es la forma del ser que traspasa la libertad y se unifica con ella»[17]: con él se corresponde la *Bestimmung*[18].

El punto de partida para un desarrollo de la deducción no puede ser ni que el absoluto *tiene que* manifestarse en el esquema 2, ni *que* el absoluto se manifiesta *de hecho* en el esquema 2, sino que *debe* manifestarse ahí.

Como se señaló al comienzo, la Doctrina de la Ciencia tiene un límite, un resto de problematicidad que nunca es capaz de suprimir por entero. Lo único que puede hacer es ir desplazando esta problematicidad a niveles cada vez más inferiores de la deducción. El *debe* es él mismo expresión problemática; más aún, es la expresión problemática, *la* expresión de la problematicidad. ¿Cómo eliminar entonces lo problemático en él?

Hemos llegado ahora al meollo de la Doctrina de la Ciencia en general y, en particular, en su edición de 1811. La problematicidad no puede suprimirse por entero del debe, pues el debe es la expresión misma de la problematicidad. Lo único que cabe hacer es irla desplazando hacia abajo. ¿Cómo se desplaza la problematicidad? Extrayendo todas las consecuencias que se obtienen *necesariamente* a partir de tal debe. Si posteriormen-

---

[16] Como ha señalado Reinhard Lauth en la introducción que presenta este volumen, Fichte llevó a cabo una revisión del idioma alemán en orden a una mejor exposición de su filosofía, en parte por motivos lógicos, según lo que su filosofía representa de ruptura, pero en parte también por motivos didácticos, para desacostumbrar al alumno de modelos prefijados de pensamiento encajados en las estructuras lingüísticas ordinarias (algo similar a lo que pretendía Descartes consigo mismo al imponerse ciertas normas de vida extravagantes). Sin embargo tampoco hay que exagerar la singularidad de la expresión fichteana: en alemán se emplea con frecuencia el equivalente del verbo *müssen* para designar una necesidad incontestable: *das ist ein Muß*.

[17] «Das soll ist die Form des Seyns, die Freiheit durchdringend, und mit ihr vereinigt?», p. 16b.

[18] Una problematicidad es desde Kant la síntesis de una hipótesis con una necesidad. Esto se expresa con la fórmula: «si..., entonces debe». El idioma alemán, tal como brindara a Hegel el verbo *aufheben*, así ha asistido a Fichte entregándole la característica construcción, no permitida en otra lengua, del condicional con el verbo «deber», *sollen*, en su empleo en subjuntivo: «*sollte..., dann muß...*». Es lo que cabe llamar el uso teórico del deber con valor problemático. Su uso práctico, en oposición a la necesidad incontestable del «tener que», *müssen*, es el de un llamamiento, *Bestimmung*, cuyo cumplimiento depende de mi libre aceptación. En *La esencia del sabio*, Fichte habla igualmente de *Beruf*, en el sentido de «llamamiento».

te estas consecuencias se constatan en una percepción fáctica, entonces el debe se eleva a categoricidad. Efectivamente, la problematicidad no se ha eliminado en absoluto, pero se ha transferido a un miembro inferior, la percepción fáctica, y por tanto se ha retirado del debe.

En términos de lógica formal, se formularía de este modo:

Hasta ahora teníamos:

$$\begin{array}{l}\left[\begin{array}{l}a \\ \left[\begin{array}{l}(a{\rightarrow}b) \\ b\end{array}\right. \\ [(a{\rightarrow}b){\rightarrow}b)]\end{array}\right. \\ (a{\rightarrow}[(a{\rightarrow}b){\rightarrow}b)]\end{array}$$

Soll, puesto por hipótesis
Soll..., dann muß. Deducción del Muß, según leyes, a partir del Soll

Ahora tenemos:

$$\begin{array}{l}\left[\begin{array}{l}b \\ \left[\begin{array}{l}a \\ b+a \\ b\end{array}\right. \\ a{\rightarrow}b\end{array}\right. \\ [b{\rightarrow}(a{\rightarrow}b)]\end{array}$$

Muß, pero no deducido del Soll, sino intuido fácticamente

Pero esta fórmula es siempre verdadera

Y además:

$$\begin{array}{l}\left[\begin{array}{l}b \\ \left[\begin{array}{l}(a{\rightarrow}b) \\ [(a{\rightarrow}b)+b] \\ b\end{array}\right. \\ [(a{\rightarrow}b){\rightarrow}b]\end{array}\right. \\ (b{\rightarrow}[(a{\rightarrow}b){\rightarrow}b)]\end{array}$$

Muß, pero no deducido del Soll, sino intuido fácticamente

Esta fórmula es también siempre verdadera

En resumen: toda ciencia es problemática respecto de su objeto, y la expresión formal de toda problematicidad es (→b). En la segunda deducción no se ha eliminado absolutamente toda hipótesis, pero se ha sustituido el elemento hipotético a por b. La problematicidad, por consiguiente, no se ha eliminado, pero se ha desplazado a un miembro inferior. Éste es, en general, el modo de proceder de la Doctrina de la Ciencia. No elimina nunca en absoluto la problematicidad, pues entonces dejaría de ser ciencia, pero la va desplazando progresivamente hacia abajo, hasta una intuición fáctica o, simplemente, un *fáctum*. Es decir, desplaza la hipótesis desde el concepto hasta la facticidad, desde el pensamiento hasta la experiencia, desde la intuición intelectual o intelección, *Einsicht*, hasta la intuición sensible, *Anschauung*.

La potencia, según la hemos descrito, puede manifestarse libremente a sí misma y por sí misma, en virtud de una autorrealización que, justo porque depende sólo de sí misma, se ha llamado absoluta. Pero en este esquema 2, el absoluto no se manifiesta como tal. Si debe manifestarse como tal en él, hay que describir más estrechamente la potencia.

c) Deducción de la quintuplicidad desde la problematicidad

El debe hay que pensarlo como introduciendo y exigiendo el *como*. En el esquema 2, el absoluto se manifiesta, pero no *como* tal. Para que fuera así, el esquema tendría que manifestarse como esquema, y esto exige, a su vez, que se manifieste su oposición con lo no-esquemático como no-esquemático. Ahora bien, puesto que toda esta oposición esquema/no-esquema resulta de la autorrealización de la potencia, y ella misma es esquema (1), ella no puede introducir un ser no esquemático. Esto no-esquemático que se muestra como oponiéndose al esquema 2 tiene por tanto que ser algo esquemático, pero que se manifieste como ser, frente a lo esquemático que se manifiesta como esquema (esquema 2). Ambos son por tanto no simples, sino dobles, y aquí aparece ya la quintuplicidad.

Mediante la autorrealización, la libertad proyecta el esquema 2, el cual, en el mismo acto de la autorrealización, se presenta simultáneamente *como* esquema. Pero sólo puede manifestarse como esquema en oposición a un ser (no el ser en sí, que no se manifiesta en absoluto, sino un esquema que se considera no como tal, sino como ser). La pregunta es pues: ¿se requiere de un nuevo acto específico para la proyección de este segundo esquema y para su consideración como ser? Se requiere de un acto específico, pero éste no es un segundo acto que se añada al primer acto de la realización, sino que ambos actos son uno mismo, a saber, sintético. Por tanto, el ser (fáctico) no se hace mediante libertad, sino que se hace a sí mismo dentro de la libertad. Junto con la proyección del esquema como tal y del ser como tal, la relación de oposición entre ambos no se realiza en un tercer acto específico, sino en el mismo acto sintético. La condición de que el esquema se manifieste como tal es que, previamente, la potencia se manifiesta como tal, pues la potencia, según su propia esencia, es de carácter esquemático y no puede sino esquematizar.

La manifestación se hace, pues, a sí misma. Hay que distinguir aquí dos sentidos de este «misma»:

1) Se hace a sí misma libremente, en el sentido de que la potencia se resuelve a autorrealizarse del mismo modo que podría resolverse a no hacerlo.

2) Una vez que se resuelve libremente a autorrealizarse, no puede autorrealizarse sino como lo que ella es: oposición de ser y esquema. En este segundo sentido, «misma» apunta al contenido formal de la manifestación, a *lo que* ella, *formalmente*, es.

La autorrealización de la manifestación, el hecho de que ella se realice o no, es libre. Pero una vez que se resuelve a realizarse, cae bajo el dominio de la ley, es decir, una vez que se realiza, sólo puede realizarse como tal oposición entre esquema y ser, y de ningún otro modo.

d) Conclusión

El hombre no hace la verdad, sino que la verdad se hace a sí misma en el hombre. El hombre sólo puede resolverse libremente al hecho de que la verdad se realice o no, pero una vez resuelto a ello, la verdad se hace a sí misma según sus propias leyes. Es decir, la verdad está condicionada en su fáctum por la libertad, pero no determinada en su esencia por ella. La libertad condiciona la realización efectiva y fáctica de la verdad, pero no la determina en lo que ésta es. Por eso, no en todos los individuos la verdad se hace a sí misma, y no todos los individuos son filósofos.

BIBLIOGRAFÍA Y PERSPECTIVAS

Incluso Reinhard Lauth, a buen seguro el defensor más enconado de la unicidad del pensamiento fichteano en sus diversas etapas, en la presentación que introduce este volumen ha llamado la atención sobre el hecho de que a lo largo de la obra del filósofo se aprecia una porfía ininterrumpida con el lenguaje, en parte para liberarse de los prejuicios lógicos encerrados en el lenguaje vulgar, y en parte para perfilar la expresión de los propios contenidos. Dejando abierta la cuestión acerca de la continuidad o discontinuidad del pensamiento de Fichte, no se puede obviar cuando menos un cambio de terminología, que se verifica en 1804 y que viene precedido de cuatro años de silencio editorial. En términos generales, el primer período viene a ofrecer una teoría de la acción, con sus consecuencias respectivas para la Doctrina de la Ciencia y para sus disciplinas particulares (doctrina de la naturaleza, del derecho, de la moralidad y de la historia), y el segundo período, una teoría de la imagen, también con sus correspondientes consecuencias para dichas doctrinas. Dentro de la segunda etapa, se puede precisar además lo que aquí se ha llamado «período tardío», que nace en esta Doctrina de 1811 y muere, con el filósofo, en 1814. Pues bien, un vistazo a la producción académica española sobre Fichte ofrece el resultado de que la investigación se ha centrado de modo predominante en el primer Fichte, de modo muy limitado en el segundo, y de modo apenas constatable en el Fichte tardío.

Un espectro lo suficientemente amplio de los diversos temas de la filosofía fichteana en su primera etapa y también en diálogo con espíritus contemporáneos la ofrecen las actas de sendos congresos celebrados en 1994 y 1995 en Madrid: *El inicio del idealismo alemán,* coordinado por Oswaldo Market y Jacinto Rivera de Rosales y publicado conjuntamente por la Editorial Complutense y la Universidad Nacional de Educación a Distancia, y *Fichte 200 años después*, editado por la profesora Virginia López-Domínguez y publicado por la Editorial Complutense. Ambos volúmenes aparecieron en 1996.

Un estudio bastante riguroso de la Doctrina de la Ciencia de 1804 es el del malogrado José Manzana Martínez de Marañón, cordial amigo de Gliwitzky y fiel discípulo de Lauth: «El ascenso y la "determinación" del Absoluto-Dios, según Johann Gottlieb Fichte en la primera parte de la exposición de la Teoría de la Ciencia de 1804», aparecido en Scriptorium Victoriense, 1962 (9).

Del mismo autor es el artículo sobre la filosofía tardía de Fichte «El Absoluto y su "apariencia" absoluta según la Doctrina del saber de Johann Gottlieb Fichte del año 1812», Scriptorium Victoriense, 1964 (11), pp. 241-280.

Sin embargo, y sin perjuicio de su rigor, ambos estudios de Manzana quedan excesivamente ceñidos a los respectivos textos fichteanos, y acaso algunas de sus propuestas de traducción podrían ser revisadas.

También sobre el segundo período de Fichte es pertinente el artículo de Urbano Ferrer Santos «Notas sobre la deducción trascendental en Fichte», Studium, 1983 (23), pp. 393-402.

Acerca de la relación entre los períodos primero y segundo de Fichte, una lectura evolutiva la ofrece el ya clásico tratado de Heimsoeth sobre *Fichte*, en traducción de Manuel García Morente, publicado en Madrid, Revista de Occidente, 1931. Una lectura unitaria y sistemática es la de Lauth en *La filosofía de Fichte y su significación para nuestro tiempo*, Méjico, UNAM, 1969, que en realidad es una traducción de dos capítulos de su *Zur Idee der Transzendentalphilosophie*, Múnich y Salzburgo, Anton Pustet, 1965. Y una lectura paralela es la de Juan Cruz, quien también trabajó con Lauth, en *Conciencia y Absoluto. Un problema del idealismo alemán*, Navarra, Cuadernos del Anuario Filosófico (12), 1994.

Que los volúmenes de las actas de los citados congresos madrileños estén centrados en el primer período de Fichte obedece desde luego a que éstos se celebraron con motivo del bicentenario de la publicación de la Doctrina de 1794. Sin embargo, no parece que el ducentésimo jubileo de 1804 se preste en igual medida a una festividad intelectual semejante, y no sólo porque en el mismo año de 1794 aparecieran además otras obras que hubieron de ser decisivas para la constitución del idealismo alemán: al margen de esto, creo que hay motivos propios por los que el período tardío de Fichte no ha despertado en España el mismo interés académico. Los textos filosóficos de Fichte, y en especial las ediciones de la Doctrina de la Ciencia, ofrecen de modo eminente esa adecuación recíproca entre el contenido y la forma en que se suele cifrar el valor literario, y esto, en Fichte, concretamente con arreglo a la misma naturaleza del pensamiento trascendental. Reinhard Lauth ha comparado el discurso fichteano con las pinceladas de los grandes maestros de la pintura: el trazo del pincel no es ajeno al motivo pictórico. En términos de Lauth se trata de un ajuste estricto entre constitución y deducción. No se deduce ni más ni menos que las determinaciones encerradas en el término postulado. No permanecen elementos indeducidos ni tampoco la conclusión excede el postulado: la expresión queda enteramente supeditada a las reglas lógicas de la deducción (se entiende que aquí se trata de una lógica trascendental, y no formal). En términos de Fichte, la Doctrina de la Ciencia es circular. La prosa de Fichte está sin duda bastante distanciada de la del llamado ensayo filosófico, esa versión contemporánea de lo que Parménides llamó "doxa", pero en esta misma medida sus textos están privados de toda «capacidad de sugerencia». En su obra sobre la filosofía natural de Fichte, Lauth ha calificado el discurso de Schelling y de Hegel, acaso de modo en exceso desdeñoso, como «fogosas especulaciones». Es cierto que el hondo contenido estrictamente especulativo de estos dos últimos filósofos no se agota en un estilo que es capaz de resultar en ocasiones altamente sugerente e incitante, pero no menos cierto es también que la brillantez del lenguaje, a la cual la Doctrina de la Ciencia ha renunciado con entera conciencia, propicia un primer acercamiento a tales obras. Los textos de Fichte, como esta Doctrina de la Ciencia de 1811, no invitan por sí mismos a su lectura y exigen ser abordados con un interés ya previo.

Ello no obstante, no es justo privar a la filosofía del último Fichte de toda relevancia en el mundo académico actual. Anteriormente se ha señalado que una tarea para una investigación que quiera ocuparse de la constitución interna del período tardío de Fichte es reexponer la deducción trascendental de las determinaciones de la automanifestación de la manifestación. Pero desde aquí se abre a su vez una vía añadida para tratar a Fichte no ya internamente, sino en diálogo con corrientes de pensamiento actuales, a saber: dejando de lado la deducción, esto es, el propósito de sistematicidad, e introduciéndose en el contenido, en la misma manifestación, captada en una «intuición». Si hace veinte años Fichte pudo ser pertinente en virtud de su teoría de la acción, hoy puede serlo en virtud de su, dicho en términos contemporáneos, teoría de la imagen. Pues no otra cosa que una lúcida y profunda teoría de la imagen viene a ser, en último término, esta Doctrina de la Ciencia de 1811.

ÍNDICE DE CONCEPTOS

absoluto 12, 21, 33, 76, 77, 80, 81, 87, 89, 91-95, 100, 102, 106-110, 124, 126, 140, 144, 146, 148, 150, 226, 229-240, 243
abstracción (abstraer) 47, 75, 80, 81, 112, 114, 171, 189, 190, 209, 218, 228, 230
accidente 36, 127, 182, 184, 211, 218, 183
acción 10, 16, 42, 50, 66, 145, 150, 164, 173, 174, 177, 197, 237, 242, 244
actividad 97, 120, 145, 163, 164, 211, 235
acto 27, 67, 77, 86, 94, 95, 113-116, 118, 126, 127, 142, 144-147, 151, 156, 164, 167, 174, 178, 193, 204-206, 228, 240
actualizar 94, 116, 126, 168, 172, 216
actuar 14, 157, 194, 212, 220, 221, 237
agotar (-se) 24, 54, 71, 93, 106, 109, 119, 139, 145, 149, 151, 154, 156, 160, 162, 199, 200, 206, 217, 244

amor 19, 85, 181
análisis (analizar, analítico) 10, 40, 63, 98, 37, 71, 129, 154, 165, 177,
apariencia 31, 61, 76, 103, 202, 212, 229, 229, 232, 243
a posteriori 117, 198
a priori 21, 26, 38, 39, 54, 65, 112, 113, 117, 124, 162, 179, 190, 227
ascender (ascendente) 226, 232, 237
atención 25, 91, 103, 133, 145, 162, 181, 220
autoconciencia 37, 171, 176
autointuición 103, 181, 201, 205
automanifestación 34, 35, 50, 79, 80, 81, 88, 91, 93, 163, 226, 234, 244
autoverse (-visión, -visibilidad) 129, 132, 181, 182, 205, 206

cambio 18, 49, 77, 78, 96, 204, 217, 219, 242
categoría 184, 225, 227
categórico 60, 108, 136, 232

causa (-lidad) 73, 116, 154, 156, 160, 162, 164, 169-176, 184, 187, 190-192, 202, 203, 211
causación recíproca 65, 126, 134, 156, 181, 184, 202, 216
captación 223, 232-234, 244
carácter 33, 43, 103, 110, 111, 115, 118, 120-121, 128, 135, 144, 159, 162, 165, 179, 226, 231, 232, 235, 240
característica 117
certeza 20, 22, 50, 89, 141, 232
ciencia 14, 18, 38, 40, 42
círculo 35, 57-59, 64, 67, 71, 84, 88-89, 96, 113, 119, 125, 147, 167, 172, 215, 226
claridad 12, 22, 23, 31, 32, 35-36, 48, 65, 76, 79, 87-103, 114-115, 124, 135-136, 140, 145, 148, 156, 164, 180, 210
comienzo 21, 22, 37, 40, 58, 122, 125, 163, 157, 181, 212, 226-228
como (*als*) 107, 110, 112, 114, 116-119, 121, 125,

126, 133, 134, 138, 140-142, 164, 166, 169-171, 173, 184, 186, 191, 193, 217, 234, 243
composición 63, 65, 138, 155, 175, 176
comunicación 17, 18
comunidad 16, 216
concebir (-se) 10, 32, 55, 58, 67, 103, 126, 136, 146, 170, 210, 222
concepción 10, 11, 26, 29, 31, 37, 133
concepto 10,12, 13, 18, 20, 23, 26, 31, 32, 37, 39, 40, 44, 53-56, 59, 60, 65, 72, 74-78, 81-83, 86-95, 101, 103, 107, 112-115, 120, 125, 139, 154-155, 159, 167, 185, 192, 211, 212, 214, 218, 220, 230-235, 240, 231, 233
(in-) conceptuabilidad 58, 222
conciencia 10, 13, 15, 21, 23-30, 35, 48, 58, 62-67, 80, 108, 113, 114, 118, 132-149, 155, 158-171, 176, 179,184, 211, 231-233, 244
conclusión 54, 58, 103, 119, 120, 122, 152, 210, 141, 244
condición 35, 56, 65, 118, 121, 125, 132, 134, 144, 146-148, 151, 152, 156, 159, 162, 170, 172, 177, 178, 189, 193, 196-199, 202, 206, 208, 221, 240
configuración 11, 30, 41, 44, 54, 99, 201, 205
conocer 10, 29, 75, 80, 87, 91, 116, 118, 131, 151, 163, 165, 186, 190
conocimiento 10, 12-20, 24, 26, 28, 29, 31, 39-43, 50, 53, 60, 65, 70, 80, 94, 103, 113, 170, 207, 231

consecuencia 22, 25, 36, 40, 48, 54, 56, 57, 67, 72, 86, 106, 111, 158, 171, 193, 206, 227, 238, 239, 242
constitución 21, 39, 112, 113, 118, 225, 243, 244
construcción 26, 35, 36, 54, 64-65, 194, 231
contemplación 37, 42, 80, 101, 103, 166, 167, 174, 176, 178, 182, 199, 203, 206, 209, 215, 229
contenido 11, 24, 36, 37, 38, 41, 54-56, 61-64, 78-79, 96, 98, 104, 117, 137, 134-135, 139-142, 146, 180, 153, 157-165, 172-176, 178, 181-182, 186, 194, 198, 204-207, 210, 213, 215, 217-219, 226, 227, 234, 236, 241-244
contingente 176, 184, 194, 212
contradicción 20, 21, 76-78, 84-85, 93, 106, 108, 109, 120, 151, 152, 161, 200, 204, 237
cosa 16, 24, 30, 63, 61, 68, 114, 199, 203, 222, 233
crítica 60, 62

debe (*soll*) 108, 110, 118, 121, 126, 133, 142, 148, 150-176, 190, 193, 196, 200-202, 204-206, 210-222, 238-240
deber 68, 215, 238
deducción 11, 13, 21-25, 32-37, 40, 47, 48, 50, 54-57, 64, 70, 84, 86-91, 95, 99, 102-110, 113, 119, 122, 126, 135, 136, 138, 148, 155, 161-163, 169, 171, 176, 181, 192, 196, 197, 225-240, 244
definición 15, 71, 235
demoníaco 80, 143
demostración 10, 22, 26,

33, 38, 40, 49, 57, 58, 67, 70, 72, 78, 88, 89, 112, 118, 122, 141, 169-171, 177, 197, 220
derecho 9, 11, 13, 33, 38, 40-42, 45, 49, 242
desarrollo 10, 12, 16, 20, 25, 27, 28, 33, 37, 41, 48, 185, 205, 225, 227, 230, 231, 238
descender (descenso) 12, 15, 22, 30, 34, 37, 163, 226, 232, 237, 238
determinación (determinar) 58, 62, 72, 78, 81, 85, 89, 89, 92, 102, 110-114, 117, 121, 126, 130-132, 135, 138, 144, 147-151, 154, 156, 158-163, 168, 174, 176, 179, 180, 184, 188, 190-193, 198, 199, 204, 206, 211, 219, 220, 225, 233
devenir 29, 74, 77-80, 87, 92-98, 152, 153, 186, 193, 204, 208, 215, 233-237
dialéctica 72
diferencia 12, 16, 20, 21, 34, 49, 63, 70, 85, 103, 106, 107, 115, 131, 140, 166, 169, 173, 174, 228, 233, 234
Dios 14, 19, 40, 66, 67, 73, 76, 79-87, 89, 92-101, 105, 106, 109-116, 121, 126-131, 164, 140, 142-144, 147-157, 161-170, 181, 185-188, 191, 193, 195, 206, 211-223, 226, 229, 230, 232, 233, 235-237
disolución (disolver, -se) 120, 122, 135, 139, 147, 148, 165, 231, 235
disyunción 43, 71, 117, 138, 141, 143, 150, 151, 155, 156, 160, 163, 164, 199, 200, 204-206, 210, 212, 218

división 12, 71, 87-99, 102, 105, 117, 121, 135, 138, 155, 178-182, 187, 189, 237
doctrina 9, 11, 12, 33, 38, 40, 42, 45, 53, 56, 233, 243
dogmatismo 29, 32, 39
duplicidad 78, 111, 128, 131, 151, 182, 186, 193

educación 13, 16, 19, 43
efectividad 95, 126, 219
efecto 22, 23, 160
elemento 36, 67, 105, 116, 127, 136, 155, 167, 196, 198
empiría 32, 38, 39, 227
empleo 18, 31, 48, 63, 194, 223
en sí 30-32, 66-68, 70, 78, 230, 240
entendimiento 15, 18, 24, 30, 32, 36, 37, 39, 107, 140
entrega (entregarse) 22, 62, 120, 125, 133, 137, 139, 142, 144, 172-176, 181, 185, 186, 190, 192, 194-202, 219-223, 232
es (*Ist*) 66, 67, 96, 113, 118, 120, 130, 139, 174, 201
esencia 9-11, 14-18, 26, 38, 54, 58, 63-66, 70, 74, 750 81, 93, 95, 98, 104, 112, 113, 124, 144, 147, 148, 154, 159-163, 174, 181, 188, 194, 197, 217-219, 227-230, 233, 234, 240, 241
especial 53
especulación 38, 49
espíritu 30, 31, 50, 76, 100, 113, 242
esquema 17, 22, 34, 35, 37, 65-69, 75, 78, 97-200, 203, 206, 207, 209, 211, 214-224, 228-232, 236, 241

estado 11, 44
eternidad 98, 103, 113, 190, 221
evidencia 20, 55, 56, 74, 75, 82, 88, 95, 99, 115, 116, 117, 140, 214
existencia 10, 32, 39, 54, 56, 62, 65, 75, 87, 115, 134, 152, 172, 227, 228, 231, 233-236
existir 230
experiencia 24, 50, 62, 190, 227-230, 240

facticidad 26, 88, 118, 140, 145-151, 155-157, 161, 162, 170-172, 181, 183, 196, 202, 212, 216, 217-220, 226-230, 233, 234, 240
fáctum 21, 22, 25, 33, 40, 65, 66, 58, 60, 65, 67, 71, 72, 74, 75, 80-91, 95, 98, 100, 102, 107, 108, 113, 117, 131-135, 145-161, 169, 171-174, 177, 178, 180-186, 190-196, 200-203, 206, 209-214, 218, 219, 224, 233-235, 241, 250,
figura 42, 59, 92, 162, 170, 181, 190
filosofía 9-13, 17-23, 27-31, 38, 39, 41-45, 49, 69, 70, 74, 76, 78, 79, 81, 84, 123, 124, 135,190, 191, 225-230, 242-244
fin 14, 16, 17, 19, 22-26, 31, 32, 42-44, 70, 79, 151, 211, 212, 220
final 29, 31, 35, 48, 57, 60, 65, 74-78, 83-85, 92, 93, 125, 148, 152, 155, 158, 164, 165
flecha 226
forma 24, 33, 5, 57, 58, 60, 61, 63, 65, 74, 76, 78, 80, 87-90, 92, 94, 96, 97-99, 103, 105, 11112, 114-116, 119, 122, 127, 129, 130, 140, 142, 144, 146, 152, 157, 158, 160, 164, 166, 169, 17171, 175, 176, 179, 181, 182, 184, 186, 187, 189, 192-194
formal 10, 13, 21, 27, 30, 33, 43, 57, 63, 83, 84, 87, 88, 95, 118, 127, 131, 139, 144, 147, 148, 157, 160, 161, 163-165, 173, 177, 192, 194, 197, 202, 127, 139, 241, 244
formación 10, 13, 15-17, 24, 35
función 14, 15, 31, 49, 119, 226
fundamentación 13, 47, 66, 72, 230-233
fundamentar (-se) 72, 74, 78, 151, 223, 233, 235,
fundamento 10, 14, 21, 22, 24-29, 33, 39, 41, 55, 65, 72, 73, 89, 91, 95, 98, 101, 112-114, 118, 123, 131, 135, 138, 141, 149-151, 156, 159, 160, 165, 171, 176, 182-187, 193, 202, 205, 206, 212, 217, 219, 222, 226, 231
fusión 135

generación 104, 116, 147
género 48

hecho 10, 13-15, 21-35, 48, 63
hipótesis (hipotético) 22, 26, 55, 102, 160, 161, 163, 226, 239, 260
hombre 10, 12-15, 19, 20, 27, 43, 63, 68, 70, 104, 117, 124, 151, 220, 221, 241

idealismo 29, 49, 50, 84, 177, 203, 227, 234
identidad 70-73, 129, 164, 181
idioma 18, 48
imagen 23, 30, 32, 36, 40, 42, 47, 63, 66, 67, 70, 75, 78, 83, 92, 93, 97-230, 235-244
imposibilidad 145, 156, 177, 180
imposible 43, 76, 77, 80, 84, 122, 158, 159, 177, 198, 220
indiferencia 70-72, 179
individuo 59-61, 208-211, 216, 217, 219-221, 231, 241
inducción 22, 26, 38, 102, 112
infinito 40, 57, 62, 103, 136, 153-158, 161, 170-172, 175, 178-180, 183, 189, 190, 193, 194, 196-200, 193, 194, 196-200, 208, 215, 216, 219, 221
intelección 14-16, 20, 22, 25, 30, 33, 35-37, 43, 50, 53-55, 70, 80, 82, 97, 109, 115, 127, 134, 139, 146, 150, 164, 168, 208
inteligir 35, 39, 56, 65, 81, 162, 164, 179, 194, 202, 210, 218, 223, 233
intuición 17, 23, 32, 34, 36, 54-67, 70, 72, 93-85, 91, 92, 103, 104, 110, 112-116, 120-129, 146, 147, 151-157, 168, 178, 181-183, 187, 189, 194-215, 220-226, 231-234, 240, 244

lección 9, 15, 17, 21, 31, 32, 35, 37, 64, 123, 167, 200
lenguaje 17, 18, 63, 64, 78, 242, 244

ley 20, 24-27, 32, 35-38, 41, 54-231, 237, 239, 241
libertad 15, 19, 20, 26, 27, 58-62, 66, 67, 80, 91-98, 107-222, 228, 234, 236-238, 240, 241
límite 38, 63, 68, 94, 149, 171, 179, 190, 192, 194, 196, 198, 202, 209, 227, 238
limitación 74, 148, 180, 181, 188-198, 205-208, 215
línea 25, 176
lógica 10-15, 18, 21, 27-32, 36, 38, 39, 45-50, 56, 139, 225, 226, 237, 244
luz 17, 29, 35, 36, 60, 64, 77, 108, 113, 134, 135, 144, 151, 152, 177, 178, 210, 215, 218

manifestación 12, 13, 21, 22, 24, 33, 35, 50, 65, 66, 78-223, 226-241, 244
materia 176, 178, 189, 194, 210, 215
mediante 92-94, 101, 119, 122, 176, 235
medio 20-22, 31, 42, 107, 119, 149, 172, 224
metafísica 11, 12, 28, 29, 38
método 35, 64, 105
miembro 35, 43, 63, 64, 91, 108, 115, 120, 123, 129, 138, 148, 151, 155, 156, 158, 164, 183, 184, 196, 201, 207, 218, 226, 231, 232, 239
modificación 17, 18, 26, 29, 74, 87, 95, 96, 151, 155, 187, 195
moral 10, 11, 13-15, 66, 36-44, 50, 15, 216-221, 230, 242
movimiento 39, 55, 229
multiplicidad 22, 33, 35,

63, 64, 65, 85, 99, 102, 103, 119-125, 129, 132, 131, 154, 160, 163, 165, 172, 173, 176, 178, 182-189, 199, 206-209, 232

nada 39, 53, 71, 89, 131, 122, 149, 175
naturaleza 11, 13, 17, 33, 38, 39, 40, 42, 44, 50, 58, 61, 69, 159, 173, 190, 204, 212, 213, 220, 222, 226, 230, 234, 236, 242, 243
necesario 35, 37, 41, 58, 59, 61, 70, 75, 91, 96, 126
necesidad 54, 56, 81, 82, 95, 98, 107, 130, 139, 164, 170, 225, 233, 238
negación 154, 227, 228, 229
nihilismo 84, 80, 87, 202, 229, 233, 234
nosotros 39, 40, 55, 58, 74, 75, 85, 87, 101, 104, 106, 107, 114, 118, 127, 134, 149, 151, 181, 223, 229

objeto 10, 17, 21, 24, 26, 35, 136, 165, 167, 174, 179-183, 188-193, 199-214, 222, 235
objetivo 14, 25, 29, 57, 58, 30, 67, 70, 71, 93, 144, 165-167, 176, 179-183, 189, 197-199, 211, 217, 231
observación 23-27, 38, 43, 54, 124, 205, 206, 217
ojo 9, 30, 31, 61, 63, 67, 80, 105, 107, 116, 124, 129, 131, 155, 157, 215, 218
orden 16, 24, 27, 149, 163, 176, 207, 216
organización 59

palabra 62-63, 66, 78, 79, 80, 83-87, 106-108, 115,

119, 123, 146, 204, 210, 232
parte 9-30, 33, 35-40, 43, 49, 50, 58, 59, 63-66, 70, 76, 83, 104, 119-123, 127, 131, 133-135, 167, 174-180, 184, 194, 205-209
particular 11, 13-20, 24, 25, 50, 49, 54, 78, 83, 86, 121, 124, 166, 168, 210, 219, 227, 228, 231, 233, 238, 242
penetrar 14, 130, 136, 157, 227, 230
pensamiento 10, 18-22, 28, 30-36, 41, 49, 54, 69, 74-79, 82-85, 89-95, 103, 104, 11113-117, 122-124, 127, 128, 131, 139, 148, 161, 177, 201, 203, 217, 223, 225-227, 231, 233, 240, 242-244
pensar 16, 19-23, 26, 30, 53, 56-62, 69, 73, 75, 78, 84, 89, 107, 112, 115, 119, 122, 127, 146, 153, 156, 161, 185, 234, 235, 237, 240
percepción 24, 27, 47, 54, 62, 75, 82, 84, 85, 95, 105, 108, 145, 235, 239
percibir 145
pluralidad 25, 102, 133, 156, 180
poner 21, 37, 43, 55, 71, 78, 101, 107, 117, 119, 193
posibilidad 21, 35, 40, 43, 57, 82, 64, 89, 95, 99, 101, 122-127, 141, 144-147, 150, 151, 155, 156, 171, 173, 180, 185, 188, 193, 197, 204, 213, 217, 232
posible 15, 19, 20, 25, 27, 30, 36, 39, 43, 48, 53, 56-58, 70, 76, 77, 81, 87, 91, 101, 107, 108, 113-115,

119-126, 129, 132, 140-154, 161-169, 173-177, 184-202, 206, 209, 220
posición 32, 117, 177, 209, 222
postulado 15, 221, 224-226, 244
potencia 66-222, 230, 233-241
praxis 16, 18
premisa 32, 54, 56, 63, 225, 226, 235
principiado 92, 116, 119, 120, 184, 203, 123, 235
principio 57, 92, 99, 102, 105, 107, 116, 119, 120, 121, 122, 135, 138
problematicidad 54-56, 59, 60, 62, 82, 95, 108, 139, 224-241
propiedad 55, 81, 152, 231
puede (*Kann*) 150-155, 161, 215, 219
punto 10, 17, 18, 22, 24, 25, 27, 30, 33, 36, 37, 40, 43, 71, 72, 86-88, 82, 84, 103, 105, 108, 119, 129, 130, 133, 135, 145, 149, 150, 154, 160, 172, 173, 176-178, 181, 185, 195, 200, 207

oposición 10 ,31, 37, 53, 59, 65, 74, 78, 87, 93, 94, 101, 106, 115-120, 129, 131, 135, 140, 145, 148, 152, 154, 171, 176, 184, 199, 200, 210, 241
opuesto 78, 92, 106, 119, 123, 139, 145, 176, 190, 192, 194, 196, 200, 235
origen 97, 178, 203

que (*daß*) 87, 173
qué (*Was*) 172, 198
querer 14, 36, 39, 220, 222
quintuplicidad (quíntuple) 11, 71, 103, 111, 117,

118, 121-122, 138, 156, 160, 163, 164, 168, 183, 199, 240

razón 13, 40, 43, 49, 60, 70-72, 112, 122, 127, 129, 227, 232
realidad 11, 14, 16, 20, 29, 43, 55-61, 63, 66, 67, 69, 74, 85, 88, 92, 127, 149, 150, 155, 159, 168, 177, 181, 198, 200, 204, 205, 211, 213, 217, 220 226-229
realismo 20, 24, 84, 202, 233, 234
reconocer 10, 16, 71, 76, 176, 189, 228
reflejo (reflejar) 126, 127, 129, 131-134, 139, 144, 145, 150, 164-183, 186-193, 203, 207, 228-230
reflexión 35, 40, 60, 61, 67, 72, 74, 75, 79, 114-118, 126, 134, 139, 140, 161, 117, 168, 178, 191, 205-214, 217, 220, 221, 232, 233
relación 10, 13, 17, 21, 27-30, 39, 43, 44, 45, 104, 114-117, 124, 131, 155, 159, 161, 168, 184, 202, 203, 205, 212, 216, 208, 220, 232, 240, 243
relativo 66, 74, 151
religión 11, 13, 30, 33, 40-42, 50, 218, 223, 230
representación 20, 114, 120, 133, 140, 174, 200, 210
reproducción 28, 98, 101, 176, 203, 209-211, 223
resultado 18, 19, 25, 27, 40, 42, 58, 62, 64, 90, 93, 97, 107, 111, 113, 130, 134, 138-147, 152, 156, 164, 169, 172, 174, 175, 177, 185, 189, 201, 208-210, 242

saber 10, 14-30, 36-40, 49, 50, 53-165, 174, 176, 185, 189, 196, 205, 218-220, 224-235, 237, 240, 243, 244
salto 49, 197
seguridad 47, 58, 86, 170, 188, 217
sentido 38, 63, 174
ser 19-21, 29, 30, 36, 39, 50, 53, 54, 59, 62, 65-67, 71-135, 140-142, 147-175, 177, 181, 182, 184, 157, 189, 190, 193, 194, 197, 201-211, 217, 223, 226, 229-238, 240
síntesis 36, 63, 66, 103, 104, 122-126, 134, 136, 154-158, 161, 164, 169, 170, 176, 177, 179, 182, 187-188, 189, 193-195, 198, 215-225, 235, 238
sistema 29, 47, 49, 50, 57, 59-61, 70-74, 83, 84, 101, 109
substancia 29, 97, 127, 182, 184, 211, 227
sujeto 29, 56, 59, 70, 116, 162, 182, 206, 212, 238
superación 66

tarea 14-18, 20, 24, 31, 38, 41, 48, 50, 53-55, 63, 76, 77, 79, 85, 103-105, 122, 123, 130, 138, 140, 141, 145, 148, 153, 154, 157, 159, 171, 188, 191, 200, 208, 212, 221, 244
tesis 110, 216
tiempo 87, 128, 148, 171, 183, 185, 216, 221
tiene-que (*Muß*) 108, 126, 140, 144, 147, 153, 154, 159, 160, 193, 202
todo 35, 58, 65, 71, 167, 178, 179, 205, 232
totalidad 16, 23, 24, 35, 40, 54, 58, 64, 65, 79, 103, 131, 133, 149, 152, 158, 178, 180, 183, 185, 189, 232
transcendental 10, 12, 13, 18, 21-23, 27-31, 34, 36, 39, 47-50, 80, 84, 123, 225-227, 231-235, 243, 244
transición 166, 200, 235
tránsito 13, 12, 55, 81, 150, 160, 166, 193, 197, 203

unidad 9, 12, 21, 22, 24, 33, 35, 36, 55, 64, 83-86, 99, 102-105, 110, 114, 117, 119-139, 144, 154, 156, 157, 160, 168, 170-177, 182-189, 198, 199, 201, 205, 206, 211, 216, 219, 220, 224, 226, 232
uno 34, 59, 60, 61, 64, 65, 74, 75, 77, 78, 85-87, 92, 100, 101, 150, 152, 155, 163, 169, 179-186, 188-190, 196, 199, 206, 208-210, 213, 219, 221, 223, 232
vacío 60, 155, 189, 194, 196, 217, 218, 229, 232
ver 23, 130, 152, 156, 165-223
verdad 12, 13, 16, 19, 33, 36, 58, 60, 70, 117, 122, 155, 162, 204, 232, 241
vía 22, 55, 56, 76, 91, 102, 107, 108, 112, 113, 115, 122, 125, 129, 161, 163, 169, 222, 226, 232, 234, 235, 237, 244
vida 13, 14, 16, 19, 27, 29, 41-44, 50, 59, 89, 90, 92, 93, 95, 97, 99, 101, 104, 116, 118, 120, 125, 139, 146, 162, 188, 197, 222, 225, 227, 228, 231, 234-236
visión 16, 26, 27, 31, 32, 41, 84, 106, 114, 146, 155, 178, 188, 189, 194, 198, 207, 210, 221, 228-230, 234
voluntad 16, 43, 178, 218, 220-224

Yo 30, 31, 50, 60, 61, 99, 112, 123, 127-129, 157, 165, 171, 176, 179, 181, 182, 184-188, 194, 196, 201, 203, 204, 203-220

ÍNDICE DE PERSONAS

Cauer 26, 28, 45
Clausewitz 42

de Wette 29

Fichte 9-12, 14, 15, 17-19, 21-23, 26-50, 59, 225-238, 242-244
Fouqué 36
Fries 29
Furtwängler 48

Gliwitzky 47-50, 243

Hegel 12, 29, 49, 227, 228, 244

Heidegger 229

Jacobi 29
Juan, San 229

Krug 29

Lauth 47-50, 225, 242-244

Metternich 38

Platner 12, 28, 29

Reinhold 12

Schelling 22, 38, 49, 50, 61, 71, 73, 153, 155, 191, 228, 232, 233, 244
Schleiermacher 29
Schmalz 9
Schmid 12
Schopenhauer 17, 28
Spinoza 74, 75, 82, 84, 223

von Ranke 29
von Stein 42
von Struensee 44

Wolf 9

Zichy 38